湘学研究

（第20辑）

钟　君◎主编
刘云波◎执行主编

湘潭大学出版社

《湘学研究》编辑委员会

目　录

湖南书院人物与思想文化研究

武冈二邓先生与晚清书院教育

肖永明*

摘　要：清末著名诗人邓辅纶、邓绎兄弟，作为当时的诗坛名家长期从事书院教育，与书院结下不解之缘。研究二邓先生的书院教育生涯，有助于我们了解在中国近代社会变迁的大背景下，传统士人的生活样态、精神世界。他们亲身经历并见证了传统的书院教育因应时代巨变，不断调适、变化而走向改制的过程，他们的书院教育生涯为我们具体了解这一过程提供了很好的切入点。

关键词：邓辅纶；邓绎；诗人；晚清；书院教育

二邓先生是指清末著名诗人邓辅纶、邓绎兄弟。邓辅纶（1829—1893），字弥之；邓绎（1831—1900），又名辅绎，字葆之，又字辛眉，湖南武冈州南乡人甸湾（今湖南省武冈市大甸乡大甸村）人。早在少年时代，兄弟二人与王闿运、李篁仙、龙汝霖创立“兰林词社”，有“湘中五子”之称。此后，他们倡创与“同光体”齐名的“湖湘诗派”，在晚清诗坛产生重大影响。邓辅纶著有《白香亭诗集》等，邓绎著有《云山读书记》《藻川堂诗文集》等。在当时，二邓先生与王闿运一道，被谭嗣同视

* 肖永明，湖南大学岳麓书院教授，博士生导师。

基金项目：本文为湖南省社科重大学术和文化研究专项“岳麓书院与湖湘优秀传统文化专题研究”（21ZDAZ01）阶段性成果。

为“庶可抗颜”论诗于国朝的湖南诗人。①王闿运甚至在《邓郎中墓志铭》中称“曾胡讲武，二邓昌文。群贤响应，济济翩翩”②，将二邓先生与声名显赫、地位崇隆的湘军统领曾国藩、胡林翼并举。这可能有感情因素在，甚至不排除王、邓两家联姻的这一特殊因素，但王闿运的说法也并非完全无据。二邓先生去世后，武冈士绅及二邓先生各地门人弟子在城郊法相岩畔建“二邓先生祠”以为纪念。在很长一段时间内，“二邓先生祠”成为南楚古城武冈的文化地标之一。

二邓先生都与书院结下不解之缘。少年时代，兄弟二人均就读于城南书院；中年以后，邓辅纶先后主讲武冈观澜书院、峡江书院、新宁书院、衡阳东洲船山书院、靖州鹤山书院，任山长于武冈希贤精舍、南京文正书院，最后病逝于文正书院讲舍。邓绎先后主讲长沙校经堂、河南致用精舍、武冈希贤精舍、武昌两湖书院。二邓先生作为当时的诗坛名家长期从事书院教育，讲学的书院遍及湖南、湖北、河南、江苏等省，既有由地方乡贤创办的僻处湘西南一隅的乡村书院，又有由地方大员创办的州府、省级书院，在晚清书院教育史上占据一席之地。研究二邓先生的书院教育生涯，有助于我们了解在中国近代社会变迁的大背景下，传统士人的生活样态、精神世界。同时，二邓先生经历了道光、咸丰、同治、光绪四朝，其主要活动正处于书院制度发展演变的末期。就在邓绎病逝四年之后，朝廷诏令书院改制，延续千年的中国书院制度被废止。可以说，二邓先生的书院教育生涯是在书院制度的夕阳余晖中度过的，他们亲身经历并见证了传统的书院教育因应时代巨变，不断调适、变化而走向改制的过程，他们的书院教育生涯为我们具体了解这一过程提供了很好的观察点。

一、二邓昌文：晚清历史舞台上的二邓先生

二邓先生的父亲邓仁堃（1804—1866），道光五年（1825）拔贡，在

① 周清澍：《再释陈寅恪〈先君致邓子竹丈手札二通书后〉》，《中华文史论丛》2020年第4期。

② 王闿运：《邓郎中墓志铭》，载朱则杰：《晚清作家集外诗文辑考》，《阅江学刊》2011年第4期。

四川綦江等地任知县，咸丰初年（1851）任江西南昌知府，署督粮道，后兼摄布政使、按察使，所到之处，皆政声卓异；任职江西时，曾配合江中源、曾国藩、罗泽南等抵御太平军。邓仁堃在江西为官的经历，对后来二邓先生的交游产生了影响。

邓辅纶生于其父邓仁堃綦江知县官舍，"幼有神慧"①，五岁能诗，十三岁入泮，十五岁补州学廪生，后求学于长沙城南书院。在城南书院，邓辅纶的才华得以显现，"同郡邓显鹤、湘阴左宗棠叹为异材"②。他与胞弟邓绎一道，结交了王闿运、李篁仙、龙汝霖等一批才俊之士。他们志趣相投、恃才放旷，在共同的求学生活中结下了深厚的情谊。邓辅纶曾与王闿运"于岁暮同走衡阳风雪中，宿废寺或逆旅，酌酒谈诗以为乐"③。他们意气风发，吟诗作赋，相互唱和，结"兰林词社"，号为"湘中五子"，以弱冠之龄在当时文坛崭露头角，并以五人为核心，形成"湖湘诗派"，在晚清诗坛名动一时。作为湖湘诗派的领袖之一，邓辅纶有《白香亭诗集》三卷传世，刻本甚多，流传很广。其诗作在当时和后来都颇受推崇。④王闿运在《论作诗之法》中就将邓辅纶与魏源并提，称"不失古格而出新意，其魏源、邓辅纶乎"⑤；学者费行简在《近代名人小传》中称邓辅纶"蔚然为一代大宗"⑥；近代江西派词人、画家，清末任江苏提学使兼上海复旦、中国公学等校监督的夏敬观称："咸、同间湘人能诗者，推武冈邓先生弥之、湘潭王先生壬秋。……两先生颇异趣，然皆造诣卓绝，神理绵邈。"⑦

作为诗人，邓辅纶影响很大，不少诗作传诵一时，但他的仕途却并不顺畅。邓辅纶为咸丰元年（1851）副贡生，后以助饷叙内阁中书至京城。

① 王闿运：《说诗》第2卷，《湘绮楼诗文集》，岳麓书社1996年版，第2160页。
② 王闿运：《邓弥之墓志铭》，《湘绮楼诗文集》第9卷，岳麓书社1996年版，第425页。
③ 熊依洪主编《明清文学大观》，北京燕山出版社2008年版，第349页。
④ 萧晓阳：《湖湘诗派研究》，人民文学出版社2008年版，第166—184页。
⑤ 王闿运：《论作诗之法》，《湘绮楼诗文集》第9卷，岳麓书社1996年版，第367页。
⑥ 费行简：《近代名人小传》，《近代中国史料丛刊》第8辑第78册，台湾文海出版社1966年版，第385页。
⑦ 夏敬观：《抱碧斋集序》，载陈锐：《抱碧斋集》，岳麓书社2012年版，第1页。

太平军进攻江西时，他回家乡组织“宝庆志同军”帮助父亲守卫南昌城。咸丰六年（1856），他又奉命率领“江军”在抚州、湖口等地与太平军作战，虽多次取胜得立战功，但最终全军覆没，遭到弹劾被革职并调五级留用。咸丰八年（1858），邓辅纶进入曾国藩幕府，次年进入权臣肃顺幕府，与王闿运等一道成为“肃门湖南六子”之一。这期间，因曾国藩奏请，任浙江候补道。咸丰十年（1860）赴任后，受浙江巡抚王有龄委派巡城。咸丰十一年（1861），杭州城破，王有龄战死，邓辅纶在无法抵挡的情况下，跳入护城河得以生还，徒步返回故里。因为此事，他再次受到弹劾。虽然经过左宗棠上奏说明，但邓辅纶仍在同治三年（1864）遭革职，只是不再另加惩处。

短短数年间，连续两次遭到弹劾被免官，给志在经纶天下的邓辅纶以巨大打击。仕途的挫折，使邓辅纶在壮年就心灰意冷，绝意仕途，或退隐乡间、闭门著述，或四处游历、诗酒唱和、讲学授徒。也正是在这一时期，邓辅纶开始了他的书院教育生涯。

邓绎为邓仁堃次子，邓辅纶胞弟，“髫龄颖秀，五岁能诗”，弱冠之年与其兄一起就读于城南书院，同结“兰林词社”，为“湘中五子”之一，其才情学识在当时引人瞩目，“声誉之美，远近推襟”。① 太平军兴，邓绎在武冈组织抵抗太平军。同治初年（1862），入左宗棠幕府，以军功得员外郎衔，为浙江知府并赏花翎。后因花翎一事多有曲折，邓绎辞不受命。同治五年（1866），邓绎服父丧回到武冈乡间，闭门读书，“博览篇籍，口吟手披，凡所经览数十万卷”②，撰著《井言》《云山读书记》数百万言。《云山读书记》分内学、外治、谭艺三部分：“曰内学，言德行；曰外治，言政事也；其曰谭艺，皆言语文学之支流。”③ 光绪四年（1878），邓绎东游浙江、江苏、江西三省，“以周览时会，观时吏治得失，以扩其忧世之

① 王闿运：《邓郎中墓志铭》，载朱则杰：《晚清作家集外诗文辑考》，《闽江学刊》2011年第4期。

② 王闿运：《邓郎中墓志铭》，载朱则杰：《晚清作家集外诗文辑考》，《闽江学刊》2011年第4期。

③ 邓绎：《云山读书记·引》，《邓绎集》，光明日报出版社2016年版，第238页。

志，而内证其所学”①。光绪八年（1882）后，应陈宝箴、张之洞等人之邀，主讲长沙校经堂、河南致用精舍、武冈希贤精舍、武昌两湖书院等书院。光绪十九年（1893），还居故里，直至终老。

邓绎有很深的儒学造诣，自少壮起就“有志圣学”“学必以邹鲁为归”。② 他继承儒家经世致用传统，“思为宏简之学以周世用”③，孜孜矻矻，勤于著述，“意在修明学术，裨补当世”④。一生作诗万余首，留下《藻川堂诗集》《云山读书记》《藻川堂谭艺》《藻川堂文集》等著作。

二、晚清书院的危机与书院改制

书院是中国历史上一种独特的文化教育组织，在中国文化史上有重要地位。书院萌芽于唐，经五代兴盛于宋，延续于元，全面普及于明清，到清代后期逐渐衰落。光绪二十七年（1901），清廷诏令书院改制为学堂，从此，在中国历史上存续千余年之久的书院，在制度层面上退出了历史舞台。

清代是书院鼎盛时期。从地域分布看，除了新疆、西藏的个别地区之外，书院已经在全国各省普及。从数量上看，除了重建、修复的前代书院之外，清代新建的书院就达到了 3700 多所。⑤ 同治、光绪时期是书院发展的最后阶段。在太平天国运动平息之后，由于最高统治者的提倡，书院出现了短暂的复兴。据白新良先生的统计，同治年间（1862—1872）新建书院 366 所，修复、重建前代书院 14 所；光绪年间（1871—1908）新建书院 671 所，修复、重建前代书院 11 所，两朝新建、修复前代书院合计 1062 所，超过清代兴建书院总数的四分之一。⑥ 从数量上看，同光时期书院快速增长，呈现繁荣、兴盛的景象。

但是，这一时期书院的兴盛之中也潜伏着种种危机。从整体上看，从

① 邓绎：《东游诗序》，《邓绎集》，光明日报出版社 2016 年版，第 2 页。
② 邓绎：《复两粤制军张香涛之洞》，《邓绎集》，光明日报出版社 2016 年版，第 297 页。
③ 邓绎：《东游诗序》，《邓绎集》，光明日报出版社 2016 年版，第 2 页。
④ 邓绎：《东游诗序》，《邓绎集》，光明日报出版社 2016 年版，第 2 页。
⑤ 白新良：《中国古代书院发展史》，天津大学出版社 1995 年版，第 122 页。
⑥ 白新良：《中国古代书院发展史》，天津大学出版社 1995 年版，第 236 页。

雍正、乾隆时期开始，清代书院的定位发生了变化，日益蜕变为科举的附庸，书院教学以考课应试为目标。宋明以来，以强调品德养成、人格修炼、明理求道，主张自由讲学，追求学术创新，倡导有教无类，师生之间感情笃厚、相互切磋、共进于道为主要特征的书院精神逐渐丧失，出现了种种弊病。这种情况，到晚清时期愈发严重，书院发展出现了种种乱象。

一方面，不少士子志趣卑陋、格局低下，汲汲于科举功名，一味贪图膏奖，而对于明德新民、修己治人之事则弃置不顾，悖离了学者为学的初衷。当时对于书院的士习与学风，学者曾进行了尖锐的批评："今之应书院课者，惟八比五言之是务，弇浅固陋，逐末忘本，甚者较膏奖之多寡，争名第之先后，叫嚣拍张，以长傲而损德，则书院反为诸生病矣，何教化之足云?"① "士子以儇薄相高。其所日夕咿唔者，无过时文帖括，然率贪微末之膏火，甚至有头垂垂白不肯去者。"② "颓废无志，紊乱学规，剿袭冒名，大雅扫地矣。"③生徒是教学的主体，书院生徒志趣、学风如此，书院自然只能成为猎取功名利禄之所，而难以培养明道济民的人才。

另一方面，有一些书院的山长聘任不得其人，品行、学识不配其位，或者"以疲癃充数"④。道咸之际的桐城学者戴钧衡在《桐乡院四议》中就批评当时书院山长遴选多有曲徇私情的情形："山长之名始于宋，及元时，与学正、教谕并列为官，选于礼部……近世则不然，省会书院大府主之。散府书院，太守主之。以科第相高，以声气相结，其所聘为山长者，不必尽贤者有德之士类，与主之者有通家故旧，或转因通家故旧之请托，降而州县书院，则牧令不能自主，其山长悉有大吏推荐。往往经岁弗得

① 葛其仁：《书院议》，载陈谷嘉、邓洪波主编《中国书院史资料》，浙江教育出版社1998年版，第1951页。

② 刘锦藻：《学校考七·书院》，《清朝续文献通考》第100卷，商务印书馆1936年版，第8598页。

③ 张之洞：《劝学篇》上，《张之洞全集》第12册，河北人民出版社1998年版，第9718页。

④ 刘锦藻：《学校考七·书院》，《清朝续文献通考》第100卷，商务印书馆1936年版，第8598页。

见，以束修奉之上官而已。”① 本应担负人才培养重责的山长职位成为人情交易的工具。甚至一些书院延聘的山长有“乡大夫之耄而无学，并经史之名不能悉数”② 者，还有一些书院山长并不到院履职，只是遥领薪俸。师生朝夕相处，山长对生徒言传身教、耳提面命的书院教育特色已无法体现，循循善诱、因材施教更无从谈起。乾隆元年（1736），清高宗发布上谕，明确书院山长的任职资格，在山长品行、学识及声望方面作出规定：“凡书院之长，必选经明行修、足为多士模范者，以礼聘请。”③ 晚清书院山长选聘中的弊病，虽非普遍现象，但这种情形的出现，说明当时书院制度已经弛废，朝廷的相关规定也成为一纸具文。

不仅书院生徒、山长，晚清书院教育内容也存在严重问题。科举考试内容越来越空疏僵化，与科举考试的紧密联系，登科入仕的功利导向，使不少书院教育内容拘囿于科举应试的狭小范围之内，仅将能够用于科举考试的内容作为孜孜以求的学问，其他一切有关修身养性、为人处世、治国经邦的知识、技能，都不列入教学范围。当时有很多学者痛陈这一弊病。郭嵩焘指出，当时的情形是“一举科举程式被之书院，视若帖括取科名外无有学问者”④。曾在光绪十四年至十六年（1888—1890）间任湖南学政的张亨嘉认为，书院生徒“舍圣人之经典、先儒之注疏与前代之史不读，而读其所谓时文”⑤，所养非所用，导致了人才之衰、中国之弱。光绪二十一年（1895），大臣胡燏棻上《条陈变法自强疏》，认为书院义塾除“八股试帖词赋经义而外，一无讲求”⑥，造成了士子精力的巨大浪费，不能培养

① 戴钧衡：《桐乡院四议》，载盛康辑：《皇朝经世文续编》第 65 卷，台湾文海出版社 1966 年版，第 393 页。

② 黄以周：《论书院》，载陈谷嘉、邓洪波主编《中国书院史资料》，浙江教育出版社 1998 年版，第 1956 页。

③ 素尔讷等：《书院事例》，《钦定学政全书》第 72 卷，武汉大学出版社 2009 年版，第 285 页。

④ 郭嵩焘：《送朱肯甫学使还朝序》，《养知书屋诗文集》第 14 卷，台湾文海出版社 1983 年版，第 714—715 页。

⑤ 张亨嘉：《复朱其懿书》，载朱其懿：《守沅集》，香山慈幼院 1936 年版，第 56 页。

⑥ 胡燏棻：《条陈变法自强疏》，载朱有瓛主编《中国近代学制史料》第 1 辑下册，华东师范大学出版社 1986 年版，第 473 页。

真正的人才。

尽管当时学者对书院制度弛废、士风卑陋、学风空疏的各种批判不乏愤激之辞，也有以偏概全的倾向，但是晚清书院弊端丛生，书院精神衰颓却是不争的事实。书院精神是书院发展的灵魂。违背书院精神的种种陋习相沿，致使书院内在活力逐渐丧失，出现了危机。更为重要的是，世风多随乎士习，士习亦可折射世风，从书院的士习与学风可以看到，当时社会已经整体呈现出衰世景象，整个中华文明的巨大危机已经隐隐浮现。很多有识之士敏锐地感受到这种危机，逐渐意识到中华文明已经处于“数千年未有之大变局”。这种危机意识促使他们对书院教育进行反思，致力于变革书院、整治学风、端正士习。从 19 世纪 60 年代到 90 年代中期甲午战争爆发，一场书院改革运动拉开序幕。根据学者的研究，当时不少书院因势而变，顺势而为，依据不同的思路进行书院改革。有的书院课程以经史、性理之学为主，以文词为辅，力图破除旧书院之积习，抵制八股而发扬光大经世致用的传统学风；有的书院以传播西学、西艺为主，引入讲习格致各学科；有的书院强调“中西兼课”，以中学为主、西学为辅，在课程设置、分科设教和教法等方面体现出旧式书院向新式学堂的过渡；有的书院如广东万木草堂，以讲授中西学问为特点，兼具传统的书院形式与新式学堂的教学内容，介乎旧书院与新学堂之间。这些不同类型的书院，尽管侧重点各有不同，但都是摒弃考课举业，务求学以致用。从改革的总体趋势看，都是由“中西兼课”，转为逐渐增加西学、实学课程。①

甲午战争以后，书院改革更是进入了新的阶段。朝野上下，指陈书院流弊的声音越来越大，李鸿章、李端棻等朝廷重臣，张之洞、胡聘之等地方督抚，康有为等维新派人士都指出书院积习日深，难以成就真正的人才。不仅如此，当时的书院改革还由课程层面深入到制度层面，社会上改书院为学堂的呼声日益高涨。在书院与学堂名称的争论和角力中，书院最终被废止。② 光绪二十七年（1901），湖广总督张之洞、两江总督刘坤一联

① 夏俊霞：《论晚清书院改革》，《近代史研究》1993 年第 4 期。

② 王建军：《清末以书院改学堂的名称之争》，《华南师范大学学报》2011 年第 6 期。

名上奏："今日书院积习过深，假借姓名，希图膏奖，不守规矩，动滋事端，必须正其名曰学，乃可鼓舞人心，涤除习气。"① 九月，朝廷采纳这一主张，发布上谕："除京师已设大学堂，应切实整顿外，着各省所有书院，于省城均改设大学堂，各府及直隶州均改设中学堂，各州县均改设小学堂，并多设蒙养学堂。"② 延续千余年的中国书院制度至此落下帷幕。

三、二邓先生的书院教育生涯

二邓先生从事书院教育的时间集中在同治十三年（1874）至光绪二十一年（1895），他们的书院教育生涯是在晚清书院改制的背景下展开的。因为留存的史料有限，我们难以详细了解他们在书院活动的具体情况，只能简略地勾勒他们在武冈希贤精舍、靖州鹤山书院、衡阳东洲船山书院、金陵文正书院、河南致用精舍、武昌两湖书院教育生涯的片段。

（一）二邓先生与武冈希贤精舍

同治十三年（1874），武冈知州张宪和鉴于鳌山书院书册未备，斋舍狭窄，与州中士人"厘田谷之入数为经课之用，礼聘硕儒以为师长，而购书于鄂、湘资讲习"，在鳌山书院祭祀周程张朱的"五子堂"东南面另建希贤精舍，"邓观察辅纶实经始其事"，并担任山长，主讲其中，其子邓国瓛、侄邓琅均"随侍旁听"。③ 希贤精舍的建立，是武冈教育史上的一件大事，甚至在整个湖南都具有开风气之先的作用："都梁启曙光，道德培根源。……草堂聚髦俊，风气开湘沅。"④

张宪和，字闻惺，浙江平湖人，咸丰九年（1859）举人。他宗奉程朱

① 张之洞：《变通政治人才为先遵旨筹议折》，《张之洞全集》第2册，河北人民出版社1998年版，第1401页。

② 杨家骆：《光绪朝东华录》，《清光绪朝文献汇编》，台湾鼎文书局1978年版，第4719页。

③ 张宪和：《希贤精舍记》，《（光绪）武冈州志》第37卷，清光绪元年刻本，第2285页。

④ 邓琅：《希贤草堂讲习诗》，《邓辅纶父子集·邓琅集》，光明日报出版社2016年版，第236页。

理学，“其学以孔孟为归，由清献而上溯濂洛关闽”①。“清献”是被誉为“本朝理学儒臣第一”的平湖先贤陆陇其的谥号。从张宪和应邓辅纶之邀所撰的《希贤精舍记》看，希贤精舍尊奉的是周程张朱之学，这也正是精舍以“希贤”命名的由来。在记文中，张宪和向精舍诸生谈到的为学工夫、路径，都以朱熹、张栻之言为标准，理学色彩非常浓厚：“窃尝闻之《大学》以致知为先务，致知以读书为先务，而读书之法在于循序而致精，致精之本在于居敬而持志，则子朱子言之矣；夫敬者，主一无适之谓也，居无越思，事靡他及，则南轩宣公言之矣。下学上达之事，朱子之记石鼓，宣公之记岳麓者甚详，学者诚由博文而约礼，由致知而力行，志伊学颜，过则圣，及则贤，不及则亦不失于令名焉。”② 在《希贤精舍记》中，张宪和还特意提及专宗朱熹理学的同乡先贤陆陇其。从中不难看出希贤精舍的办学宗旨、特色与育人理念。

在永州知府廷桂所作的《希贤精舍记》中，还谈到精舍的建设“大指仿文忠公箴言书院成法而行之，盖欲绍绝学于废坠之余，培人材于中兴之会”③。邓绎在《希贤堂记》中也花费不少笔墨称颂胡林翼创建箴言书院一事④，比照、对标的意味相当明显。箴言书院位于湖南益阳瑶华山麓，由中兴名臣、湘军统领胡林翼于咸丰三年（1853）创立。箴言书院的教育在注重经史研习的同时，强调立身之本与治事能力的培养。首任山长所订立的《箴言书院学程》分经史、立身、治事、为文四门，其中“治事”一门，包含军事、地舆、政治、农桑四类书目，多属与国计民生直接相关的知识和技能。这与当时许多以科举为鹄、以帖括时文为教学内容的书院是有明显区别的。希贤精舍以箴言书院为效法对象，在精神取向、教学内容方面应当有近似之处。

这一点，在武冈知州张宪和的《希贤精舍记》中也有迹可循。作为精

① 张德昌：《署武冈知州张侯宪和遗爱亭碑记》，《（光绪）武冈州志》第37卷，清光绪元年刻本，第2282页。

② 张宪和：《希贤精舍记》，《（光绪）武冈州志》第37卷，清光绪元年刻本，第2285页。

③ 廷桂：《希贤精舍记》，《（光绪）武冈州志》第37卷，清光绪元年刻本，第2295页。

④ 邓绎：《希贤堂记》，《（光绪）武冈州志》第37卷，清光绪元年刻本，第2290页。

舍的创立者，张宪和解释了为何要在原有的鳌山书院之外另创希贤精舍，二者异同之处何在。其中一段文字颇耐人寻味："虽书院尊功令、专课制艺，精舍以穷经为专务，微若有异，然精舍之人材即书院之人材，未有入于精舍而不升于书院者，精舍之于书院二而一者也。"① 这里暗含一个意思，精舍有异于书院之处，就是"以穷经为专务"，而不是"尊功令、专课制艺"。虽然张宪和并不希望突出精舍与书院的这种差异，甚至还力图弥缝其间，落脚于二者的一致性。但这种差异又是他不能不点出的，否则就不能说明另创希贤精舍的必要性。从这段文字中，我们可以对希贤精舍的教学内容有大致的了解。精舍的教学刻意与科举制艺保持了距离，这应该也是当时许多书院的共同选择。

除了"穷经"之外，精舍生徒还把邓绎的《云山读书记》作为研读的内容。《云山读书记》是邓绎遍览群书，贯通经史诸子，潜心探究而撰写的读书札记，涉及立德修身、经邦济世与言语文学各方面。张宪和对此书爱不释手，推崇不已，"尽日夜之力以讽吟之，而见其渊然浩然者，几若与元气同流，而混融乎天人经籍之奥"；希贤精舍建立后，"因节录其书之系于劝学者数十条，第为二卷，刊示诸生，用广其明道授业之意"。②《云山读书记》被王闿运称颂为"诸出濂洛，暗符洛闽"③，具有理学底色，既关注内学之"体"，又重视外治之"用"，与希贤精舍的办学旨趣非常契合，被选为教学内容也是很自然的事。

同治末、光绪初，亦即在希贤精舍创立之初，邓绎一度受聘在精舍主讲《大学》，启迪士子。后来因邓绎远游四方，讲学中断。④ 光绪十三年到十五年（1887—1889），邓绎回到武冈，再次应邀主讲于希贤精舍。时任两广总督的张之洞对二邓兄弟的"高才博学""经术湛深，践履笃实"早有了解，尤其对邓绎在河南致用精舍所撰《河北警士铎言》，深感钦佩。

① 张宪和：《希贤精舍记》，《（光绪）武冈州志》第 37 卷，清光绪元年刻本，第 2284 页。

② 张宪和：《节录〈云山读书记〉序》，《（光绪）武冈州志》第 37 卷，清光绪元年刻本，第 2288 页。

③ 邓辅纶：《云山读书记・序》，《邓绎集》，光明日报出版社 2016 年版，第 238 页。

④ 邓绎：《复两粤制军张香涛之洞》，《邓绎集》，光明日报出版社 2016 年版，第 297 页。

为此，他修书礼聘邓绎前往广东潮州金山书院主讲。这是张之洞在两广整饬书院行动的一部分。金山书院“为同治年间新建，本意讲求经古，旋以因循习俗，亦遂改课时文。院中学徒百人，不过从事帖括，希心捷获”，因此他希望邓绎能够出任山长，“教以为己之学，崇实黜华，建端树义，以通经致用为勖，以躬行实践为归”。① 张之洞对邓绎非常看重、信任，也寄予很大的希望。以张之洞的地位、阅历与识见，他对邓绎的品行、学识、能力、思想倾向的了解把握，应当具有较高的准确性。这也表明，邓绎在河南致用精舍的教育活动及其《河北警士铎言》所体现的教育理念，已经产生比较大的影响，获得较为广泛的认同。

收到张之洞的聘书，邓绎感奋不已。但是希贤精舍礼聘在先，邓绎觉得义难辞谢，因此奉还金山书院聘书，仍旧每月讲学于希贤精舍。主讲希贤精舍期间，邓绎留下了大量诗作，以精舍及其建筑为题的有《希贤草堂讲学》《希贤精舍培风亭玩月，地在去思亭上》《秋日培风亭高望》《朝霁登培风亭》《希贤楼晓望》。② 从这些诗作中，我们可以了解邓绎讲学精舍的日常生活与情感世界的某些片段。如希贤精舍有希贤楼、培风亭、去思亭，邓绎常常登上希贤楼、培风亭，在拂晓或雨后初晴的清晨感受“云山朝气阔，江日上光圆”的壮阔景象，在月光皎洁的夏夜，伴着培风亭的流萤和薜萝，欣赏远处山峦“万壑凝苍霭”，或在秋日遥望云山、资水，游心无垠，发出“云岭暗连乔岳雨，江流遥合洞庭波”的感慨。这些描摹景物、抒发胸臆的诗作，为我们了解晚清书院士人心迹提供了很好的历史材料。

（二）邓辅纶与靖州鹤山书院、衡阳东洲船山书院、金陵文正书院

光绪九年（1883），邓辅纶受靖州知州潘清之聘，主讲靖州鹤山书院。潘清，号筱农、小农，浙江山阴（今绍兴）人，同治十年（1871）年任武冈知州，与邓辅纶素有交往，光绪七年（1881）暮冬，受邓辅纶之邀，一

① 邓绎：《复两粤制军张香涛之洞》，《邓绎集》，光明日报出版社2016年版，第298页。

② 邓绎：《云山集》，《邓绎集》，光明日报出版社2016年版，第127—139页。

起在武冈怡园赏梅。① 鹤山书院建于宋宝庆元年（1225），为宋代著名理学家魏了翁谪居靖州期间所创，魏了翁撰有《靖州鹤山书院记》记其事，后来曾多次重建。邓辅纶在主讲鹤山书院期间，举行了祭祀活动："暮春既望，谨率生徒释菜先儒魏文靖祠。"② 祭祀与讲学、藏书并称书院三大功能，邓辅纶作为主讲，率生徒以释菜礼祭祀魏了翁，这是书院日常教育活动的重要内容。邓辅纶还作《和劝农》一诗，小注"鹤山书院劝士诗用自箴且以勖同人也"③。诗中以农事为喻，对宋代理学的理气、心性、为学工夫等问题加以简要阐述。邓辅纶在鹤山书院留下的诗作中，有"止而后定静虑安，夹持敬义如循环""道亦有歧，辨先朱陆""邈焉文靖，兹出同久。黄鹤一鸣，千载谁偶"等诗句，从中可以略窥当时鹤山书院以《大学》为本、崇尚朱熹理学、推崇魏了翁的教学内容，以及"敦践璞沉"的学风导向。

光绪十三年到十五年（1887—1889）夏，邓辅纶主讲于衡阳东洲船山书院。《白香亭诗集》中有《己丑夏彭雪琴尚书玉麟由浙称疾还衡养疴。时余主讲东洲，有感而作》等诗作。④ 东洲书院位于衡阳城南东洲岛，创建于乾隆二十六年（1761）。光绪十一年（1885），兵部尚书彭玉麟将建于回雁峰下的船山书院迁建于东洲，将东洲书院扩建为船山书院。船山书院尊崇船山之学，邓辅纶在上述诗中就明确以王船山作为北宋大儒张载的"正学"传人，学术取向非常明显。邓辅纶主讲东洲船山书院期间，有后来成为著名学者、湖南高等学堂监督的曾熙从游门下。邓辅纶离开船山东洲书院时，书院诸生纷纷为之饯行："席此虽未暖，桃李已成行。诸生文我去，提壶各升堂。"邓辅纶也颇为感伤，盘桓不忍离去，在衡山舟中作

① 邓辅纶：《辛巳暮冬招潘筱农刺史清、张荫庐学博广榕过怡园赏梅》，《白香亭诗集》第2卷，岳麓书社2011年版，第72页。

② 邓辅纶：《癸未岁，余以筱农刺史聘，主讲靖州。暮春既望，谨率生徒释菜先儒魏文靖祠，敬步先生鹤山书院诗原韵》，《白香亭诗集》第2卷，岳麓书社2011年版，第73页。

③ 邓辅纶：《和劝农》，《白香亭诗集》第3卷，岳麓书社2011年版，第113页。

④ 邓辅纶：《己丑夏彭雪琴尚书玉麟由浙称疾还衡养疴。时余主讲东洲，有感而作》，《白香亭诗集》第2卷，岳麓书社2011年版，第76页。

诗抒发离情别意。① 当时书院的师生情谊之深厚，由此可略见一斑。

光绪十五年（1889），邓辅纶担任金陵文正书院首任主讲，直到光绪十九年（1893）去世于文正书院馆舍。当时，邓辅纶早年在江西共同抗击太平军的挚友、时任江宁布政使的许振祎为纪念其恩师曾国藩，在金陵创办文正书院，邀请邓辅纶任主讲。邓辅纶离开船山书院，欣然前往。

邓辅纶在金陵文正书院时期的活动与交游，其诗作中有所涉及。他多次写到访古踏青、结社会友、诗酒唱和的场景，包括应著名诗人、山长秦际唐的邀约，与数位文人雅士集饮于惜阴书院。邓辅纶友人也在各种文字中谈到与他的交游情况，如周清澍先生提到②，陈三立、俞明震等人从北京回湘经过南京，与邓辅纶等相聚，“日事游眺，一时盛会也”③。陈三立同邓辅纶等同游莫愁湖。④ 邓辅纶还在光绪十八年（1892）秋，应已经改任东河河道总督的旧友许振祎之邀，前往河南开封一带游历。临行前，书院诸生在讲舍之西拟岘亭与之觞饮送别，邓辅纶留下了《将去金陵留别讲舍诸生》⑤ 等诗。

关于邓辅纶的学术取向及金陵书院的办学特色，《申报》曾经有过描述：“今山长邓弥之先生浸淫汉、魏，寝馈许、郑，于海疆、时务尤素所研求。以故去岁有时课以时谕，盖欲出其经济，沾匄多士，俾蔚为国家有用之材，他日得以乘时布化也。”⑥ 书院在传习传统的经史之学的同时，关注时务，关注海疆等现实问题，经世致用的倾向很明显。

值得关注的是，邓辅纶在当时一系列诗作中坦露自己的心迹，让我们

① 邓辅纶：《衡山舟中追别东洲学徒兼酬寄禅上人发衡阳之咏》，《白香亭诗集》第2卷，岳麓书社2011年版，第76—77页。

② 周清澍：《再释陈寅恪〈先君致邓子竹文手札二通书后〉》，《中华文史论丛》2020年第4期。

③ 释敬安：《寄怀俞恪士观察江南并柬陈伯严吏部十二首并序》，《八指头陀诗文集》，岳麓书社2007年版，第291页。

④ 陈三立：《莫愁湖四客图为梁节庵题》，载潘益民、李开军主编《散原精舍诗文集补编》，江西人民出版社2007年版，第118页。

⑤ 邓辅纶：《将去金陵留别讲舍诸生》，《白香亭诗集》第2卷，岳麓书社2011年版，第91页。

⑥ 《清溪鸿爪》，《申报》1891年6月30日，第6533号。

看到了他作为书院山长的情感世界的某些侧面。他对当时国家内外交困、贫弱不堪的形势有深切的了解：“前年南郑决，鱼龙恣奔窜。今夏东河灾，人民半涂炭。”“琉球已倭属，越裳隳粤垣。况乃闻强俄，将并我朝鲜。”对皇家的奢靡与贪婪非常不满：“儿啼悲亿兆，皇帑糜千万。”十分担忧陵谷巨变的到来：“岂惟饥渴忧，将骇陵壑变。”① 他隐隐预感到时代的沉沉暮气。光绪十七年（1891），正值曾国藩生日之际，金陵书院多位生徒中举，书院“悬额题名并邀集得意门生二三十人公祭曾文正公。是日整肃衣冠，行礼毕，设席相款，冠盖纷纭，觥筹交错，热闹非常”②，《申报》还登载消息，传为佳话。但是，即使在这种喜庆氛围中，邓辅纶仍然掩不住内心的忧虑凄怆之情：“钟阜沉沉日色暮，风鸟不来王气索。怆旧愁闻落叶声，消寒更续寻梅约。海内澄清曾几时，兵轮铁道乱如丝。夷狄恃有诸君在，暮色苍茫读咏诗。”③ 如此愁肠百结、暮气逼人的诗句，反映的是他的心境——时代变局来临前的焦虑与忧思。

光绪十九年（1893）农历七月二十日，邓辅纶病逝。《申报》报道称：“金陵文正书院山长邓弥之观察老境颓唐，兼染时气，卧病十余日，渐成不起之症，延至七月二十日酉时殁于中正街讲舍。”④《申报》的这一段文字，尤其是“老境颓唐”一词，充满凄凉萧索的意味，似乎不仅指向邓辅纶本人，也在暗示晚清书院的命运。

（三）邓绎与河南致用精舍、武昌两湖书院

光绪八年（1882）春，邓绎应陈宝箴之邀，赴河南武陟出任致用精舍山长。当时，陈宝箴分守河北道，创建致用精舍：“不避僭妄，延访隽异有志之士，与为讨论，筑精舍以居之。储典籍，立规制，延师儒以为之导，使之优游于学问思辨之中，见诸行事，而希古者有用之学。”⑤ 致用精

① 邓辅纶：《八月晦日守风小南津港》，《白香亭诗集》第2卷，岳麓书社2011年版，第82页。

② 《瓣香南丰》，《申报》1891年11月18日，第6674号。

③ 邓辅纶：《辛卯孟冬二旬有八日》，《白香亭诗集》第2卷，岳麓书社2011年版，第83页。

④ 《老成凋谢》，《申报》1893年9月8日，第7322号。

⑤ 陈宝箴：《致用精舍记》，《陈宝箴集》第39卷，中华书局2005年版，第1871页。

舍标举“有用之学”，经世致用的导向非常明确。陈宝箴在《学说》中谈到，关于典章制度的因革损益，固然需要考其源流、审其得失，但也只是“得其大意”，以备需要时详细推究。如果把精力花费在一些无关宏旨的考订记诵上，热衷于矜奇炫博，就难免“劳而不适于用”。他明确指出，精舍以“致用”命名，区别于各地精舍取“校经”“诂经”等名称，目的就在于倡扬经世致用的精神：“欲诸君就前人已校诂之书，为明体达用之学，知当务之为急耳。”①

精舍建成后，陈宝箴邀请邓绎主讲其中。陈宝箴早年随父亲在家乡江西义宁办团练抵抗太平军之际，就得到二邓先生的父亲、时任南昌知府的邓仁堃的赏识和支持，并由此开始了陈、邓两家长达三代的情谊。② 陈宝箴与邓绎同声相应、同气相求，相交甚笃，对邓绎的才华学问非常赏识。他在河南任所创办致用精舍并邀请邓绎主持教席，是为了实现共同的书院教育理想。

对于主讲致用精舍的邀约，邓绎也感奋不已。他从武冈出发前，就对“游中州践致用精舍约”充满憧憬，与王闿运“止怡园十日饮”。嗣后又与王闿运同行到长沙，留下了“壮游勿漫行携手，巢隐何须学闭门”③ 的诗句。与其兄邓辅纶告别的诗句也是豪情万丈：“中州豪彦盛论文，小别潇湘鸿雁群。击剑酣饮动寥廓，太行东上万重云。”④ 北行途中，过君山、登黄鹤、渡汉江、望太行、渡黄河，留下不少直抒胸臆的诗作，如“中原犹见古儒林，长啸苏门有嗣音”。到达武陟致用精舍后与陈宝箴相见，邓绎直言“主人当北道，择木意如何”⑤。

在山长任上，邓绎以极大的热情投入人才培养之中。精舍之中，“讲

① 陈宝箴：《文录二》，《陈宝箴集》第39卷，中华书局2005年版，第1883页。

② 陈寅恪先生1965年所作的最后一篇作品《先君致邓子竹丈手札二通书后》，就涉及两家子弟的往还，“子竹”即邓绎之子邓琨。（参见周清澍：《再释陈寅恪〈先君致邓子竹丈手札二通书后〉》，《中华文史论丛》2020年第4期。）

③ 邓绎：《光绪岁壬午春中姻友王壬秋来，止怡园十日饮》，《邓绎集》，光明日报出版社2016年版，第19页。

④ 邓绎：《将适武陟留别奉酬弥之兄（壬午）》，《邓绎集》，光明日报出版社2016年版，第19页。

⑤ 邓绎：《赠陈右铭观察》，《邓绎集》，光明日报出版社2016年版，第28页。

筵飞古花，金石声渊渊”“尽发万卷书，流观圣与贤”,① 精舍生徒济济一堂，陈宝箴及太守、县令等地方官员与学者士绅常常雅集精舍，听讲论道，诗酒唱和，呈现出一派兴盛景象。就在这一年，精舍肄业生李备聪在省试中高中榜首，而且“同时肄业诸生又皆一时俊杰”，作为山长的邓绎，颇有志得意满之感：“高秋一鹗竟先鸣，谭艺名山集众英。莫怪群鸦争噪风，文章不露世先惊。”② 他甚至以致用精舍比况朱熹的武夷精舍，并以郑玄、马融自况。③

光绪八年（1882）仲秋，陈宝箴擢升浙江按察使，邓绎旋即离开致用精舍返湘。邓绎主持致用精舍的时间虽不长，但这几个月在邓绎书院教育生涯中却有非常重要的意义。其《河北警士铎言》就作于这一时期，曾与陈宝箴所撰《致用精舍记》《学规》《说学》诸篇汇刊，作为精舍课士的材料。《河北警士铎言》涉及为学宗旨、内容，生徒立志、为学方法、次第等十九个方面。如鼓励学生专心致志、勤奋学习：“士居燕间，髦士为朋。专志洞意，无有歧旁。绳矩可授，妙由天得。视时而奋，小心益习。稽古述闻，汝唯念兹。不疾不徐，久乃得之。”关于学习的内容、次第与方法：“治经及史，佐以诸子。综持宏纲，终始条理。卑迩为基，进必以第。古贤我师，言不尽意。择善藏心，专服勿贰。岁计倍功，兼多才艺。”主张旁搜博采、兼收并蓄：“或曰致用，名法农兵。阴阳杂家，道术纵横。班书讨源，《七略》是总。哲王并驱，奋其智勇。治道一源，儒挈其统。”④邓绎基于其深厚的学养与丰富的书院教育经验，对人才培养的各个环节都进行了完整而细致的阐述，《河北警士铎言》成为全面反映其书院教育观的文献而被广为传诵。两广总督张之洞高度评价这一作品：“读河北致用书院尊撰《警士铎言》，笃雅醇粹，敬佩良深。”⑤ 由此开启了邓绎与张

① 邓绎：《秋日明霁登致用精舍平台》，《邓绎集》，光明日报出版社 2016 年版，第 29 页。

② 邓绎：《精舍早晚群鸦翔舞人以比朝夕乌云》，《邓绎集》，光明日报出版社 2016 年版，第 36 页。

③ 邓绎：《壬午秋赋备聪首选仍来精舍听讲题示门生》，《邓绎集》，光明日报出版社 2016 年版，第 36 页。

④ 邓绎：《河北警士铎言》，《邓绎集》，光明日报出版社 2016 年版，第 299—300 页。

⑤ 邓绎：《复两粤制军张香涛之洞》，《邓绎集》，光明日报出版社 2016 年版，第 298 页。

之洞围绕书院教育的交往。

致用精舍标举“致用”，《河北警士铎言》也突出了致用的取向。在课程设置上，致用书院“明体达用”的特色非常明显：“参酌晁景迁、曾文正课程，订立学规以明体达用为宗。诵习经史外，诗文、地舆、水利、农田、兵法，凡关经世各书，无不讲究。”① 邓绎与此后的王少白作为主事者，为当地人才培养做出了巨大贡献。当时，武陟一地有河朔书院以考时艺，有致用精舍以励实学，各有偏重，士习人才盛极一时。可惜的是，后来致用精舍也“改课时文试帖，与他书院等矣”②。可见流俗力量之强，科举帖括之学诱惑之大。

光绪十六年至二十一年（1890—1895），邓绎主讲于武汉两湖书院。他在此后的几年中，与主讲金陵文正书院的长兄邓辅纶同饮长江水。同胞兄弟同时任职于武昌、金陵的两所著名书院，堪称一时佳话。两湖书院为张之洞任湖广总督时创建，专取湖南、湖北士子入学肄业。开设的课程有经学、史学、理学、文学、算学、经济学六门，由总督亲自聘任资深教习分别执教，邓绎任理学教习，陈宝箴之子任文学教习。两湖书院的创建与运行，是张之洞在西学东渐的大背景下，对传统书院教育进行改革、调适的一次实践。书院的课程、师资也随着时势的发展与张之洞认识的深化而不断发生改变。总体趋势是新学、西学等偏于实用的课程比例越来越大，传统的经学、史学与理学逐渐边缘化。如书院后来的课程设置改为经学、史学、地理、算学、博物、化学、天文、测量及兵操等科目，最初开设的理学已经不在其列。

这种变化，是时代趋势使然。邓绎作为一位饱读诗书、满腹经纶的传统学者，两湖书院的理学教习，切身感受到了这种变化。从他在两湖书院期间留下的诗作《两湖集》③ 中，我们可以略窥一位书院教习的精神、情感世界，了解当时书院师生教学活动的某些片段。他关注时事，对国家日

① 史延寿：《续武陟县志》卷9，民国二十年刊本，第318页。
② 史延寿：《续武陟县志》卷9，民国二十年刊本，第318页。
③ 邓绎：《两湖集》，《邓绎集》，光明日报出版社2016年版，第200—232页。本文以下所引邓绎在两湖书院期间的诗作，均载于《两湖集》，不再一一出注。

益衰弱，外患日益严重的局势深感不安："四国环窥变，中原绣错夷。"作于光绪十六年（1890）的《杌陧》诗，对"畿辅频年大水，庚寅夏尤盛。高丽降于俄罗斯，称大韩以令其国"这种日益窘迫的形势深有感慨："杌陧中兴后，人难祸福知。平陂翻世运，彼此异天时。"次年，在俄国太子游历闽越江湖、张之洞等宴请俄国王子于晴川阁之际，邓绎作《俄国太子游历闽越江湖之境》诗，表达了对沙俄觊觎中国、几个不平等条约致使长江流域门户洞开、国家无干成可以倚重的忧愤："闻道条支域，戎王遣子来。窥观诚叵测，跋扈岂雄才？岛海新盟喋，川湖旧市开。长城谁共倚？忧国正停怀。"同年，在得知湖南发生民众拆毁并焚烧电线杆事件时，作《纪事》诗以愤激之情表达了对外夷势力扩张的排斥："沅澧摧烧电线杆，愁胡碧眼暗相看。拨桩守独朱崖勇，江海华夷望岳山。"（原注："英法声言欲立码头于湖南，盖恫疑虚喝之故智也。"）在这些诗作中，我们可以看到他对时势深深的忧虑与无奈："隐忧萌渐伏，时事迫相煎。"

邓绎意识到，传统儒学正在衰落，儒家文明正在经历一场危机，传承乏人，"尼山坠绪今寥落""中兴耆宿尽，回首涕潸然"。与此同时，他也看到西学的传播方兴未艾，希望能够确立儒家六经的主体地位，重建斯文，重振圣道："倡提六艺今何人？用夏伊谁艳西学。沉几深略世所难，吾道飞潜似龙蠖。""甬上谈西学，诸华久右文。江湖各坛站，岛海未风云。弦诵将移俗，章缝已乐群。高材会吴楚，何止重多闻。"他与师友相互激励，以振衰起弊、补天回澜相期许："六籍明日星，化弛疾于风。勿云时季衰，九州多英雄。""吴楚东南七千里，断鳌重补祝融天。""回澜真不易，贤杰任为之。"但是在时势的变化面前，这些努力似乎总是无济于事。无力回天的邓绎在两湖书院已经萌生了归乡退隐之心，发出"巢燕有归心""频为羁旅客"的感慨，最终在光绪二十一年（1895）春离开两湖书院，回到武冈故里。

作为传统的士人，尤其是作为多年致力于书院教育的理学教习，邓绎的忧虑、愤懑、无奈与自我激励，在书院制度落日余晖的映衬下，显现出强烈的悲壮色彩。光绪二十三年（1897）邓绎逝世于故乡。短短四年之后，全国书院改制，绵延千余年的中国书院制度最终从制度层面退出历史舞台。邓绎一生从求学书院到主讲书院，见证了晚清书院的兴盛与衰落，几乎亲历了传统书院落幕的全过程。邓绎生前大概不会想到，书院改学堂这一重大事件最为积极的推动者之一，竟然是曾经创办广雅书院、两湖书院并延聘他担任两湖书院教习的湖广总督张之洞。历史的吊诡之处，不能不令人慨叹。

元长沙郡“别驾”刘安仁事迹考

向　珊*

摘　要：元仁宗延祐元年（1314）主持重修湖南长沙岳麓书院的刘安仁，因吴澄撰文好用古称，其身份在文献记载中多以“郡别驾”的面貌出现，明清时期的方志文献在复原其元代官职时多有舛误。其在重修岳麓书院时的职务为湖广行省潭州路治中。刘安仁，字德夫，今山东聊城人。在吴澄笔下，刘安仁一家都是“积善种德”之人，其祖、父、母都是儒家纲常的积极践行者。刘安仁是元朝平定南宋后，较早南下求学和做官的北方普通汉人文士。他以吏起家，前后历官十余任。官至海北广东道肃政廉访司副使，后因收受贿赂被除名。《全元文》中收录的署名为刘安仁的文章，并非本文研究对象所作。

关键词：元代；岳麓书院；刘安仁；吴澄

湖南长沙岳麓书院，在元代曾有两次大修。其中，在元仁宗延祐初年（1314）主持重修书院的“郡别驾”刘安仁，因理学名家吴澄的三篇文章，在岳麓书院和湖湘文化发展史上留下了重要一笔。但目前关于刘安仁的研究，几乎全部集中在他对岳麓书院的修复上，使用的史料也仅有吴澄撰写

* 向珊，湖南大学岳麓书院历史系副教授，历史学博士。

基金项目：本文为湖南省社科重大学术和文化研究专项“岳麓书院与湖湘优秀传统文化专题研究”（21ZDAZ01）阶段性成果。

的《岳麓书院重修记》和《百泉轩记》，对其生平，尤其是他在长沙以外的任职经历鲜有涉及。笔者不揣浅陋，对这位在湖湘文化史上有重要贡献的前贤进行考索，以求就教于方家。

一、刘安仁重修岳麓书院时期职务考

据吴澄的记载，岳麓书院在元代的第二次大规模重修，发生在“延祐甲寅”，即元仁宗延祐元年（1314），“瑮陵刘安仁来为郡别驾，董儒学事，睹其敝圮，慨然整治。木之朽者易，壁之漫者圬。上瓦下甓，更撤而新”。① 而元代职官系统里并无“别驾”之职。很显然，吴澄在此处附会了古官名，将刘安仁在长沙（时为湖广行省潭州路）的职务雅称为“郡别驾”。

“别驾”始设于汉代，为州刺史佐吏，至宋时已被作为通判的别名，如苏轼通判杭州时有诗《戏子由》云：“余杭别驾无功劳”，元时亦有将州同知称“别驾”者，如宇文公谅同知余姚州事时祈雨，人称“别驾雨”，到明清时更常为府通判和府同知的别称。② 因此之故，明清以来的文献在叙述刘安仁的职务时，除沿用“别驾”的官称外，也试图复原其在元代的官职。如嘉靖《长沙府志》、康熙《长沙府志》、乾隆《长沙府志》、嘉庆《长沙县志》、同治《长沙县志》和《长沙岳麓书院续志》等都沿用吴澄

① 吴澄：《吴文正公集》卷20《岳麓书院重修记》，《元人文集珍本丛刊》影印明成化二十年刊本，台北新文丰出版公司1985年版，第370页。

② 宋濂修《元史》卷190《宇文公谅传》，中华书局1976年版，第4349页。参见龚延明：《简明中国历代职官别名辞典》，上海辞书出版社2016年版，第245—246页。

记文的原文，径书“别驾刘安仁”①，乾隆《湖南通志》复原为“同知”②，光绪《湖南通志》则改“别驾”为“判官”或“通判”，同一本志书里并未统一，③ 而《长沙府岳麓志》和光绪《善化县志》里，既有径写为“别驾”者，亦有改“郡判”的④，嘉庆《大清一统志》则做了模糊处理，只以“郡倅”代称。⑤

潭州路为上路。元代上路总管府，在达鲁花赤和总管之下，通常设同知一员，从四品；治中一员，正五品；判官一员，正六品。⑥ 那么，元延祐初年（1314）在长沙任职的刘安仁究竟是何官职呢？事实上，吴澄在《百泉轩记》和《元赠少中大夫轻车都尉彭城郡刘侯封彭城郡张氏太夫人墓碑》里写得很清楚，“延祐甲寅，潭郡治中瓅陵刘侯又重修之”“除潭州

---

① 孙存、潘镒修，杨林、张治纂《（嘉靖）长沙府志》卷4《学校纪》，《稀见中国地方志汇刊》第37册影印明嘉靖十二年刻本，中国书店1992年版，第112页上；苏佳嗣纂修《（康熙）长沙府志》卷4《学校志》，《稀见中国地方志汇刊》第37册影印清康熙二十四年刻本，中国书店1992年版，第397页下；吕肃高修《（乾隆）长沙府志》卷13《学校志》，《中国地方志集成》影印清乾隆十三年刻本，江苏古籍出版社、上海书店、巴蜀书社2002年版，第281页下；赵文在修，刘揆之、易文基纂《（嘉庆）长沙县志》卷10《学校志》，《中国方志丛书》影印清嘉庆十五年刊二十二年增补本，台湾成文出版社1967年版，第776页；刘采邦修，张延珂纂《（同治）长沙县志》卷11《学校志》，《中国地方志集成》影印清同治十年刻本，江苏古籍出版社、上海书店、巴蜀书社2002年版，第171页上；丁善庆纂辑，邓洪波点校《长沙岳麓书院续志》，岳麓书社2012年版，第530页。

② 陈宏谋、范咸纂修《（乾隆）湖南通志》卷44《学校三》，《四库全书存目丛书》史部第216册影印清乾隆二十二年刻本，齐鲁书社1996年版，第720页上。

③ 李瀚章等修，曾国荃等纂《（光绪）湖南通志》卷68《学校志七》、卷74《礼志四》，《续修四库全书》第663册影印清光绪十一年刻本，上海古籍出版社1996年版，第81页下、181页上。

④ 赵宁辑《长沙府岳麓志》卷1《请书额疏》，《四库全书存目丛书》史部第237册影印清康熙镜水堂刻道光增修本，齐鲁书社1996年版，第514页下；赵宁辑《长沙府岳麓志》卷3《书院·书院沿革旧志》，《四库全书库目丛书》史部第237册影印清康熙镜水堂刻道光增修本，齐鲁书社1996年版，547页上；吴兆熙、昌沅修，张先抡等纂《（光绪）善化县志》卷11《学校志》，《中国地方志集成》影印清光绪三年刻本，江苏古籍出版社、上海书店、巴蜀书社2002年版，第143页下、151页下。

⑤ 穆彰阿、潘锡恩等纂修《嘉庆重修大清一统志》卷354《长沙府》，《四部丛刊续编》影印清史馆藏进呈写本，商务印书馆1934年版，第8页B。

⑥ 李治安：《元代行省制度》，中华书局2011年版，第630页。

路治中时”。① 因此，刘安仁重修岳麓书院时的准确职务，应为元湖广行省潭州路治中。

二、吴澄笔下刘安仁家庭门风的呈现

刘安仁之所以能在湖湘文化历史上留下重要痕迹，皆因其与元代南方儒学宗师吴澄交好。吴澄的传世文章中，与刘安仁相关者多达三篇。他自称“侯（刘安仁）与余相好也，余亦知侯之为人”②，故而在刘安仁任潭州路治中主持重修岳麓书院时，欣然撰写了两篇记文。元英宗至治二年（1322），刘安仁自江西奉母丧归葬，与吴澄邂逅于南京，又请求其为母亲撰写墓碑。正是在这篇文章中，吴澄对刘安仁及其家庭成员的事迹作了颇为详细的记录。

在《岳麓书院记》和《百泉轩记》中，吴澄都称刘安仁为“璅陵”③人。璅陵显然也是古称，在今山东省聊城市东昌府区，因巢父墓而得名。在吴澄为刘母撰写的《元赠少中大夫轻车都尉彭城郡刘侯封彭城郡张氏太夫人墓碑》中，据刘安仁自述，其父为“东昌堂邑人”④。因此，刘安仁的籍贯，实为元中书省下辖的东昌路堂邑县，即今山东省聊城市。也是参考了此条记载，同治《建昌县志》在记录曾担任过该县县丞的刘安仁时，补充其籍贯为“东昌堂邑”。⑤

① 吴澄：《吴文正公集》卷23《百泉轩记》，《元人文集珍本丛刊》影印明成化二十年刊本，台北新文丰出版公司1985年版，第417页上；吴澄：《吴文正公集》卷33《元赠少中大夫轻车都尉彭城郡刘侯封彭城郡张氏太夫人墓碑》，《元人文集珍本丛刊》影印明成化二十年刊本，台北新文丰出版公司1985年版，554页下。

② 吴澄：《吴文正公集》卷23《百泉轩记》，《元人文集珍本丛刊》影印明成化二十年刊本，台北新文丰出版公司1985年版，第417页下。

③ 吴澄：《吴文正公集》卷20《岳麓书院重修记》，《元人文集珍本丛刊》影印明成化二十年刊本，台北新文丰出版公司1985年版，第370页上；吴澄：《吴文正公集》卷23《百泉轩记》，《元人文集珍本丛刊》影印明成化二十年刊本，台北新文丰出版公司1985年版，417页下。

④ 吴澄：《吴文正公集》卷33《元赠少中大夫轻车都尉彭城郡刘侯封彭城郡张氏太夫人墓碑》，《元人文集珍本丛刊》影印明成化二十年刊本，台北新文丰出版公司1985年版，第554页上。

⑤ 该县志《职官志》将刘安仁后来的官职误记为“尚书”，同书《名宦传》已纠正。陈惟清修，闵芳言、王士彬纂《（同治）建昌县志》卷6《职官志》《名宦传》，清同治十年刻本，第8页A、24A。

吴澄记载，刘安仁祖父名刘义，武宗至大年间（1308—1311）封赠中顺大夫、上骑都尉、彭城郡伯，祖母王氏，赠彭城郡太君；父名刘诚，赠少中大夫、轻车都尉、彭城郡侯，母张氏与刘父为同乡，赠彭城郡太夫人。刘诚之子，除长子刘安仁外，还有一子“力农治家”，未曾出仕；孙辈共有五子三女，长孙已殁。家族祖坟在山东东昌侯堌镇南原。①

据刘安仁回忆，刘氏家风优良，为“积善种德”之门。父刘诚卒于元成宗大德二年（1298）六月二十一日，享年六十三岁，则其生于太宗八年（1236）。（注：按照古代的习惯，本文用虚岁计算。）刘诚“古貌美髯，仪观甚伟，淳谨和易，长厚忠信”，宁肯忍饥受贫，也不鼓励安仁“殖生肥家”，这也和他的另一个儿子“力农治家”的人生轨迹相符。刘诚支持长子刘安仁读书，目的是令其“亲师敬友，培植渐渍”，从而“知立身大节”，以达到“嗜义若刍豢，避利若蛇蝎，以无忝其先世”的目的。刘诚还举例说明，“今人率因毫芒之得，致负丘山之累”，皆因父母没有讲明“义利之辨”，此乃以“财货杀子孙”。这是他所不认同的。②

刘安仁还重点讲述了一件父亲“重义轻利”的事：

至元之季征交趾，马价顿增，安仁官满留家，余一马，买者偿价五倍于初直。吾父曰：“兵将买马，为国出力，止依初直售之。”乡闾叹服其义，因训安仁曰：“家之饶之由乎天，多取马价，奚为哉？汝祖父有言，‘士不能忍穷，一事不能立’。汝今食禄矣，但守公廉勤三字，何所不利？凡事宜加坚忍，坚忍则处大患难不慑，处大富贵不矜，始可谓大丈夫。苟得于一时，遗臭于久远，汝其戒之。”③

---

① 吴澄：《吴文正公集》卷33《元赠少中大夫轻车都尉彭城郡刘侯封彭城郡张氏太夫人墓碑》，《元人文集珍本丛刊》影印明成化二十年刊本，台北新文丰出版公司1985年版，第553页下—554页上、555页上。

② 吴澄：《吴文正公集》卷33《元赠少中大夫轻车都尉彭城郡刘侯封彭城郡张氏太夫人墓碑》，《元人文集珍本丛刊》影印明成化二十年刊本，台北新文丰出版公司1985年版，第554页。

③ “家之饶之”疑“家之饶乏”之误，《四库全书》本已改。吴澄：《吴文正公集》卷33《元赠少中大夫轻车都尉彭城郡刘侯封彭城郡张氏太夫人墓碑》，《元人文集珍本丛刊》影印明成化二十年刊本，台北新文丰出版公司1985年版，第554页上；吴澄：《吴文正集》卷65《元赠少中大夫轻车都尉彭城郡刘侯封彭城郡张氏太夫人墓碑》，《景印文渊阁四库全书》第1197册，台湾商务印书馆1985年版，第641页上。

交趾，即安南。元朝曾两次大举征伐安南，一次在至元二十一年（1284），一次在至元二十四年（1287），均以失败告终。① 但吴澄文中提及的“至元之季征交趾”，当与这两次大征无涉，而是指至元三十年（1293）的再一次计划征伐。至元三十年（1293）七月，忽必烈命刘国杰从诸王亦吉里台“督诸军征交趾”②，故而民间有“兵将买马”和“马价顿增”的现象。甚至于在次年二月，“诸军毕集，部署已定，闻国有大故，事遂中止”。③ 此“国之大事”，即至元三十一年（1294）正月忽必烈驾崩，成宗铁穆耳即位后罢征交趾兵。

在此事中，刘诚放弃了五倍的高价，将家中马匹以原价卖给出征交趾的兵将，赢得乡里叹服。与此同时，刘父犹不忘引祖父之言教导刘安仁，身为朝廷官吏，应谨守“公廉勤”三字，凡事宜坚忍，才可成为“大丈夫”。此时刘安仁已 35 岁（后文详述），却还能亲身感受父亲的言传身教。

刘安仁的母亲张氏卒于元英宗至治元年（1321）十月十一日，年八十五，则其生于太宗九年（1237），比其父刘诚小一岁。刘安仁到达潭州路的时间是延祐元年（1314）。他提及赴任前夕，母亲已“七十有七”，即其年为元仁宗皇庆二年（1313），接受任命的时间肯定在到任时间之前，正与之相合。刘母被认为“贞静懿淑，表里一实”，孝养公婆，敬顺夫君，“待宾客竭家之所有，缺则借贷以给”，是一位仁德好义的贤妇人。刘安仁六岁开始读书。母亲张氏在其求学过程中功劳颇大，“昼促其学，夜课其诵；予未成诵，母已先记”，还勉励他在幼时便不喜啼哭，异于常儿，长必可教。刘母坚持“家虽贫，不废汝学，期汝烛理循义，虽冻馁无憾”。

---

① 宋濂修《元史》卷 13《世祖纪十·至元二十一年十二月》，中华书局 1976 年版，第 271 页；宋濂修《元史》卷 14《世祖纪十一·至元二十三年二月甲辰》，中华书局 1976 年版，第 286 页；宋濂修《元史》卷 14《世祖纪十一·至元二十四年正月辛卯》，中华书局 1976 年版，第 295 页；宋濂修《元史》卷 209《安南传》，中华书局 1976 年版，第 4647 页。

② 宋濂修《元史》卷 17《世祖纪十四·至元三十年七月己巳》，中华书局 1976 年版，第 373 页。

③ 宋濂修《元史》卷 209《安南传》，中华书局 1976 年版，第 4649 页；宋濂修《元史》卷 162《刘国杰传》，中华书局 1976 年版，第 3810 页；黄溍：《金华黄先生集》卷 25《湖广等处行中书省平章政事赠推恩效力定远功臣光禄大夫大司徒柱国追封齐国公谥武宣刘公神道碑》，《中华再造善本》影印上海图书馆藏元刻本，北京图书馆出版社 2005 年版，第 15 页 B。

外出求学时，母亲仍寄书以训，“谓宜明纲常之道”。除潭州路治中时，刘安仁正与母亲寓居建康（今江苏南京）。从建康赴潭州，需西溯长江，跨洞庭湖，风涛险恶，刘安仁一度想“辞职侍亲”。刘母劝他勿因母老而辞官，可“奉职养亲”，且此举“忠孝两得，神所佑也”，故应不惧舟行。皇庆二年（1313）正月二十四日，刘安仁奉母发建康，一路竟有如神佑：

行近芜湖西北，云集风起，并力牵挽，先客舟而行。艖贾巨航在前弗让，母曰：“勿争先也。”彼航牵缆忽断，航流而下，我舟遂得先进。夜鼓一更始泊。未几，雷电风雨霰雹交作，厥明问之，后舟多有损者。又行，日亭中，舟人曰：“过此无可泊之所。”母曰：“虽早，可止。”舟甫定，大风浪及暮，大霹雳雪雹与雨杂下，三昼夜乃已，他舟亦损，此独无虞。

母子二人有惊无险，平安到达潭州。刘母再次教导，“刘门素以积善闻，汝历官十余任，举家食君之禄，又获封赠之荣，合思报称”，并引亡夫之语“惟廉勤可逭吏责，惟公平可服人心”，告诫刘安仁“宜坚守不移”。可见，在对长子“烛理循义”方面的理念，张氏与刘诚完全一致，称得上“敬顺不违”。[①] 刘安仁在潭州路任治中时，值岁荒民饥，刘母又晓以“民为邦本，本固邦宁”的道理，劝服刘安仁“移文上司，未奉明降，先开官仓，减价赈粜三万斛，又劝有谷之家贷拾万余斛，施一万余斛”，成功化解了饥荒。可见，刘母虽为一介女流，但通过母亲的身份影响儿子的为政思想，间接参与到地方社会的政治活动中来。

值得注意的是，刘安仁的母亲在他去潭州就任之前和到任之后，两次强调封赠之荣。元代封赠制度是在武宗即位后才逐渐制度化的。正如吴澄所言，“至大二年夏，天子推恩于其臣”，以此为契机，刘安仁的父、祖两代才得以分封赠，此前的封赠只是“中书奏请”的小范围恩赏。后来仁宗朝圣旨里谴责“封赠是激劝人做忠孝的好勾当，尚书省行的忒滥了”。[②]可

① 吴澄：《吴文正公集》卷33《元赠少中大夫轻车都尉彭城郡刘侯封彭城郡张氏太夫人墓碑》，《元人文集珍本丛刊》影印明成化二十年刊本，台北新文丰出版公司1985年版，第554页下—555页上。

② 张素霞：《元代官员封赠制度初探》，《元史论丛》第14辑，天津古籍出版社2013年版，第78—79页。

以说，在尚书省任职的刘安仁，是第一拨享受武宗滥赏滥赐红利的中低层官员。这也是刘安仁母子多次刻意强调其荣耀的重要背景。

在刘安仁的描述中，刘氏一门都是“积善种德”之人。祖父砺德坚忍，父亲爱国好义，母亲更是妇德的典范，他本人亦孝事父母，后来无论在何处做官，都携母赴任，以便孝养侍亲。至少到这个阶段，刘安仁一家堪称儒家纲常的积极践行者。而吴澄在听闻刘氏家族成员的事迹后也颇为感慨，他认识了二十年的刘安仁“行己守官，庶几古名臣之风”，原来是家训如此，“则熏沐成就固有所自”。① 刘安仁的字为“德夫”②，其名、字的涵义，也颇能体现其祖刘义、父刘诚等长辈对他“仁德”品性的期许。

三、刘安仁事迹考索

刘安仁的生卒年，现存史料缺载。但他自称“年二十四为行省掾，始得禄”，在至治二年（1322）与吴澄相遇时已“叨禄四十年”，则应已64岁。③ 此“四十年”或为虚数，但应相差未远，故他生于宪宗九年（1259）左右。

前文已述及，刘安仁是山东聊城人，在元代属汉人。和许多没有大根脚的北方汉人文士一样，刘安仁选择的是“吏员出职”这一仕进途径。他六岁始读书，十九岁“从师江淮”，事在至元十四年（1277）。彼时元朝刚刚平定南宋，刘安仁便立即决定南下江淮求学。至元十九年（1282），刘安仁二十四岁，为行省掾史。当是在南方学成后出仕，虽未明言在何省为掾，但从其后来的仕履来看，他主要在湖广和江西二行省任职，这一次当掾史也极可能是在这两个行省的衙门中。元中期著名的北方汉人文士元明

① 吴澄：《吴文正公集》卷33《元赠少中大夫轻车都尉彭城郡刘侯封彭城郡张氏太夫人墓碑》，《元人文集珍本丛刊》影印明成化二十年刊本，台北新文丰出版公司1985年版，第555页上。

② 吴澄：《吴文正公集》卷23《百泉轩记》，《元人文集珍本丛刊》影印明成化二十年刊本，台北新文丰出版公司1985年版，第417页下。

③ 吴澄：《吴文正公集》卷33《元赠少中大夫轻车都尉彭城郡刘侯封彭城郡张氏太夫人墓碑》，《元人文集珍本丛刊》影印明成化二十年刊本，台北新文丰出版公司1985年版，第554页上、555页上。

善，也是在弱冠之年游学吴中，被辟为安丰、建康两学正，后来又“辟掾行枢密院”，得汉世侯董士选赏识后到江西行省为掾史的，后官至湖广行省参知政事、翰林学士。① 可见，游学南方，以吏员身份步入仕途，在当时是颇有前途的。而且从年龄来讲，元明善还是刘安仁的晚辈②，故此举无疑是非常有远见的。行省掾史一般为正、从八品，刘安仁称此时“始得禄”，是他一生仕途的起点。

随后，刘安仁升任湖广行省衡州路（今湖南衡阳）总管府知事和江西行省南康路建昌县（今江西南城）县丞。在元代路总管府里，知事是介于经历和照磨之间的首领官，秩从八品。南康路建昌县在元成宗元贞元年（1295）升州，其有县丞之设，应为上县，则刘安仁的建昌县丞为正八品官职。③ 至此，刘安仁“官满留家”，与父亲刘诚平价卖马，事在至元三十年（1293）左右。可见，从二十四岁到三十五岁，刘安仁在这十一年里，完成了从行省吏员到路总管府首领官，再到县正官的跨越，仕途日渐平顺。也正是在这段时间内，刘安仁把五十多岁的母亲接到身边，“将母就养”。又五年，即大德二年（1298）前后，刘安仁四十不惑之时，任饶州路余干州判官。饶州路为上路，余干州（今江西余干）为中州，则州判官秩从七品。④ 应该在调任余干州不久，刘安仁的父亲刘诚去世，他回乡奔丧。元成宗大德年间（1297—1307），官员丁忧之制尚未定制。⑤ 且吴澄的文章中没有提到他丁外艰之事。考虑到刘安仁孝事父母的特点，若有丁忧，他定会告知吴澄。因此，刘安仁处理完父亲的丧事后，应该就携母复

① 宋濂修《元史》卷181《元明善传》，中华书局1976年版，第4171—4172页。

② 元明善卒于元英宗至治二年（1322），享年五十四岁，故其生于元世祖至元六年（1269），比刘安仁小十岁。马祖常：《石田先生文集》卷11《翰林学士元文敏公神道碑》，《中华再造善本》影印国家图书馆藏元刻本，北京图书馆出版社2006年版，第5页B、第9页A。

③ 只有上县才设县丞。李治安：《元代行省制度》，中华书局2011年版，第36、637、724页。

④ 李治安：《元代行省制度》，中华书局2011年版，第701页。

⑤ 陈戍国：《中国礼制史》（元明清卷），湖南教育出版社2002年版，第66页。

任了。以上，便是其母张氏后来提及的“三历州县官”的经历。①

根据刘母历数的刘安仁的仕途经历，在“三历州县官”后，是“入朝掾中书，擢工部主事，由御史台监察御史升都事，由尚书省右司员外郎升郎中”。② 所以在余干州判官之后，他就去中书省当掾史。中书省掾虽为吏属，但作用重要，地位很高，选拔标准也颇为严苛，只能从正、从七品文资职官和枢密院、御史台、六部、行省令史中选取，选拔标准则是“吏能”。③ 刘安仁被选为中书省掾，应是具备一定的才能。省掾的升迁前景优越，考满出职从六品，六部的主事基本是从省掾中选拔的，有些人由此“不数年位至公卿”，堪称元代仕进者的捷径。④ 因而刘安仁“入朝掾中书”后，被擢升为从七品的工部主事，符合当时的升迁规则。随后，又由监察御史升都事，品秩均为正七。⑤ 这几次历官应该都在成宗大德年间（1297—1307），下限到元武宗至大二年（1309）。因为进入武宗朝，又迁正六品的尚书省右司员外郎，升郎中（正五品）。⑥ 在这一阶段，即大德二年到至大二年（1298—1309）期间，刘安仁成功从外任官转内任官，这在当时的考课规则下更为有利。元代内任官以三十月为满，“一考升一等，十五月进一阶”，外任官则要求三年为满，“或一考进一阶，或两考升一等，或三考升二等”。⑦ 这种不平等的现象，曾被元人批评为“州郡之任太淹，朝省之除太速”⑧，而刘安仁在武宗朝的升迁速度也着实迅速。

至大二年（1309）八月，元武宗海山下令立尚书省，至大四年

① 吴澄：《吴文正公集》卷33《元赠少中大夫轻车都尉彭城郡刘侯封彭城郡张氏太夫人墓碑》，《元人文集珍本丛刊》影印明成化二十年刊本，台北新文丰出版公司1985年版，第554页下。

② 吴澄：《吴文正公集》卷33《元赠少中大夫轻车都尉彭城郡刘侯封彭城郡张氏太夫人墓碑》，《元人文集珍本丛刊》影印明成化二十年刊本，台北新文丰出版公司1985年版，第554页下。

③ 张帆：《元代宰相制度研究》，北京大学出版社1997年版，第157页。

④ 张帆：《元代宰相制度研究》，北京大学出版社1997年版，第157—158页。

⑤ 陈高华等点校：《元典章》卷7《吏部一·官制一·职品》，天津古籍出版社、中华书局2011年版，第210、212页。

⑥ 陈高华等点校：《元典章》卷7《吏部一·官制一·职品》，天津古籍出版社、中华书局2011年版，第200、202页。

⑦ 宋濂修《元史》卷83《选举志三·铨法中》，中华书局1976年版，第2064页。

⑧ 宋濂修《元史》卷184《陈思谦传》，中华书局1976年版，第4238页。

(1311)正月病逝后被罢。① 所以刘安仁此次升迁只能发生在至大二年(1309)八月以后。而刘安仁封赠二代在至大二年(1309)夏，若其母所述准确，则此时已经完成了从尚书省右司员外郎升郎中的过程，可见其擢升速度之快。

不过，武宗朝政局较为复杂，上尊答己太后，下立同母弟爱育黎拔力八达为皇太子，又希图通过尚书省改革。刘安仁在一年多的时间里由员外郎升郎中，或许是受惠于武宗滥赏滥赐的作风。武宗死后，仁宗残酷清洗了武宗近臣。若刘安仁在武宗朝的尚书省改革里表现活跃，则应不只是在皇庆二年(1313)五十五岁之时被外放为潭州路治中。前文已提及，刘安仁除潭州路治中时，正与母亲寓居建康，可见在接受任命之前他已离开大都南下。且其以母老为由，欲辞官侍亲，还是在母亲的劝说下才赴长沙上任。这一段文字透露出的信息，或许是武仁授受之后，曾为尚书省官员的刘安仁在仕途上遭遇了一点挫折。潭州为上路，治中为正五品。看似与尚书省右司郎中品秩持平，但已转外任，且“在官六年无代”②。在潭州的六年，亦算得上是刘安仁人生中的低谷期。不过，远离了权力中心的刘安仁，也避免了被卷入元廷内部的政治倾轧。

正是在他调任长沙的这一年，元仁宗下令恢复科举。刘安仁在抵达长沙后的第二年主持重修了岳麓书院。这次修复，距离世祖至元二十三年(1286)潭州学正刘必大的重建已过去了二十八年，“敝圮”严重。修复工程包括“前礼殿，旁四斋；左诸贤祠，右百泉轩，后讲堂”，讲堂后面的尊经阁、极高明亭，也“悉如其旧”。此外，“门庑庖馆，宫墙四周，靡不修完”。③ 可见这一次修复的规模很大，亦是刘安仁响应延祐复科的诏令，在先儒朱熹过化之地积极兴学的明证。在“董儒学事”外，刘安仁还曾在

① 宋濂修《元史》卷23《武宗纪二·至大二年八月癸丑》，中华书局1976年版，第514页；宋濂修《元史》卷24《仁宗纪一·至大四年正月壬午》，中华书局1976年版，537页。

② 吴澄:《吴文正公集》卷33《元赠少中大夫轻车都尉彭城郡刘侯封彭城郡张氏太夫人墓碑》，《元人文集珍本丛刊》影印明成化二十年刊本，台北新文丰出版公司1985年版，第555页上。

③ 吴澄:《吴文正公集》卷20《岳麓书院重修记》，《元人文集珍本丛刊》影印明成化二十年刊本，台北新文丰出版公司1985年版，第370页下。

饥荒时节赈灾，也算是颇有建树。

大约在延祐五年（1318），刘安仁改除江西行省左右司郎中，秩从五品。于是奉母沿洞庭出大江，顺流而下，入彭蠡，溯流而上，以达于洪（今江西南昌）。在南昌生活了三年，其母逝世。时为至治元年（1321）十月，刘安仁已六十三岁。

刘安仁在至治二年（1322）以后的事迹，《元史·泰定帝纪》中有一条记载：

潮州路判官钱珍，挑推官梁楫妻刘氏，不从，诬楫下狱杀之。事觉，珍饮药死，诏戮尸传首。海北廉访副使刘安仁，坐受珍赂除名。①

此案也见于《元史·汪泽民传》，史源为宋濂撰写的《汪泽民神道碑铭》，呈现出更多的案件细节：

潮州路判官钱珍挑推官梁楫妻刘氏，不从，诬楫冒籴官中米，杀之狱中，事连海北廉访副使刘安仁，逮系者二百人。中书移问者凡六，各怀顾忌，事终不白。先生（汪泽民）谳之，狱立具。时珍已饮药死，诏戮其尸。安仁坐受珍赂，除名。②

这是一起发生在江西行省潮州路（今广东潮州市）总管府官衙内部的恶劣凶杀案。在该案中，刘安仁的身份是海北廉访副使，其任职的廉访司全称为“海北广东道肃政廉访司”，潮州路正在其监察范围之内。可刘安仁并未履行其廉访司官员的监察职责，反而收受了凶犯钱珍的贿赂。整个凶杀案前后牵连的人数多达两百，可见真相未能掩盖过去，此案在当时也颇为轰动。汪泽民时为南安路总管府推官，因此前不畏强暴，被借调来审讯和处理该案。钱珍饮药自杀后，仍被剖棺戮尸，知法犯法的刘安仁被除名。

此案件中刘安仁的形象，和吴澄笔下的“刘德夫”相差甚远，丝毫没

---

① 宋濂修《元史》卷30《泰定帝纪二·泰定四年三月丙午》，中华书局1976年版，第677页。

② “潮州路”原文作“潮州府”，误，从《元史·泰定帝纪》。宋濂：《銮坡前集》卷3《元故嘉议大夫礼部尚书致仕赠资善大夫江浙等处行中书左丞上护军追封谯国郡公谥文节汪先生神道碑铭》，《宋濂全集》，浙江古籍出版社2012年版，第516页；宋濂修《元史》卷185《汪泽民传》，中华书局1976年版，第4252页。

有恪守刘父教导的“公廉勤”三字，有无可能只是重名呢？根据现存广东方志的记载，刘安仁就任海北廉访副使（正四品）的时间在泰定元年（1324）六月。① 这个时间，距离刘安仁邂逅吴澄求取墓碑文字仅过了两年，或许正是刘安仁丁母忧后的补官；且从职官升迁的趋势看，由江西行省左右司郎中改海北广东道廉访副使是极为可能的。② 因此，笔者倾向于认为此刘安仁即是与吴澄相交二十余年的东昌堂邑刘安仁。泰定四年（1327）刘安仁已六十九岁高龄，次年即将致仕。若其谨守刘门家训，或许还能以廉访使致仕。可惜，这一切都在他收受了钱珍的贿赂之后化为泡影。

四、刘安仁与吴澄的交往

从前文的梳理可以看出，刘安仁在传世史料里的绝大部分文字都是由吴澄留下的。接下来，我们来看看他与吴澄的交往状况。

吴澄（1249—1333），字幼清，晚号伯清，号草庐，抚州崇仁（今江西崇仁）人。在元代，吴澄是与许衡齐名的南方理学宗师，并称“南吴北许”。吴澄生于宋理宗淳祐九年（1249），比刘安仁大十岁。③ 在为刘母张

---

① 戴璟、张岳等纂修《（嘉靖）广东通志初稿》卷7《秩官上》，《四库全书存目丛书》史部第189册影印明嘉靖十四年刻本，齐鲁书社1996年版，第141页上；郭棐、王学曾等纂修《（万历）广东通志》卷10《藩省志十》，《四库全书存目丛书》史部第197册影印明万历三十年刻本，齐鲁书社1996年版，第244页上；汪永瑞修纂《（康熙）新修广州府志》卷18《官师表》，《北京图书馆古籍珍本丛刊》第39册影印清康熙十二年钞本，书目文献出版社1988年版，第365页上；阮元等修，陈昌齐等纂《（道光）广东通志》卷17《职官表八·元》，《续修四库全书》第669册影印清道光二年刻本，上海古籍出版社1996年版，第319页下。

② 如孛术鲁翀在泰定年间除河南行省左右司郎中，迁燕南道廉访副使。韩中拜山东道廉访副使后，转淮东道，以养母辞归，母丧终后，调任湖广行省左右司郎中，改河东道廉访副使，进拜汉中道廉访使，又迁陕西行台治书侍御史。苏天爵撰，陈高华、孟繁清点校《滋溪文稿》卷8《元故中奉大夫江浙行中书省参知政事追封南阳郡公谥文靖孛术鲁公神道碑铭并序》，中华书局1997年版，第122页；苏天爵撰，陈高华、孟繁清点校《滋溪文稿》卷12《元故陕西诸道行御史台治书侍御史赠集贤直学士韩公神道碑铭并序》，中华书局1997年版，第186页。

③ 虞集：《雍虞先生道园类稿》卷50《故翰林学士资善大夫知制诰同修国史临川先生吴公行状》，《中华再造善本》影印国家图书馆藏元刻本，北京图书馆出版社2006年版，第14页A；揭傒斯：《大元敕赐故翰林学士资善大夫知制诰同修国史赠江西等处行中书省左丞上护军追封临川郡公谥文正吴公神道碑》，见《吴文正公集》卷首，《元人文集珍本丛刊》影印明成化二十年刊本，台北新文丰出版公司1985年版，第14页上。

氏撰写的墓碑文字中，吴澄说与刘安仁在大德间（1295—1307）相识于京师，“交谊二十年如一日”。已知该文撰于至治二年（1322），那么，往前倒推二十年，则为元成宗大德六年（1302）。

据揭傒斯、危素分别为吴澄撰写的神道碑和年谱可知，吴澄第二次赴大都正是在大德六年（1302）。大德五年（1301），吴澄受董士选举荐，授应奉翰林文字、登仕郎、同知制诰、国史院编修官。次年八月初一登程，十月二十七日抵京师。及至到达，职位“已有代”，出仕失败。吴澄在京师停留了几个月，于大德七年（1303）春治归。① 大德六年（1302），刘安仁正处于“入朝掾中书，擢工部主事，由御史台监察御史升都事”的内任官历练阶段。吴澄北上时，南北追随游学者众多。刘安仁应该就是在此时与之在大都结交的。至大元年（1308），吴澄除从仕郎、国子监丞，次年六月到官。这时正是武宗立尚书省前夕，当时“新执政铸钱货、变钞法以为功”“欲得先生（吴澄）助己，而恐其不可致”，还有士人前去拉拢。② 刘安仁速擢尚书省右司员外郎，升郎中，官运亨通。同在大都，二人或有进一步的交往。然而，吴澄在国子监遭遇了南北理学的激烈斗争，几乎被许衡后学排挤到无法立足。虽然在至大四年（1311）仁宗即位后升了国子司业，但吴澄还是在皇庆元年（1312）正月辞官南归，一夕竟去，

① 揭傒斯：《大元敕赐故翰林学士资善大夫知制诰同修国史赠江西等处行中书省左丞上护军追封临川郡公谥文正吴公神道碑》，见《吴文公正集》卷首，《元人文集珍本丛刊》影印明成化二十年刊本，台北新文丰出版公司1985年版，第15页上；危素：《临川吴文正公年谱》，见《吴文正公集》卷首，《元人文集珍本丛刊》影印明成化二十年刊本，台北新文丰出版公司1985年版，第21页下—22页上。

② 虞集：《雍虞先生道园类稿》卷50《故翰林学士资善大夫知制诰同修国史临川先生吴公行状》，《中华再造善本》影印国家图书馆藏元刻本，北京图书馆出版社2006年版，第21页B；揭傒斯：《大元敕赐故翰林学士资善大夫知制诰同修国史赠江西等处行中书省左丞上护军追封临川郡公谥文正吴公神道碑》，见《吴文正公集》卷首，《元人文集珍本丛刊》影印明成化二十年刊本，台北新文丰出版公司1985年版，第15页上；危素：《临川吴文正公年谱》，见《吴文正公集》卷首，《元人文集珍本丛刊》影印明成化二十年刊本，台北新文丰出版公司1985年版，第23页下。

沿途游历江南，至冬方抵江西老家。① 皇庆二年（1313）以后，刘安仁到湖广行省潭州路任治中，与吴澄相去不远，故可在重修岳麓书院后请其撰写《岳麓书院重修记》和《百泉轩记》。延祐五年（1318）前后，刘安仁改任江西行省左右司郎中，与吴澄的距离更近。但吴澄在这一年接受了集贤直学士的任免，五月动身前往大都。只是八月行至仪真（今江苏仪征），“病作不复行”，遂改变计划，去建康门人王进德家。此后在建康、九江修书讲学，直到延祐七年（1320）七月后方还家。至治二年（1322），吴澄再次赴建康，定王氏义塾规制，十月方还。② 正是在这段时间内，奉母归葬的刘安仁在建康邂逅了吴澄，向其详细讲述自己的家族史，为其母亲向这位南方理学宗师求得了墓碑文字。

泰定四年（1327）三月，刘安仁因受贿案被除名之时，吴澄尚在世。不知其得到消息后，是否会为这位老朋友感叹唏嘘。

本文以吴澄撰写的三篇文章为线索，对元仁宗延祐初年（1314）在长沙主持重修岳麓书院的刘安仁进行了考索，得出如下结论：

刘安仁重修岳麓书院时的职务是湖广行省潭州路治中。

刘安仁，字德夫，其籍贯为东昌堂邑，即今山东省聊城市东昌府区。在吴澄笔下，刘安仁一家都是“积善种德”之人，其祖、父、母都是儒家纲常的积极践行者。

刘安仁是元朝平定南宋后，较早南下求学和做官的北方普通汉人文士，其选择的吏员出职路径，在当时具有较好的仕途前景。他前后历官十余任，依次是至元十九年（1282）为行省掾史；至元十九年至三十年（1282—1293）间，由行省掾史调湖广行省衡州路总管府知事、江西行省南康路建昌县丞；大德二年（1298）任江西行省饶州路余干州判官；在大

① 揭傒斯：《大元敕赐故翰林学士资善大夫知制诰同修国史赠江西等处行中书省左丞上护军追封临川郡公谥文正吴公神道碑》，见《吴文正公集》卷首，《元人文集珍本丛刊》影印明成化二十年刊本，台北新文丰出版公司 1985 年版，第 15 页上；危素：《临川吴文正公年谱》，见《吴文正公集》卷首，《元人文集珍本丛刊》影印明成化二十年刊本，台北新文丰出版公司 1985 年版，第 23 页下。

② 危素：《临川吴文正公年谱》，见《吴文正公集》卷首，《元人文集珍本丛刊》影印明成化二十年刊本，台北新文丰出版公司 1985 年版，第 24 页上。

德二年到至大二年（1298—1309）八月以前，先后任中书省掾史、工部主事、御史台监察御史和都事，在武宗立尚书省期间擢尚书省右司员外郎，升郎中；延祐元年（1314），改湖广行省潭州路治中；延祐五年（1318），除江西行省左右司郎中；泰定元年（1324）六月，任海北广东道肃政廉访司副使；泰定四年（1327）致仕前夕，因收受潮州路判官、凶犯钱珍的贿赂，被除名。

此外，值得一提的是，《全元文》中收录了一篇署名为刘安仁的文章，题名为《邑令朱公去思碑记》，编者认为作者即本文的研究对象刘安仁。① 但该文作于元世祖至元七年（1270），此时刘安仁方十二岁，当不大可能为平乡县尹书写去思碑记，故此刘安仁与东昌堂邑的刘安仁并非同一人。

① 李修生主编《全元文》第 36 册，江苏古籍出版社 1999 年版，第 208 页。

论王懋竑对朱熹、张栻交游的考辨

陈　峰*

摘　要： 朱熹、张栻的学术交游是湘学史乃至中国学术思想史上的重要事件。清儒王懋竑撰《朱子年谱》，考辨朱熹、张栻交游过程，对于后来学者考察朱熹、张栻的学思历程皆有深远影响。通过《朱子年谱》与王懋竑文集的对读，可以展现王懋竑考证年代、史料辨析的取径，并透视考据背后所暗含的学术立场与方法预设。王懋竑注重将《朱子文集》《朱子语类》放到具体的时空进程中加以考察，从而进行批判性的互证与取舍，这对于学术思想史的实证研究深具参考意义。

关键词： 王懋竑；朱熹；张栻；实证研究；思想史

作为湘学史乃至中国学术思想史上的重要事件，朱熹、张栻的学术交游既成就了两人各具特色的理学思想体系，也给后人重思理学思潮的多重表达留下了诠解空间。自南宋以来，近百种有关朱熹的年谱，或详或略，皆无法回避朱熹学术交游的问题，对朱熹、张栻的交游过程着墨尤多。年

* 陈峰，湖南大学马克思主义学院助理教授，硕士生导师。

基金项目：湖南省社会科学成果评审委员会课题“湖湘《论语》学史研究”（XSP20YBZ118）；湖南省教育厅科学研究项目（优秀青年类）“两汉儒学视域下的《论语》学史研究”（19B008）；湖南省社科重大学术和文化研究专项“岳麓书院与湖湘优秀传统文化专题研究”（21ZDAZ01）阶段性成果。

谱中有关朱、张交游的史料文献，主要来自朱、张二人的书信序跋以及朱门弟子的记载。如何对这些文献进行辨伪存真、排列次序以及诠释阐发，成为元明以来朱子学研究中诸家聚讼所在。

清儒王懋竑（1668—1741，字予中，江苏宝应人，世称白田先生）精于朱子之学，“一字一句，皆沉潜以求其始末”①。梁启超称王懋竑为清初“真治朱学者，一人而已”②，钱穆亦谓其“实细心读朱子书而求为之发明”③“可为宋明六百年理学作殿军者”④。王懋竑所著《朱子年谱》“于朱子平生求端致力之方，考异审同之辨，元元本本，条理分明”⑤，问世至今，影响深远。考辨朱、张交游自属《朱子年谱》的关键内容，然而《朱子年谱》对相关文献的考辨只列结论，并未详陈其缘由，因此学界对王懋竑进行考辨的具体进路不甚明晰。本文将综合考察王懋竑所著《朱子年谱》《白田草堂存稿》《白田草堂续稿》等，分析其如何将朱、张交游过程加以序列排比，如何对相关史料进行考辨取舍，进而展现其考辨朱、张交游时所暗含的学术立场以及对于朱子学研究的典范意义。

一、考辨的过程

朱熹、张栻的学术交游，始于隆兴元年（1163）冬，至于淳熙七年（1180）二月张栻之卒。在前后长达十八年的交游中，朱熹、张栻曾有三次会面，其间多以书信往还，牵涉朱熹中和说的前后变化、朱张《仁说》之辩、张栻晚年论学宗旨以及经史考订诠释等具体问题。关于朱、张交游过程，王懋竑分为五个阶段加以考察，即癸未（1163）初晤、甲申（1164）再见及丙戌（1166）之悟、丁亥（1167）潭州之会、朱熹己丑（1169）之悟、庚寅至庚子（1170—1180）间往复论学。

① 永瑢等：《四库全书总目》第119卷，中华书局1965年版，第1030页。

② 梁启超：《论中国学术思想变迁之大势》，上海古籍出版社2001年版，第124页。

③ 钱穆：《中国近三百年学术史》，商务印书馆2005年版，第316页。

④ 钱穆：《王白田学述》，载《中国学术思想史论丛》第8册，生活·读书·新知三联书店2009年版，第209页。

⑤ 永瑢等：《四库全书总目》第57卷，中华书局1965年版，第517页。

（一）癸未初晤

关于朱、张初次相见的时间，李方子、李默、洪嘉植等所作年谱未有说明。王懋竑《朱子年谱》癸未年（1163）下无初见张栻之事，而在与朱泽沄论学书信中多有涉及，一则称："朱子与南轩先生以癸未相遇于行都，魏公以则不及见。《语类》百三卷包扬录可考"，① 所引包扬录，即"上初召魏公，先召南轩来。某亦赴召至行在……某待得见魏公时，亲与之说"等语，而王懋竑以为"包录亦不言其初相见"。② 王懋竑又谓："朱子《跋胡五峰诗》言：'庚辰之明年，胡子卒。又四年，始获见敬夫。'以此计之，当在甲申（1164），是又在刘共父知潭州之前矣，但未考相遇在何地耳。"③ 据朱熹自述，初晤张栻在甲申（1164），与包扬所录不同。两相权衡，未能定论，故《朱子年谱》未作断语。

（二）甲申再见及丙戌之悟

隆兴二年（1164）八月，张浚病逝于余干，九月朱熹闻讣，赴豫章（今江西南昌）吊唁。王懋竑称："甲申晤南轩于豫章舟中，自是书问往来，皆讲论未发之旨也。"④ 朱熹《答罗参议》载："九月廿日至豫章，及魏公之舟而哭之。……自豫章送之丰城，舟中与钦夫得三日之款。"⑤ 朱熹再见张栻于豫章，诸家无异辞，而"三日之款"所论何事，后来学者各有论说。关于中和旧说，李方子、李默无有论说，洪嘉植以为在丁亥（1167），朱泽沄以为在戊子（1168）。⑥ 王懋竑以《答何叔京》第一至四书作于丙戌（1166），而《答何叔京》（"昨承不鄙"）谓"天性人心，未

① 王懋竑：《与朱湘陶书》（十七），《白田草堂续稿》第 2 卷，《清代诗文集汇编》第 220 册，上海古籍出版社 2010 年版，第 544 页。原钞本"百三"后有"十"字，当为衍文。

② 王懋竑：《朱子年谱考异》第 1 卷，《朱熹年谱》，中华书局 2006 年版，第 247 页。

③ 王懋竑：《与朱湘陶书》（十五），《白田草堂续稿》第 3 卷，《清代诗文集汇编》第 220 册，上海古籍出版社 2010 年版，第 543 页。

④ 王懋竑：《朱子年谱考异》第 1 卷，《朱熹年谱》，中华书局 2006 年版，第 303 页。

⑤ 朱熹：《答罗参议》，《晦庵先生朱文公续集》第 5 卷，《朱子全书》第 25 册，上海古籍出版社、安徽教育出版社 2010 年版，第 4746 页。

⑥ 朱泽沄：《朱子圣学考略》第 2 卷，乾隆十七年（1752）环溪草堂刻本。

发已发，浑然一致，更无别物”，与《答张敬夫》第三、四、三十四、三十五所论心为已发、性为未发、“无一物而不备”相合，故答张栻四书与何镐四书皆作于丙戌（1166）。此外，王懋竑据朱熹《中和旧说序》“闻张钦夫得衡山胡氏学，则往从而问焉”等语，结合朱熹丙戌（1166）之悟（中和旧说），遂逆推“往从而问”为甲申（1164）豫章相见及此后书信往还之事。

（三）丁亥潭州之会

《朱子年谱》丁亥年（1167）下有“八月访南轩张公敬夫于潭州”与“冬十一月偕南轩张公登南岳衡山”两条，王懋竑述潭州（今湖南长沙）之会引朱熹《与曹晋叔书》（“九月八日抵长沙”）、李默《朱子年谱》所载“是时，范念德侍行，尝言二先生论《中庸》之义，三日夜而不能合”等语。朱熹既于丙戌（1166）以已发为心、未发为性，而于体验工夫上仍守李侗之教，[①] 张栻以为此论仍有“两物之蔽”，[②] 亦以李侗求中未发、默坐澄心为非。朱熹为继续讨论中和之说，使心性论与工夫论能更严密地契合，因而有潭州之会。王懋竑以为朱张会讲之后，“朱子亦卒从南轩之说，先察识、后涵养，二年间所见都如此”[③]。关于朱熹、张栻同登衡山，王懋竑逐日条列，称十一月“六日庚午，自潭城往南岳。十日甲戌至十三日登山。十六日庚辰下。十九日癸未始离南岳。二十三日丙戌至槠州，次日与敬夫别，而偕伯崇、择之东归。凡二十八日，至家十二月二十日也”[④]。

---

① 参见朱熹《答何叔京》：“李先生教人，大抵令静中体认大本未发时气象分明，即处事应物，自然中节……辜负教育之意，每一念此，未尝不愧汗沾衣也。”又《答何叔京》：“昔闻之师，以为当于未发已发之几，默识而心契焉……由今观之，始知其为切要至当之说，而竟未能一蹴而至其域也。”（朱熹：《答何叔京》，《晦庵先生朱文公文集》第40卷，《朱子全书》第22册，上海古籍出版社、安徽教育出版社2010年版，第1802、1805页。）

② 朱熹：《答张钦夫》，《晦庵先生朱文公文集》第30卷，《朱子全书》第21册，上海古籍出版社、安徽教育出版社2010年版，第1316页。

③ 王懋竑：《朱子答江元适书薛士龙书考》，《白田草堂存稿》第7卷，《清代诗文集汇编》第220册，上海古籍出版社2010年版，第288页。

④ 王懋竑：《朱子年谱》第1卷，《朱熹年谱》，中华书局2006年版，第32页。此处“二十三日丙戌再至槠州”，误。丙戌当为二十二日，朱熹东归至家当为十二月十九日。

（四）朱熹己丑之悟

朱熹于己丑（1169）悟中和新说，被后世学者认为是朱熹理学思想定型过程中的重要节点。己丑（1169）春，朱熹与蔡季通论学时悟中和旧说之非，作《已发未发说》以思虑未萌与萌动区分未发、已发，而心体流行，无不周流。同年作《与湖南诸公论中和第一书》《答张敬夫》（“诸说例蒙印可”）论心之体为性、心之用为情。《中和旧说序》（壬辰）更清楚地叙述了朱熹本人由中和旧说转向中和新说的思考过程。王懋竑《朱子年谱》虽同录上述诸文于己丑年（1169）下，但《朱子年谱考异》称：“己丑初悟已发未发之分时，尚多未定之论，如以静中知觉不昧为复，寂而常感、感而常寂、以静为本，诸论皆后来所不言。即如仁中为静、义正为动，与《太极图解》正相反，岂可据以为定论耶?”① 据王懋竑之说，朱熹于己丑（1169）对未发、已发及心、性、情等概念曾有不同角度的解读，且在《与湖南诸公论中和第一书》《答程允夫》中引述程颐“涵养须用敬，进学则在致知”②，但“于涵养一段工夫，又仍主延平说，故有以静为本之语”③。王懋竑意识到中和新说诸书非作于一时，诸书内容既存在心性诠释上的歧解，更凸显了李侗、程颐在工夫论上的冲突。进言之，己丑（1169）之悟表明了朱熹对中和旧说的自我否定，而中和新说虽起于己丑（1169），而于工夫论仍有未定之处。

（五）庚寅至庚子间往复论学

在王懋竑看来，朱熹在己丑（1169）之时，工夫论徘徊于程颐、李侗之间，庚寅（1170）以后朱熹引述推阐程颐“涵养须用敬，进学则在致

① 王懋竑：《朱子年谱考异》第1卷，《朱熹年谱》，中华书局2006年版，第307页。

② 见朱熹《答程允夫》“圣门之学别无要妙，彻头彻尾，只是个敬字而已……若能持敬以穷理，则天理自明，人欲自消，而彼之邪妄将不攻而自破矣”。（朱熹：《答程允夫》，《晦庵先生朱文公文集》第41卷，《朱子全书》第22册，上海古籍出版社、安徽教育出版社2010年版，第1873页）。

③ 王懋竑：《朱子答江元适书薛士龙书考》，《白田草堂存稿》第7卷，《清代诗文集汇编》第220册，上海古籍出版社2010年版，第288页。

知”二语，至甲辰（1184）、戊申（1188）后方一归于程颐之论，力言求中未发之非，否定延平教法而转从伊川主敬工夫，所谓：

至庚寅，与吕伯恭、刘子澄书，始提掇程子“涵养须用敬，进学则在致知”二语，与林择之书极言敬字亲切之妙，盖生平学问大指已定于此，而于延平之说亦未有所拟议也。甲辰《与吕士瞻书》、戊申《与方宾王书》始言求中未发之非，而《大学或问》则直指敬字为圣学始终之要，《中庸或问》又明斥吕氏求中之说，其他语录发明此意者，如杨道夫录、叶贺孙录，其言皆确有可据，其前后异同之际，亦略可考矣。①

己丑（1169）朱熹致书湖南诸公、程允夫时已引述程颐“涵养须用敬，进学则在致知”，因而王懋竑以为庚寅（1170）始“提掇”此两语，不尽准确。但是，朱熹庚寅（1170）及稍后的书信（与吕祖谦、林用中、方耕道、陈师德、王近思等）中的确多次引述程颐此说，并且将其提升为“入德之门”② “学者立身进步之要”③，故王懋竑据此以为朱熹“生平学问大指已定于此”，并用之以考察朱、张二人在庚寅（1170）后论学的核心要义。

朱熹与张栻于壬辰（1172）、癸巳（1173）后频繁致书论“仁”，并各撰《仁说》，但王懋竑《朱子年谱》对《仁说》着墨甚少，原因有二。一是在文献的误判上，王懋竑指出《朱子文集》浙本“以南轩《仁说》为朱子《仁说》，此有《南轩集》可据以正其误”④，而浙本以朱熹《仁说》为序，王懋竑却未对此文加以注意。二是在义理的理解上，朱熹不认同张栻《洙泗言仁录》的做法，并致书张栻及其他湖南学者论“观过知仁”有过高过简之失，王懋竑因此而于《朱子年谱考异》庚子（1180）下

① 王懋竑：《朱子答江元适书薛士龙书考》，《白田草堂存稿》第7卷，《清代诗文集汇编》第220册，上海古籍出版社2010年版，第288页。

② 朱熹：《答吕伯恭》，《晦庵先生朱文公文集》第33卷，《朱子全书》第21册，上海古籍出版社、安徽教育出版社2010年版，第1425页。

③ 朱熹：《答陈师德》，《晦庵先生朱文公文集》第56卷，《朱子全书》第23册，上海古籍出版社、安徽教育出版社2010年版，第2671页。

④ 王懋竑：《重答朱湘淘书》，《白田草堂存稿》第12卷，《清代诗文集汇编》第220册，上海古籍出版社2010年版，第350页。

列朱熹《答吕伯恭》（癸巳）："若《洙泗言仁》则固多未合，当时亦不当便令尽板行也。"① 朱、张壬辰（1172）、癸巳（1173）论仁，王懋竑当是据朱熹答胡广仲、吴晦叔书而认定张栻卒从朱熹之说，故称："《祭南轩文》云：盖缴纷往反者几十有余年，末乃同归而一致，此统言之，如《论语》说、仁说之类。"② 更值得注意的是，在王懋竑看来，朱熹之学虽究心于理气心性的探讨，但其理学建构的归旨在于导出有效的方法论，朱熹在庚寅（1170）后便以"主敬"为学问宗旨，并指出"主静"之非，晚年持之愈坚。王懋竑审视张栻晚岁学术时，便是以"主敬""主静"对举，而认为张栻亦从朱熹"主敬"之旨，其文称：

南轩先生与朱子同道，而中年而殁，其业未究，似未可与朱子并论。……南轩于淳熙乙未作《周子祠记》曾举主静之语，至戊戌作《南康军周子祠记》则绝不言主静，而且以慕高远为戒，此正与朱子同归一致者。③

在朱熹致张栻诸书中，时间最晚者在淳熙四年（1177）。张栻卒于淳熙七年（1180），其致朱熹书信中有十余封在淳熙四年（1177）以后，而内容以时政为主，对理学问题探讨无多。文献不足征虽是研究朱、张学术异同的缺憾，却也为后学研究提供了诠释空间。王懋竑在审视庚寅至庚子（1170—1180）朱、张论学过程时，从朱熹思想演变着眼以观照朱、张交游，以为朱、张二人论"仁"与《论语》莫不相合，而张栻晚年舍"主静"而从"主敬"，与朱熹之学最终"同归一致"。

二、史料的辨析

除了交游过程的宏观呈现以外，王懋竑还对涉及朱、张交游的史料（诗文、序跋、题记等）进行了细致的辨析。王懋竑生活在康乾之时，受到了朝野尊朱思潮的影响，其治学仍带有考据学的深刻烙印，即通过史料的排比对读、反复辨析以考订史实、还原文义。陈垣提出的"四校法"

① 王懋竑：《朱子年谱》第2卷，《朱熹年谱》，中华书局2006年版，第104页。

② 王懋竑：《朱子年谱考异》第1卷，《朱熹年谱》，中华书局2006年版，第307页。

③ 王懋竑：《重答朱湘淘书》，《白田草堂存稿》第12卷，《清代诗文集汇编》第220册，上海古籍出版社2010年版，第352页。

（对校、本校、他校、理校），不仅为古籍整理而发，更为今人审视清儒考据的具体开展提供了思路。王懋竑研究朱熹生平行事，即长于以朱熹《朱子文集》《朱子语类》前后版本互校，《朱子文集》与《朱子语类》的互证，朱熹、张栻、吕祖谦诸家文集互证，以及从朱熹义理思想前后变化以推论行事。关于朱、张交游的史料，《朱子年谱》或加节录或略附按语，未能详述其缘由，其精审之处亦无从彰显。通过其《白田草堂存稿》《白田草堂续稿》与《朱子年谱》的对比，可知王懋竑辨析朱、张交游相关史料时，长于文献的互证与发明，既对史料原文的文字有所改订、对史料的时间限段有所厘定，同时对常见史料的文义内涵亦有所推阐。以下试举例说明。

（一）文字的改订

王懋竑在考订朱、张交游相关史料时，以朱、张两家文集相互参校进而改订文字之讹。如乾道三年丁亥（1167），朱熹、张栻会晤于潭州。《祭张敬夫殿撰文》称："丙戌之冬，风雪南山。解袂槠州，今十五年。"① "风雪南山"即指朱、张同登衡岳之事，王懋竑指出："《祭文》言丙戌之冬，据《年谱》及《诗集》，丙戌乃丁亥之讹。然下文云今十五年，自丁亥至庚子仅十四年，又不得云十五年也，岂《祭文》十四讹为十五，而编者遂以意改丁亥为丙戌乎？"② 朱、张同登南岳的时间，两家文集皆可证明，故《祭张敬夫殿撰文》关于时间的错误记载，王懋竑推测是朱熹讹"四"为"五"，而后来《朱子文集》编纂者却改丁亥（1167）为丙戌（1166）以牵和朱熹之说。

又如朱熹于乾道三年（1167）十一月东归，与林用中、范念德沿路酬唱，所作诸诗汇集为《东归乱稿》，朱熹作《东归乱稿序》以纪其事。《东归乱稿序》末题"乾道丁亥冬十月二十有一日新安朱熹序"。王懋竑指

① 朱熹：《祭张敬夫殿撰文》，《晦庵先生朱文公文集》第 87 卷，《朱子全书》第 21 册，上海古籍出版社、安徽教育出版社 2010 年版，第 4074 页。

② 王懋竑：《与朱湘陶书》（十五），《白田草堂续稿》第 3 卷，《清代诗文集汇编》第 220 册，上海古籍出版社 2010 年版，第 544 页。

出："《与刘共父书》云：'去月六日离长沙。'以南轩《南岳唱酬序》考之，十一月庚午乃六日也，至丁亥则十一月二十三日。朱子《东归乱稿序》云：'自槠州凡二十八日'，而至崇安以丁亥计之，则十二月二十日。《南岳游山后记》以丙戌与南轩别，而离槠州实以丁亥，其日月确然可据，《东归乱稿序》末志十月二十有一日，此十二月误作十月。"①

（二）时间的推论

考订朱熹书信序跋的写作时间，是研究朱、张交游过程的重要内容。如朱熹"中和旧说"的提出，历来被视作朱熹由延平教法转而服膺湖湘学派的节点。集中代表"中和旧说"内容的便是朱熹寄张栻"人自有生"四书，而"人自有生"四书作于何时，诸家聚讼纷纭。王懋竑据《答何叔京》第三札中"天性人心，未发已发，浑然一致"与"人自有生"四书主旨相合，又以《答何叔京》中所涉时事为证，将"人自有生"四书系于丙戌（1166），称：

答张敬夫四书，皆在丙戌。考《答何叔京书》"未发已发，浑然一致，更无别物"，与此数书意同，何书在丙戌，四书言范伯崇过建阳，何书亦及之，则在丙戌无疑。又述伯崇言老兄抽关启键，则自朱子所独见，非至长沙后与南轩共议之也。向以为戊子，误。（范伯崇以丙戌夏秋间过建阳，见《与许顺之书》。何书所云则丙戌冬再至也，书末及《杂学辨跋》，此最明证。）②

王懋竑论证《答何叔京》第一至四书在丙戌（1166），已无疑义。又《答张敬夫》第三书主张"致察而操存"、第四书指出"性无时不行乎心之用"、第三十五书强调"已发者人心，而凡未发者皆其性"，均以已发为心、未发为性以及察识涵养为说，与《答何叔京》四书相合，故推论"人

① 王懋竑：《与朱湘淘书》（十六），《白田草堂续稿》第3卷，《清代诗文集汇编》第220册，上海古籍出版社2010年版，第544页。

② 王懋竑：《朱子答江元适书薛士龙书考》，《白田草堂存稿》第7卷，《清代诗文集汇编》第220册，上海古籍出版社2010年版，第294页。

自有生”四书作于丙戌（1166）。钱穆认为“人自有生”四书作于戊子（1168），[①] 陈荣捷、刘述先同之，然与“人自有生”四书所载时事相违；陈来则对王懋竑之说进行修订，认为《答张敬夫》第三十四书作于丁亥（1167），理由是书中所述“夜气固未可谓之天地之心，然正是气之复处，苟求其故，则亦可以见天地之心矣”[②] 与丁亥（1167）《答何叔京》第八书“钦夫极论复见天地之心不可以夜气为比”相合。[③] 若比对朱熹《答张敬夫》第三、三十四两书，第三书称：“不能致察，使梏之反覆，至于夜气不足以存，而陷于禽兽，则谁之罪哉?”由此可知，第三十四书论夜气之说乃是承第三书而来，均言夜气之要。而至丁亥（1167）朱熹《答许顺之》称“夜气之说，近得来答，始觉前说之有病也”[④]，《答何叔京》（“昨承示及遗说后八篇”）亦称“夜气以为休息之时则可，以为寂然未发之时则恐未安”“夜气特可以言‘复而见天地心’之气象”[⑤]，都说明朱熹意识到以夜气“可以见天地之心”下语太重，并进行了修正。通过朱熹诸书中对“夜气”的讨论，可以判定《答张敬夫》第三十四书承第三书而来，两书同作于丙戌，至丁亥时朱熹对丙戌“夜气”诸说进行了改订，而王懋竑将“人自有生”四书定于丙戌的说法，益可征信。

又如，《答罗参议》（第四书，“示及汪丈书”）中有“钦夫尝收安问，警益甚多，大抵衡山之学，只就日用处操存辨察，本末一致，尤易见功”[⑥] 等语，说明张栻曾向朱熹介绍胡宏“先察识后涵养”之学说，朱熹亦以为然。然《答罗参议》（四）作于何时，诸家所论略有不同。此书中称：

---

① 钱穆：《朱子新学案》第2册，台湾联经出版事业公司1998年版，第303页。

② 朱熹：《答张敬夫》，《晦庵先生朱文公文集》第30卷，《朱子全书》第21册，上海古籍出版社、安徽教育出版社2010年版，第1316页。

③ 陈来：《朱子书信编年考证》，生活·读书·新知三联书店2011年版，第42—43页。

④ 朱熹：《答许顺之》，《晦庵先生朱文公文集》第39卷，《朱子全书》第22册，上海古籍出版社、安徽教育出版社2010年版，第1746页。

⑤ 朱熹：《答何叔京》，《晦庵先生朱文公文集》第40卷，《朱子全书》第22册，上海古籍出版社、安徽教育出版社2010年版，第1814页。

⑥ 朱熹：《答罗参议》，《晦庵先生朱文公续集》第5卷，《朱子全书》第25册，上海古籍出版社、安徽教育出版社2010年版，第4747页。

“端父兄弟已祥祭，先生德容日远，益使人痛心耳。”① 据此，汪应辰已作李侗行状，祥祭李侗之礼已毕。李侗卒于癸未（1163）十月，束景南据“祥祭”以为此书在甲申（1164）十月间②，陈来指出“若大祥亦只在乙酉，不至迟至丙戌也。故此书必在甲申、乙酉间，疑在乙酉为近”③。王懋竑《朱子年谱》以此书为丙戌（1166）所作，未明言其由。王懋竑既考订“人自有生”四书作于丙戌（1166），《朱子答江元适书薛士龙书考》则称：

盖参议远在西蜀，卒于戊子之夏，而其两书一言胡氏之学，一言近有脱然处，信所闻于西林者不我欺，与此四书相合，自在丁亥前。④

《答罗参议》（四）论及胡宏之学，《答罗参议》（六）所称“时得钦夫书问，往来讲究此道”，既与“人自有生”四书相合，亦与丙戌（1166）所作《答何叔京》相印证，故王懋竑以为《答罗参议》第四、六书皆在丙戌（1166）。学术义理的相近，固然可以作为年份断定的依据，而除此之外，汪应辰所作行状与书信亦能补充王懋竑之说。汪应辰《延平李先生墓志铭》言：“其孤护丧以归，将以（隆兴）二年八月庚申葬于所居山之左，而以铭见属。”⑤ 又寄书朱熹：“去秋上状，并纳所写李先生墓志，不知已收到否?”⑥ 据此，汪应辰于甲申（1164）草成行状，并寄朱熹，乙酉（1165）春再度致书。书中“端父兄弟已祥祭”，若指小祥十三月，则祥祭在甲申（1164）十月，而朱熹此时未收到行状，故“祥祭”当指大祥二十五月，《答罗参议》（四）之作不早于乙酉（1165）十月，结合王懋竑之说，此书之作当在乙酉（1165）、丙戌（1166）之间。

① 朱熹：《答罗参议》，《晦庵先生朱文公续集》第5卷，《朱子全书》第25册，上海古籍出版社、安徽教育出版社2010年版，第4747页。

② 束景南：《朱熹年谱长编》卷上，华东师范大学出版社2001年版，第331页。

③ 陈来：《朱子书信编年考证》，生活·读书·新知三联书店2011年版，第35页。

④ 王懋竑：《朱子答江元适书薛士龙书考》，《白田草堂存稿》第7卷，《清代诗文集汇编》第220册，上海古籍出版社2010年版，第297页。

⑤ 汪应辰：《延平李先生墓志铭》，《文定集》第22卷，商务印书馆1935年版，第271页。

⑥ 汪应辰：《与朱元晦》（十），《文定集》第15卷，商务印书馆1935年版，第173页。

（三）文义的辨析

除了对文字、时间的考订之外，对史料文义的解读也是王懋竑研究朱子学的重心。例如，有关朱熹、张栻潭州之会的情形，李方子《朱子年谱》载："是时范念德侍行，尝言两先生论《中庸》之义，三日夜而不能合。"① 范念德之说言虽简而意未赅，"《中庸》之义"是指已发未发而言，还是另有所指？"三日夜而不能合"是描述朱张会讲的中间过程（先异后合），还是陈述结果（不合而散）？后来学者对此各有论说。王懋竑于《朱子年谱》乾道丁亥年（1167）下收录此条，而于《朱子年谱考异》中称此条"于《文集》《语录》皆无所考"，又谓"从南轩受衡山之学，以《艮斋铭》为宗旨，相与守之"②，以为朱、张岳麓讲会论已发未发、先察识后涵养当无异辞，断言"范念德言两先生论《中庸》之义三日夜而不能合，此语绝无所据"③。事实上，王懋竑将朱张岳麓讲会置于朱熹中和旧说成型的背景下进行辨析，那么在岳麓讲会时，朱熹、张栻无论在工夫论、心性论上都达成了一致，这在朱熹、张栻惜别唱和诗作中有充分体现。以工夫论而言，张栻说"毫厘有弗察，体用岂周流"，朱熹则称"惟应酬酢处，特达见本根"，都体现了重察识的倾向。朱张二人会讲的记载，虽未明言心性之论，而张栻诗称"超然会太极，眼底无全牛"，朱熹称"始知太极蕴，要眇难名论"，关于朱、张对"太极"的讨论，王懋竑认为："朱子自甲申后，与南轩往复，皆讲未发之旨，而以心为已发、性为未发，盖以未发为太极。诗所云'太极'，则指未发而言也。"④ 此说以朱熹此时主"性为未发"，又引入张栻"太极"即"性"的主张，故称诗中"太极"即指"未发"而言。在王懋竑看来，朱熹、张栻在岳麓会讲中不只在工夫论上达成了高度一致，而且在心性论上亦有契合之处，那么他怀疑范念德的记载便是逻辑的必然结果了。

---

① 王懋竑：《朱子年谱》第1卷，《朱熹年谱》，中华书局2006年版，第32页。
② 王懋竑：《朱子年谱考异》第1卷，《朱熹年谱》，中华书局2006年版，第308页。
③ 王懋竑：《朱子年谱考异》第1卷，《朱熹年谱》，中华书局2006年版，第307页。
④ 王懋竑：《朱子年谱考异》第1卷，《朱熹年谱》，中华书局2006年版，第307页。

三、立场的审视

王懋竑所处的康乾之时，一方面朱熹的学术思想成为国家意识形态的组成部分，受到了朝堂乃至草野的高度认同，另一方面，导源于明季的考据学逐渐发展，在学林的地位日益提升。以实证见长的考据学，不仅表现为文字训诂、版本考订等技艺的运用，也蕴含了学者对宋明理学的反思与转化。王懋竑对朱熹、张栻交游的考辨，试图在严密的考订下推导精确的论断。无论是整体过程的呈现，或是具体时间、文字、文义的考订，其实都包含着他对义理的评判以及方法的预设。这些评判、预设所彰显的学术立场，在清代朱子学研究中具有典型意义，也为今日重新审视朱、张交游提供了借鉴。具体而言，王懋竑在考辨朱、张交游时所体现的学术立场包括以下三个方面。

一是考述朱熹、张栻交游，以朱熹为本位，在凸显朱熹地位的同时，弱化了张栻等学侣对朱熹学术的影响作用。王懋竑《朱子年谱》既以朱熹为谱主，自然从朱熹学术思想的演变以考察朱、张交游，尤其关注朱熹中和旧说到中和新说的转变。尽管王懋竑认为“两先生（张栻、吕祖谦）与朱子丽泽之益，同时无有及者，不独两先生有资与朱子，而朱子之资于两先生者正复不少”①，指出朱熹、张栻的学术思想相互影响，但他更倾向于论述朱熹对张栻的深刻影响，其所谓朱熹受益于张栻之处，则主要就中和旧说而言，然中和旧说历时不长便为新说所取代。例如，张栻晚年学术思想的具体情形，因文献不足，难以厘清，王懋竑乃据朱熹祭张栻文中“卒乃同归而一致”一语，便指“南轩先生晚年所进大有不同，固一一与朱子合也”②；《朱子年谱》于淳熙七年（1180）“南轩张公讣至”条下罗列多条朱子语录，如“钦夫见识极高，却不耐事”“南轩、伯恭之学皆疏略，

---

① 王懋竑：《与朱湘淘书》（十八），《白田草堂续稿》第3卷，《清代诗文集汇编》第220册，上海古籍出版社2010年版，第546页。

② 王懋竑：《壬子答朱湘淘书》，《白田草堂存稿》第11卷，《清代诗文集汇编》第220册，上海古籍出版社2010年版，第338页。

南轩疏略从高处去”①。统合王懋竑诸说及引文，可知他在考辨朱、张关系时，将朱熹的记载与议论视作事实与定评，而朱熹、张栻间多重互动的情形，被转化为朱熹单向影响张栻的过程，不免存在偏颇。

二是论述朱熹思想的演变，是以工夫论作为主轴，而较少论及言心言性的形上之学。本体、心性、工夫是宋明理学概念系谱中的核心内容，也是朱熹建构理学思想体系的论述重心。相较而言，宋代儒者对本体、心性探讨更多，而明代儒者则强调对工夫的辨析，清初的儒者鉴于晚明心学虚玄之失，纷纷提出各自的工夫论，以期矫正学风、返归笃实。王懋竑在理解朱熹思想时，其预设立场是儒者对本体、心性的抽象思辨，是建构思想体系的中间过程，其结果在于推导出切实有效的工夫论。在王懋竑看来，朱、张交游过程中的重要节点，是以朱熹工夫论的提出与转变为标准，如丙戌（1166）、丁亥（1167）间主“先涵养、后察识”，己丑（1169）后论“主敬”等。再如其论张栻晚年之合于朱熹，立论的依据即朱熹在庚寅（1170）后以“主敬”为学问宗旨，张栻晚年不言“主静”，遂以张栻不言“主静”与朱熹言“主敬”相合。这种以“主敬”与“主静”判然对立、无法调和的预设立场，乃是以强烈的卫道意识抨击阳明心学，尤其是“攻姚江晚年定论之说”②，在清初儒者的朱学研究中无疑是相当典型的。

三是考辨朱熹相关文献，注重厘清朱熹书信、序跋、语录的年代，通过《朱子文集》《朱子语类》以及朱门后学记载的互证，对文献进行时序排列与批判取舍。王懋竑从分析史料年代的基础上还原朱熹为学次第，既深受乾嘉以降的清儒所推重，梁启超更称他足以“廓清雾障，为朱子功臣”③。就考据学的逻辑，如果立论所参考的文献资料无法准确系年，那么对史料的误读在所难免，逻辑结论则更难以服人。就史料所载年份的准确性而言，《朱子文集》中的序跋题记多附载年岁，大部分书信的年代也可据其中的信息（如人物、著作、政事等）得以考订；《朱子语类》虽前附《朱子语录姓氏》，但只记大致年代，不如《朱子文集》之详。若就史料的

① 王懋竑：《朱子年谱》第 2 卷，《朱熹年谱》，中华书局 2006 年版，第 105 页。
② 永瑢等：《四库全书总目》第 57 卷，中华书局 1965 年版，第 517 页。
③ 梁启超：《中国近三百年学术史》，东方出版社 2004 年版，第 117 页。

作者而言，《朱子文集》是朱熹所作，《朱子语类》是朱门弟子所述，《朱子文集》的可信度应高于《朱子语类》。正是基于这样的预设，王懋竑的考辨多由《朱子文集》以确定朱熹为学次第，而以《朱子语类》作为佐证。尽管如此，当《朱子文集》《朱子语类》出现矛盾时，他并非径信《朱子文集》而否定《朱子语类》，而是将《朱子文集》《朱子语类》中的文献放到具体的时空进程中加以考察，既关注文献的年代信息，更从义理阐发是否严密圆融的角度以审视文献的价值。王懋竑对《朱子文集》《朱子语类》的批判性互证，对于朱、张交游乃至朱子学史、湘学史的实证研究仍深具参考意义。

蒋信的心学思想与师门归属再探

肖　啸*

摘　要：蒋信一生践履笃实，不事虚谈，先后从学于王阳明和湛若水，其学以心为本体，坚持心性理气贯通无二，合之于万物一体，其工夫论则以慎独为主，默坐澄心，以达到勿忘勿助之间。蒋信的心学思想源于湛学为多，与王学有偏离之处，且其个人情感依归于湛门，当归入甘泉学派。蒋信的心学思想不仅是对明代中期空疏学风的补偏救弊，还开启了晚明学术由“心学”到“气学”的转化。转换以王阳明、湛若水为中心的观察视角，聚焦于蒋信个人思想脉络的发展历程，可知其非王、湛的骥尾，而为试图突破既定思想范围之鳌头。

关键词：蒋信；心学；湛若水；王阳明

王阳明和湛若水（甘泉）是正嘉年间（1506—1566）影响最大的两位心学大师，他们的崛起是明代乃至整个理学发展史上的转折点，黄宗羲称：“当时学于湛者，或卒业于王；学于王者，或卒业于湛。亦犹朱、陆之门下，递相出入也。”① 蒋信（1483—1559）便是一位初从学于王阳明，

---

* 肖啸，湖南科技大学人文学院历史系讲师，历史学博士。

基金项目：本文为湖南省社科重大学术和文化研究专项“岳麓书院与湖湘优秀传统文化专题研究”（21ZDAZ0）阶段性成果。

① 黄宗羲：《甘泉学案一》，《明儒学案》第 37 卷，中华书局 2008 年版，第 875 页。

而后卒业于湛若水的心学学者，其学说兼顾王、湛二家，且多有发展。

蒋信，字卿实，号道林，湖南常德人。少时无所师授，明正德五年(1510)，与同乡冀元亨拜谒起谪归来的王阳明，成为王阳明最早的追随者之一。嘉靖二年（1523），应岁贡赴京师，转而师事湛若水，服膺直至终老。十一年（1532），蒋信登进士第，观政户部，历任户部主事、四川按察司永利道佥事、贵州提学副使等职。晚年创建桃冈精舍讲学，终生践履笃实，不事虚谈，著有《桃冈日录》《蒋道林文粹》《道林先生摘言》等。湖南、贵州等地学者推崇蒋信的学说，尊其为“正学先生”。

早前学界对蒋信思想的研究主要将其放置在阳明学的大背景之中，比较其学说与王阳明的异同，及其对阳明学在地方上发展的影响，整体呈现出一种“阳明中心论”的现象。① 近年来，学界虽然逐渐关注蒋信学说的独特性，及其在明代中后期思想学术发展史上的重要地位，② 但多是从大处着眼，对其思想的微观分析不足，师承归属问题更是语焉不详。本文试图从蒋信对王、湛二学的继承与发展之处入手，具体阐述其学说中理气心性、知止识仁、慎独、勿忘勿助等主要观点的学理内涵，并在此基础上探讨其师门归属。

一、慎独澄心：师法王、湛的修养工夫

在《桃冈日录》的序文中，周传诵评论道：“先生之学，以慎独为主，以笃伦修行为实践，以明理通事务为致用之具。”③ 蒋信重视戒慎恐惧的工

---

① 参见王兴国：《王阳明及其弟子在湖南的活动情况略考》，《浙江学刊》1997 年第 6 期；张小明：《试论楚中王门蒋信思想》，《贵阳学院学报（社会科学版）》2010 年第 1 期；王路平：《黔中王门——贵州阳明文化学派的形成》，《阳明学刊》第六辑，巴蜀书社 2012 年版，第 171—190 页；张明：《王阳明与黔中王门的书院讲学运动》，《阳明学刊》第七辑，巴蜀书社 2015 年版，第 5 页、第 132—147 页；刘训茜：《明儒蒋信的学派归属及其对阳明学的接受》，《原道》第 34 辑，湖南大学出版社 2017 年版，第 141—149 页。

② 参见肖啸：《蒋信心学思想与传播》，湖南大学未刊硕士学位论文，2016 年；姚才刚、张黎：《“万物一体”思想的新发展——以明儒蒋信为中心》，《哲学研究》2017 年第 8 期；牛磊：《明儒蒋道林的“知几”工夫论》，《周易研究》2019 年第 6 期。

③ 周传诵：《桃冈日录序》，载蒋信：《蒋道林先生桃冈日录》，《美国哈佛大学哈佛燕京图书馆藏中文善本汇刊》，商务印书馆、广西师范大学出版社 2003 年版，第 1 页。

夫，认为这是圣人不失赤子之心的关键所在，他说："知戒慎恐惧，防非窒欲，保守得这赤子时爱亲敬长一点真切的心长在，便自会生聪明睿智。日渐纯熟，便自会由善信而美大，美大而神圣，充到万物一体之极。如尧、舜光被四表，亦只是元初爱亲敬长真切的心，非有别心。"① 那么，如何能通过戒慎恐惧而不失赤子之心呢？对此，蒋信强调三点：默坐澄心、慎独和勿忘勿助。

（一）默坐澄心

默坐澄心，亦即静坐之法。"习静之学"自周濂溪以来，学者多相授受。如周濂溪主静无欲，程明道"坐如泥塑人"②，李侗受学于罗从彦时亦被授予静坐之法③。宋儒的静坐传至明儒，尤其是明代心学学者，如陈献章"于静中养出端倪"④，王阳明龙场悟道，皆在于静坐之功。湛若水则强调体认天理，动静结合，认为绝对的静是不能体认天理的，仅以静而言学，则有流于释氏的弊端，而一旦在静坐中有所感悟，便不算纯粹的静，而是动了。

蒋信的静坐之法来自王阳明。正德五年（1510），王阳明自龙场谪归，途径常德，与蒋信、冀元亨等静坐僧寺，教之自悟性体，并寄书说："前在寺中所云静坐事，非欲坐禅入定也，盖因吾辈平日为事物纷拏，未知为己，欲以此补小学收放心一段工夫耳。明道云：'才学便须知有着力处，既学便须知有得力处'，诸友宜于此处着力，方有进步，异时始有得力处也。"⑤ 王阳明所授"初学者静坐以便自悟性体"的工夫对蒋信影响颇大，后者在道林寺中静坐半年，进而悟得万物一体之旨。

---

① 蒋信：《蒋道林先生桃冈日录》，《美国哈佛大学哈佛燕京图书馆藏中文善本汇刊》，商务印书馆、广西师范大学出版社2003年版，第10页。

② 程颢、程颐：《河南程氏外书》第12卷，《二程集》上册，中华书局1981年版，第426页。

③ 朱熹：《延平李先生答问后录》，《朱子全书》第13册，上海古籍出版社、安徽教育出版社2010年版，第350页。

④ 黄宗羲：《师说·陈白沙献章》，《明儒学案》，中华书局2008年版，第4页。

⑤ 钱德洪：《阳明先生年谱》，载王守仁：《王阳明全集》下册，上海古籍出版社2011年版，第1356—1357页。

蒋信十分重视默坐澄心，也时常以此教授学生：

静坐便是下手学个默，到得随动随静皆默，便即参前倚衡矣。今人都知濂溪“无欲”二字最紧要，不知孔门一“默”字已尽了。默之至，随处皆是万物一体，自身是公共物，何等快活！何用如禅学辈说空说幻，许多劳扰?①

初学须是学静，学静便先须静坐。静坐收拾得虚明，这便即是存。此到动时，即失了那虚明意思，乃却是为习气所胜。惟于此时不放过，则便增气力矣。功夫且只如此做去，到得识仁体却又别。②

在蒋信看来，只静坐还不够，只有同时进入“虚明”之境方是本心的“存养”工夫，因此心念不可乱动，否则心中杂念一起，便失了虚明意思。当学力微弱不能胜习气、心做主不得时，应就此处加强锻炼一番。因此默坐澄心是初学者不可摒弃的工夫。

（二）慎独

“慎独”是儒家心性修养的重要工夫，其旨意不断被宋明儒者重新解读。蒋信在其著作中亦反复阐发和诠释“慎独”之旨，讨论其宗旨、地位和功效等，又将桃冈精舍的讲堂名之为“慎独堂”，并撰《慎独堂铭》悬于其中，认为尧舜以来，心性之学的关键便是慎独工夫。蒋信对慎独之旨的诠释，大体上吸收了湛若水和王阳明的观点，并在此基础上有所创见。

湛若水上承二程，将慎独之旨纳入其天理体系当中，不仅把慎独发展为学者修持天理的工夫，还将其提升为守护内心之仁的方法，以及君子成德的途径。在此基础上，他又将慎独推向了一个新的高度：与“主敬”工夫联系在一起，“是故始之敬者，戒惧慎独以养其中也，中立而和发焉，万事万化自此焉达，而位育不外是矣”③。除了主敬外，湛若水还提倡慎独

① 蒋信：《蒋道林先生桃冈日录》，《美国哈佛大学哈佛燕京图书馆藏中文善本汇刊》，商务印书馆、广西师范大学出版社2003年版，第10页。

② 蒋信：《蒋道林先生桃冈日录》，《美国哈佛大学哈佛燕京图书馆藏中文善本汇刊》，商务印书馆、广西师范大学出版社2003年版，第29页。

③ 湛若水：《心性图说》，《湛甘泉先生文集》第21卷，《四库全书存目丛书》集部第57册，齐鲁书社1997年版，第72页。

以“养中”，最终达到儒者所追求的“致中和”之功。

王阳明则认为孔子之道就在于慎独，并以之诠释孔颜之乐，强调慎独之功在于穷理：“盖箪瓢之乐，其要在于穷理，其功始于慎独，能穷理，故能择乎中庸，而复理以为仁；能慎独，故能克己不贰过，而至于三月不违。盖其人欲净尽，天理流行，是以内省不疚，仰不愧，俯不怍，而心广体胖，有不知其手舞足蹈者也。”① 王阳明在对古本《大学》“至善”的诠释中亦强调慎独之功：“至善之发见……自非慎独之至、惟精惟一者，其孰能与于此乎？”② 他要求君子修身以慎独为基础，如此方能止于至善。

蒋信对王阳明、湛若水二人的慎独思想皆加以吸收、继承，并且进一步阐发，这在其与弟子郭访的问学语录中有所体现。郭访问道：“先生每言‘慎独’二字，便尽了圣学，又言只慎独则敬义一齐俱到，访于此尚未省，请示。”蒋信答曰：

试看汝心有不动时否？不接人、不应事，坐在这里，心有用处否？心无时不动，“独”正是动而未形有无之间，所谓“几”是也。圣贤戒慎恐惧正是于此处精一，此处精一即用处就是体，和处就是未发之中。进德、修业、敬直、义方、知及、仁守、庄莅、动礼，一齐俱到，通范围天地，曲成万物，修身、齐家、治国、平天下，都一以贯之。③

他这里对王阳明、湛若水慎独思想的继承，可归纳为三点：其一，继承了湛若水的“主敬”之旨，“只慎独则敬义一齐俱到”。其二，吸收了王阳明“慎独之至，惟精惟一”之说，认为“戒慎恐惧正是于此处精一”。其三，蒋信认为慎独是在“动而未形，有无之间”用功，这虽源于周敦颐《通书》中的“动而未形，有无之间者，几也”，但其强调在“几”上用功，直到“几”上全无事的修养方法，则取自湛若水“惟几也，故能成天

① 王守仁：《策五道》，《王阳明全集》中册，上海古籍出版社2011年版，第953页。

② 王守仁：《大学问》，《王阳明全集》中册，上海古籍出版社2011年版，第1067—1068页。

③ 蒋信：《蒋道林先生桃冈日录》，《美国哈佛大学哈佛燕京图书馆藏中文善本汇刊》，商务印书馆、广西师范大学出版社2003年版，第22页。

下之务”[1] 的整全性观念。继承之外，蒋信还有创新，他认为慎独与“仁”“知止”互相贯穿，是儒家道统授受的关键，所谓“孔颜之授受无它焉，曰仁而已。曰知止，默识乎此已耳；曰慎独，缉熙乎此已耳”[2]。

蒋信之所以如此重视慎独工夫，是基于当时普遍盛行的空疏学风，空谈性理，却不关注德性修养工夫。他“尝有感于学术之多门而私为之说，曰：六经、四子之旨，其本在天地万物一体，贵默识，不贵多言；其存之在慎独，贵精一于几微，不贵虚谈妙觉”[3]，又说“化裁通变，原于默成之德行。天地万物，位育成能，必本于慎独以致中和。世儒各以其偏，祸国家，乱大道，岂其性之罪哉”[4]，依其言，慎独乃六经之道，孔门要旨。

总体而言，王阳明阐慎独之精微，湛若水释慎独之敬一，对蒋信皆有所启发，其慎独思想是在综合王阳明、湛若水二人之说的基础上的创新。在对当世空疏之风的救弊矫偏中，蒋信将慎独工夫提到了新的高度，认为慎独即是颜子“几”上工夫，是进德修业一齐俱到的工夫。博学、审问、慎思、明辨、笃行都是切实慎独之处。蒋信的慎独思想上承“默坐澄心”，下启“勿忘勿助”，以“几”为体，以“敬”为主，是对王阳明、湛若水之学的重要发挥。

（三）勿忘勿助

“勿忘勿助”来自《孟子・公孙丑上》“必有事焉而勿正，心勿忘，勿助长也”，本是孟子养浩然之气的方法，以程颢为代表的宋代理学家最先发掘“勿忘勿助”的工夫内涵，将其诠释为“未尝致纤毫之力”的存习

① 湛若水：《君子笃恭而天下平论》，《湛甘泉先生文集》第 21 卷，《四库全书存目丛书》集部第 57 册，齐鲁书社 1997 年版，第 81 页。

② 蒋信：《台学源流序》，《道林先生摘言》第 1 卷，湖南图书馆藏明隆庆二年柳东伯校刻本，第 5 页。

③ 蒋信：《别刘云冈二守序》，《道林先生摘言》第 2 卷，湖南图书馆藏明隆庆二年柳东伯校刻本，第 8 页。

④ 蒋信：《晋双溪曾公晋楚少参序》，《道林先生摘言》第 1 卷，湖南图书馆藏明隆庆二年柳东伯校刻本，第 14 页。

本心之道，① 进而提出“勿忘勿助之间”的修养工夫。② 传至明儒，陈献章和湛若水大力倡导“勿忘勿助”工夫论，而王阳明却极不认同，并与湛若水在“勿忘勿助”的定位上展开了争辩。

王阳明反对过于强调“勿忘勿助”，认为工夫应该用在“必有事焉”之上：“我此间讲学，却只说个‘必有事焉’，不说‘勿忘勿助’。‘必有事焉’者，只是时时去‘集义’。”③ 在他看来，关键在于要在心上做“集义”的工夫，若是成天空谈“勿忘勿助”，其结果只是沉空守寂。针对王阳明的指责，湛若水对“勿忘勿助”进行了诸多回护和完善，在他的文集中，关于“勿忘勿助”一条的解读颇多，甚至有学者认为他已经把这一问题“上升至学问整体的核心来论述和建构”④。湛若水曾说：“勿忘勿助，元只是说一个敬字。先儒未尝发出，所以不堕于忘则堕于助。忘、助皆非心之本体也，此是圣贤心学最精密处，不容一毫人力……盖勿忘勿助之间，只是中正处也……学者下手，须要理会自然工夫，不须疑其为圣人熟后而姑为他求。”⑤ 由此可知，湛若水认为“勿忘勿助”即是“敬”“敬”兼有“勿忘”与“勿助”两者之内涵。

不难看出，王阳明与湛若水关于“勿忘勿助”的论辩，实际上是“致良知”与“随处体认天理”之争。在这一点上，蒋信明显受到了湛若水的影响。蒋信极为重视“勿忘勿助”工夫，在《甘泉先生心性书序》中写道：“知宇宙之为我，然后可语心性，知千圣之要指，不出乎惟精惟一，而尽于孟子之勿忘勿助，然后可以语圣学。”⑥ 可知，蒋信将“勿忘勿助”视为根本工夫，“圣学”尽之于“勿忘勿助”。不同于阳明的“必有事焉”

---

① 程颢、程颐：《河南程氏遗书》第 2 卷上，《二程集》上册，中华书局 1981 年版，第 17 页。

② 程颢、程颐：《河南程氏遗书》第 3 卷，《二程集》上册，中华书局 1981 年版，第 62 页。

③ 王守仁：《答聂文蔚》，《王阳明全集》上册，上海古籍出版社 2011 年版，第 93 页。

④ 王文娟：《关于“勿忘勿助”的阐释与意义之抉发：以湛若水为中心》，《哲学门》2013 年第 2 期。

⑤ 湛若水：《答聂文蔚侍御》，《湛甘泉先生文集》第 7 卷，《四库全书存目丛书》集部第 56 册，齐鲁书社 1997 年版，第 574 页。

⑥ 蒋信：《甘泉先生心性书序》，《道林先生摘言》第 1 卷，湖南图书馆藏明隆庆二年柳东伯校刻本，第 3 页。

才是“集义”，蒋信认为“必有事焉而勿正，心勿忘，勿助长”整一段皆是“集义”工夫，这才是“孟子入圣之门”，因此尤为紧要。在学生男如川向其请教“勿忘勿助”之旨时，蒋信即说：

此一段正是集义工夫。孟子入圣之门，此处错便是不得其门而入，不可不理会……勿忘勿助之间，是孔门入圣天然之矩。所谓天聪明，即此矩，便是舍此矩，何处说天聪明？喜谈灵明者，若不屑于勿忘勿助，何谓？①

蒋信论“勿忘勿助”，深受湛若水的影响，并且认为孔门之慎独、圣学之功尽在于此，宋儒能继承孔门之学亦是有得于此，其《泉翁续编大全序》云：

是故天地以默而常清宁，四时日月以默而常运行，圣人以默而天，贤人以默而圣。至哉！勿忘勿助乎，其斯为作圣之要乎？三圣之精一，孔氏之慎独，其皆尽于此乎？周程二子之为能继孔氏之绝也，其有得于此乎？夫天地万物一体者，非圣人求与二氏异也，惟圣人之聪明，自然之聪明，是故二氏以天地万物为外，圣人以天地万物为体。于乎，求吾心自然之聪明，以达吾圣人一体之仁，舍勿忘勿助，无思而无不思也，其何能至之哉！②

对于“勿忘勿助之间”，蒋信在湛若水的基础上，又进一步论述了其本体论意义：

动而无动，静而无静，一动一静之间，是天命本体，造化所以神者在此。故功夫到得勿忘勿助，即便是本体，那纯粹至善的头面便现出来，便知性、知天、知柔、知刚，恻隐、羞恶、辞让、是非便随感而应。③

湛若水将“勿忘勿助之间”视为“中正处”，蒋信的诠释则更为细密、精致。他认为只有做到“勿忘勿助之间”之境，才能识得天命本体，才能

① 蒋信：《蒋道林先生桃冈日录》，《美国哈佛大学哈佛燕京图书馆藏中文善本汇刊》，商务印书馆、广西师范大学出版社2003年版，第13页。

② 蒋信：《泉翁续编大全序》，《道林先生摘言》第1卷，湖南图书馆藏明隆庆二年柳东伯校刻本，第3—4页。

③ 蒋信：《蒋道林先生桃冈日录》，《美国哈佛大学哈佛燕京图书馆藏中文善本汇刊》，商务印书馆、广西师范大学出版社2003年版，第18—19页。

达到“戒慎恐惧”的目的，才可见“鸢飞鱼跃”。这是“圣学”至妙之处，是切实领悟到了孟子之旨。由此可知，蒋信心学工夫论最紧要处在于以慎独为主，默坐澄心，而终之以融于勿忘勿助之间。

二、知止识仁：择取王、湛的治学途径

嘉靖四年（1525），蒋信入南京国子监，从学湛若水，湛若水以《学者须先识仁》试论诸生，蒋信所作独契其旨。在蒋信看来，孔门之学皆以仁为本。不管是立己立人、达己达人，还是克己复礼、参前倚衡；不管是学问思辨行，还是一以贯之；不管是择善固执，还是造次颠沛，都是关于仁的论述。湛若水亦有“孔门之教，皆欲事上求仁”①的论述，所以蒋信之文颇受湛若水赏识。湛若水极为强调求仁之旨，在这一点上，蒋信的观点与其无二，认为孔门之学至易至简，尽在于求仁，这也是学者为学之始：“夫知仁，则知道矣；知道，则知乐矣；知乐，则知学矣；知学，则知吾孔氏之所以超乎二氏矣，又知二氏之所以乱吾孔氏矣，又知支离之学之果不足以入道矣，又知吾儒之学之所以配乎天地矣，又知富贵功名之果不足志矣，又知词章俗学之果不足学矣。”②

既然旨在求仁，那么仁为何物？王阳明著有《大学问》，强调万物一体之学，又颇受程颢论仁观点的影响，曾道：“大人之能以天地万物为一体也，非意之也，其心之仁本若是，其与天地万物而为一也。”③因此，王阳明认为，见孺子入井而动的恻隐之心是其仁与孺子而为一体，见鸟兽哀鸣而动的不忍之心是其仁与鸟兽而为一体，见草木摧折而动的悯恤之心是其仁与草木而为一体，故一心之仁与天地万物而为一体。

王阳明这种天地万物一体之仁的观点为蒋信所吸收。蒋信认为万物一体是“圣学”立根处，是“圣学”统旨，为学便是要悟得这天地万物一体

① 湛若水：《答余督学》，《湛甘泉先生文集》第7卷，《四库全书存目丛书》集部第56册，齐鲁书社1997年版，第562页。

② 蒋信：《学者须先识仁论》，《道林先生摘言》第4卷，湖南图书馆藏明隆庆二年柳东伯校刻本，第26页。

③ 王守仁：《大学问》，《王阳明全集》中册，上海古籍出版社2011年版，第1066页。

之仁。蒋信曾作《仁者以天地万物为一体论》，文曰："仁者以天地万物为一体，盖吾孔氏之意，而程子言之也。是非仁者之能与人殊也，天下之公本如是。"宇宙万物之形质各不相同，如天地日月、山川、草木禽兽，各有其态，是"万物之不能相一"的原因。然而，万物又是相通无间，混合而一的。天地就如同人之一身，万物便是人身体中的耳目口鼻、四肢毛发、五脏六腑，虽然形态各异，却又相通无几，故"观乎一身，则知天地万物为一体矣；观乎天地，则知吾身之备乎天地万物矣"。蒋信认为，悟得此理，方可与之论仁；知"仁者，以天地万物为一体"，才可领会"无我之谓仁，有我之谓己"，即知道仁与不仁之间的区别就在于"无我"和"有我"，这也是圣人和众人的区别。①

因此，在蒋信看来，为学之人必须识得这天地万物一体之仁。学生贺凤梧曾向蒋信请教为何要识仁体，蒋信回答说："仁体是什么？即是汝真心，天地万物公共底主宰，即是汝安乐窝也。操则存，舍则亡，汝若不觑见此，岂肯拼生拼死杀贼？"② 那么如何识仁体呢？蒋信在"初无所师授"时就曾明确提出："《大学》知止，当是识仁体。"③ 也就是将"知止"工夫与"识仁"等同，作为"圣功入途之始"。④在与罗念庵书信讨论《大学》之旨时，蒋信表示："《大学》功夫，全在'知止'至'能得'一条"，并进一步论述道："知止者，功夫到极停当处，忘助皆绝，神鉴洞如，觑此物事了了，而廓然广大之体，倏然以复，有若目睹之也。即孔子所谓'默识'，明道所谓'识仁体'，濂溪之'欲寻见孔颜乐处'也。"⑤除了借助《大学》纲领外，蒋信又通过对《论语》的诠释融通"知止"与"识仁"的学理意涵，他发挥《论语》"默而识之"之说道："识乃

① 蒋信：《仁者以天地万物为一体论》，《道林先生摘言》第 4 卷，湖南图书馆藏明隆庆二年柳东伯校刻本，第 9—12 页。

② 蒋信：《蒋道林先生桃冈日录》，《美国哈佛大学哈佛燕京图书馆藏中文善本汇刊》，商务印书馆、广西师范大学出版社 2003 年版，第 15 页。

③ 黄宗羲：《楚中王门学案》，《明儒学案》第 28 卷，中华书局 2008 年版，第 627 页。

④ 蒋信：《简罗念庵书》，《道林先生摘言》第 3 卷，湖南图书馆藏明隆庆二年柳东伯校刻本，第 13 页。

⑤ 蒋信：《简罗念庵书》，《道林先生摘言》第 3 卷，湖南图书馆藏明隆庆二年柳东伯校刻本，第 15 页。

‘知识’之识，即知止，即识仁。”① 蒋信将“知止”“识仁”二者加以融合，认为“圣学”当是以知止为本，识得这天地万物一体之仁，可见他并非笃守王、湛之学，在吸收继承其学说的同时，亦有变通之处。

三、贯通无二：突破王、湛的本体思想

黄宗羲称赞蒋信“论理气心性，可谓独得其要”②，“独得”二字也暗示着蒋信对王、湛之学有所突破。

在心、性、理、气等范畴的关系上，湛若水认为心、性合一，其所撰《心性图说》开篇即谓：“性者，天地万物一体者也。浑然宇宙，其气同也。心也者，体天地万物而不遗者也。性也者，心之生理也，心性非二也。”③ 而王阳明论心、性、理、气关系的落脚点则始终在于心，认为“心即理也，天下又有心外之事、心外之理乎”④。在此问题上，蒋信持折中的观点，一方面他继承了湛若水心、性合一的观点，另一方面则步趋王阳明，强调不当于心外更求他理。他说：

人心道体之说，析心与性为二物，此先儒训释误处，阙之可也。人除却血肉，只有这一片精灵唤作心。一动一静之间，正是这精灵元初本体。故心也者，无知而无不知，无为而无不为者也。不当于心外更求，知得此心者，又是何物。⑤

蒋信吸收了王阳明“心即理”的观点。他说“天理”二字，《诗》《书》均未言及，《诗经》只说“秉彝天命”，《尚书》只言“里”字，而后世之人却拘泥于文义，“便似此心外别有一个天理，不知收敛此心十分澄徹，无一毫渣滓，便是天理，便见体贴真实工夫”⑥，这种“心外无理”

① 蒋信：《答何吉阳七首》，《蒋道林文粹》第8卷，岳麓书社2010年版，第216页。

② 黄宗羲：《楚中王门学案》，《明儒学案》第28卷，中华书局2008年版，第628页。

③ 湛若水：《心性图说》，《湛甘泉先生文集》第21卷，《四库全书存目丛书》集部第57册，齐鲁书社1997年版，第72页。

④ 王守仁：《传习录上》，《王阳明全集》上册，上海古籍出版社2011年版，第2页。

⑤ 蒋信：《蒋道林先生桃冈日录》，《美国哈佛大学哈佛燕京图书馆藏中文善本汇刊》，商务印书馆、广西师范大学出版社2003年版，第5页。

⑥ 蒋信：《蒋道林先生桃冈日录》，《美国哈佛大学哈佛燕京图书馆藏中文善本汇刊》，商务印书馆、广西师范大学出版社2003年版，第33页。

的观点是典型的阳明思想。

此外，蒋信特别重视“气”的本体意义，认为“宇宙只是一气”，气充盈于宇宙之间，虚空皆气。《桃冈日录》载，郭访曾向蒋信请教“气”的问题，对此，蒋信回答道：“上面苍然，下面块然，中间万象森然，我此身却在空处立着。这空处是什么？都是气充塞在，无丝毫空缺。这个便是天，更向何处说天?”① 这显然直接源于湛若水“宇宙间只是一气充塞流行”② 之说。但蒋信的气论并非照搬湛若水，他以气为轴，从不同层面分别阐释了气与理、心、性的关系，强调理气合一、性气合一、心气合一，完成了对湛学的发展和突破，同时对明代后期的哲学思想产生了重要影响。

在理气关系上，蒋信主张理气合一。他说：“六经具在，何尝言有个气，又有个理？凡言命、言道、言诚、言太极、言仁，皆是指气而言。宇宙浑是一块气，气自于穆、自无妄、自中正纯粹精、自生生不息，谓之命、谓之道、谓之诚、谓之太极，总是这一个神理，只就自心体认便见。”③ 宇宙只是一气，气就是理，这是对湛若水“天地间只是一气，只是一理”④ 观点的继承。不仅如此，蒋信还认为气先于理而存在，在逻辑上二者有先后之分。在对周敦颐《太极图说》“无极之真，二五之精，妙合而凝”一句的释义中，蒋信说：“二五之精即是理，无极之真元是气。无极之真流行变易，便为二五之精；二五之精妙合而凝，便乾道成男、坤道成女，化生万物。”⑤ 无极之真的气流行变化而为理，然后化为天地万物，理即气，理为纯正之气，理依于气，理存于气中，“气先理后”。

在心气问题上，蒋信调和了心学与气学的矛盾，认为心气合一。蒋信

① 蒋信：《蒋道林先生桃冈日录》，《美国哈佛大学哈佛燕京图书馆藏中文善本汇刊》，商务印书馆、广西师范大学出版社2003年版，第22页。

② 湛若水：《寄阳明》，《湛甘泉先生文集》第7卷，《四库全书存目丛书》集部第56册，齐鲁书社1997年版，第561页。

③ 蒋信：《蒋道林先生桃冈日录》，《美国哈佛大学哈佛燕京图书馆藏中文善本汇刊》，商务印书馆、广西师范大学出版社2003年版，第19页。

④ 黄宗羲：《甘泉学案一》，《明儒学案》第37卷，中华书局2008年版，第904页。

⑤ 蒋信：《蒋道林先生桃冈日录》，《美国哈佛大学哈佛燕京图书馆藏中文善本汇刊》，商务印书馆、广西师范大学出版社2003年版，第28—29页。

说："心亦是气，虚灵知觉乃气之至精者耳。心才喜，容色便喜；心才怒，容色便怒。此便见心与气贯通在，未尝二也。"① 在他看来，心即是气，心气贯通无二。

在性与气的关系上，湛若水则提出了性气合一论。蒋信认为，宇宙皆是一气，"中间清浊刚柔，多少参差不齐。故自形生神发、五性感动后观之，智愚贤不肖、刚柔善恶中……既同出一个太和，则智者是性，愚者岂不是性？善者是性，恶者岂不是性"②，气有清浊刚柔之异，性亦有智愚善恶之别，皆同出一个太和，浑然一体。蒋信这种性、气观点也受到了湛若水的影响，湛若水在《樵语》中曾说："爻之阴阳刚柔，器也；得其中正焉，道也。器譬则气也，道譬则性也。气得其中正焉，理也，性也。是故性气一体。"③

值得注意的是，明儒论气多本于张载，蒋信虽吸收了张载的气本论思想，却反对张载把性分为气质之性和天地之性这一核心观念。天地之性即天命之性，张载认为这是义理之性，至善纯粹，为天理，而气质之性却是天理杂气，气禀所限，为恶之源。蒋信对此颇不认同，他说：

横渠言形而后有气质之性，须要善看。盖其意为刚柔合德者，乃天命之性，偏刚偏柔之性，乃其形而后有者也。善反之，则刚中柔中之性存焉。其曰气质之性、曰天命之性，乃其言欠莹处，故不可不善看也。后之儒者，但泥其立言之失而不究其本旨，一误百和，遂以为真有天命之性、有气质之性。若然，则气质者，果非太和之用，而天命者，果超然立于二气五行之外乎?④

蒋信认为，既然性和气同出一个太和，性气合一，便无所谓天地之性

① 蒋信：《蒋道林先生桃冈日录》，《美国哈佛大学哈佛燕京图书馆藏中文善本汇刊》，商务印书馆、广西师范大学出版社2003年版，第7页。

② 蒋信：《蒋道林先生桃冈日录》，《美国哈佛大学哈佛燕京图书馆藏中文善本汇刊》，商务印书馆、广西师范大学出版社2003年版，第18页。

③ 湛若水：《樵语》，《湛甘泉先生文集》第1卷，《四库全书存目丛书》集部第56册，齐鲁书社1997年版，第521页。

④ 蒋信：《桃冈日录》，载黄宗羲：《楚中王门学案》，《明儒学案》第28卷，中华书局2008年版，第630页。

与气质之性的分别。人生而静，善恶皆是天理，五性感动之后，方才生出慈祥、巽顺、懦弱、无断、邪佞、严毅、正固、猛隘、强梁等许多不同，却不是性自开始就有善恶之分。可见，蒋信在气论上已走在当时儒者之前列。

当然，蒋信之学的根基仍是“心”。他认为心无内外，寂然不动，感而遂通，随寂随感之时，皆与天地万物融为一体。这相对于王阳明之论皆立足于“吾心”又有明显区别，更接近湛若水的随处体认，无内外之别。关于万物一体，蒋信说：

混宇宙一气也，天地万物一体也，身家国天下一物也。心也者，天聪明也。譬诸日月，皜皜乎无不照临也。太山不能亏日月之光而藐兹躯壳，能限吾天聪明也乎？是故仰焉而星辰，俯焉而草木，皆气也，皆道也，即皆我也，而况于人乎？是心也，自尧舜谓之道心，谓之中，自孔子谓之仁，谓之至善，戒慎恐惧则所以择乎此，固执乎此耳。①

在蒋信看来，宇宙皆是一气，天地万物皆是一体。以天地为体，以一元为息，以一身为物，以万物为我。其万物一体思想的特点在于：并不强调偏内偏外之说；调和理气心性与万物一体的关系，认为理气心性合一，归宗于万物一体。湛若水在说心性、天理即万物一体时，并未特别论述三者是如何结合的，而蒋信则强调“感通”，心性理气贯通无二，通过感知，心与民通，与天地万物通，以达到理气心性与万物的统一。其曰：

心之与民通也，与天地万物通也，与上下古今通也。存是心也，司一邑者，以一邑为一身；司一郡者，以一郡为一身；司一方者，以一方为一身；有国与天下者，以国与天下为一身。此心之广，浩浩其天；此心之公，对越上帝；此心之乐，春风浴沂；此心之泽，沦肌浃髓；此心之感通，凡有血气莫不尊亲。以之为己，富贵不能淫，祸变不能怵，而轩冕金玉，直一尘视之耳。②

① 蒋信：《赠让溪游公晋宪使序》，《道林先生摘言》第1卷，湖南图书馆藏明隆庆二年柳东伯校刻本，第8页。

② 蒋信：《寿古愚毛先生六十序》，《道林先生摘言》第2卷，湖南图书馆藏明隆庆二年柳东伯校刻本，第3页。

综上可见，在阐述万物一体之说时，蒋信并未将其独立于心、性、理、气之外。在蒋信的心学思想中，心气合一、心性合一、心理合一、理气合一、性气合一，心性理气贯通无二。在他看来，常收拾此心，遇物感通，日用感通处，皆是万物一体。此外，蒋信还有“盖寂然不动，气之本也；感而遂通，气之用也”① 和“夫心，天地万物一体至矣”② 的论述。因此，心是万物一体的心，性是万物一体的性，气是万物一体的气，理是万物一体的理，心、性、理、气贯通无二，通过感通，皆与天地万物为一体。这种心、性、理、气贯通无二，又融于万物一体的本体论，显然是对王、湛心学本体思想的一种突破。

四、师门归属：作为“湖湘湛门”的翘楚

关于蒋信的师门归属，历来说法不一。在《明儒学案》中，黄宗羲将他列于“楚中王门”一派；③ 而《明史》把他附于《湛若水传》之后，④ 视其为湛门弟子。近代以来，学者大多依据《明儒学案》将其归为王门后学，如李肖聃、方克立、陈代湘、邓洪波等，都称蒋信为“楚中王门”的代表人物。⑤ 学界对蒋信思想的研究，也长期立足于“阳明中心论”这一大的背景。不过，彭国翔通过对黄宗羲佚著《理学录》的研究，指出在这部黄氏早年的著作中，蒋信与吕怀、何迁、洪垣等同被归入甘泉学派，⑥ 近年来，亦有学者认为蒋、湛一体，提出应将蒋信归入湛若水门下，称作

① 蒋信：《夜气论》，《道林先生摘言》第4卷，湖南图书馆藏明隆庆二年柳东伯校刻本，第30页。

② 蒋信：《送覃生汝靖还辰序》，《道林先生摘言》第2卷，湖南图书馆藏明隆庆二年柳东伯校刻本，第22页。

③ 黄宗羲：《楚中王门学案》，《明儒学案》第28卷，中华书局2008年版，第626—633页。

④ 张廷玉：《蒋信传》，《明史》第283卷，中华书局1974年版，第7221页。

⑤ 详见李肖聃：《湘学略》，《李肖聃集》，岳麓书社2008年版，第30—33页；王光红：《蒋信的心学特色》，载方克立主编《湘学·第四辑》，湖南人民出版社2007年版，第205—216页；方克立、陈代湘主编《湘学史》，湖南人民出版社2008年版，第392—404页；邓洪波：《湖南书院史稿》，湖南教育出版社2013年版，第250—252页；湖南省文史研究馆编《湖湘文化述要》，湖南人民出版社2013年版，第212—213页。

⑥ 彭国翔：《黄宗羲佚著〈理学录〉考论》，《近世儒学史的辩正与钩沉》，中华书局2015年版，第380—452页。

“楚中湛门”。①

基于前面对蒋信与湛若水、王阳明心学思想的比较研究，笔者赞同把蒋信归入湛门，视之为“湖湘湛门”翘楚。进而言之，理由有三。

第一，蒋信的心学思想主要是继承、发展湛学而来的。在本体论上，蒋信虽然吸收了王阳明“心即理”的观点，但并不赞同其论心、性、理、气的落脚点始终在于“心”。相反，蒋信特别重视“气”，其气学思想主要来自湛若水，在吸收了湛若水心性合一、理气合一的观点以后，于心、性、理、气关系问题上，他又调和了心学与气学的矛盾，认为心气合一、理气合一、性气合一，并且可以通过“感通”，达到理、气、心、性与万物的统一，这实际上是对湛学的一种发展。在工夫论方面，蒋信先是融合了湛若水的“知止识仁”，又吸收了其“主敬”之旨与“勿忘勿助”之论。虽然他同样继承了王阳明的静坐之法，但却并不主张王阳明的“习静之学”。毋庸置疑，蒋信心学思想中的本体论和工夫论，其核心要素皆来自湛若水。

第二，蒋信对王阳明的心学思想有诸多偏离。首先，王阳明心学思想的落脚点始终在于心，即便是其论万物一体，也是立足于“吾心”之上，天下万物皆为吾身，而蒋信却认为心无内外，皆与天地万物一体，并无任何偏内、偏外之说。其次，蒋信与王阳明最大的分歧在于对“勿忘勿助”的诠释上。王阳明极力反对学者空谈“勿忘勿助”，强调“集义”工夫都用在“必有事焉”，蒋信却把“勿忘勿助”视为“圣学”的根本工夫，颇为重视，同时还强调“勿忘勿助之间”是“圣学”至妙处，如谓：“惟明道先生‘勿忘勿助，无私毫人力’之说，与‘其要在勿忘勿助之间’之说，为得孟子之意，圣学至妙处正在于此。阳明先生欲自为一家之学，而不主明道之说，此处恐关系不细，不然孔门从何处默而识乎?”② 可见，蒋信不仅注重“勿忘勿助”，还对王阳明颇有微词，认为他不取程颢之说而

① 陈琳：《蒋信心学思想研究》，湖南师范大学未刊硕士论文，2011 年；柴锐：《〈明儒学案·楚中王门学案〉中蒋信（1483—1559）的学派归属研究》，中山大学未刊硕士论文，2012 年。

② 蒋信：《简谢高泉督学》，《道林先生摘言》第 3 卷，湖南图书馆藏明隆庆二年柳东伯校刻本，第 30 页。

自立门户，实际上没能领悟孔门正统的默识之学。在这两点上，蒋信虽然与王阳明明显不同，却与湛若水极为契合。

第三，蒋信在个人情感上依归于湛门。首先，蒋信与湛若水的关系更为密切。蒋信问学王阳明时日较浅，却服膺湛若水三十余年。在三人现存的文集中，找不到蒋信与王阳明任何信件往来，但是蒋、湛二人的书信往来却十分频繁。在湛若水的文集中有写给蒋信的书信12通、诗歌23篇；蒋信的文集中亦保存了9篇写给湛若水的书文。可见，蒋、湛二人关系非常密切，黄宗羲亦觉得蒋信“得于甘泉者为多也”①。其次，除了跟随湛若水时间较长、与之交往更深以外，最为重要的是，蒋信自己称湛若水为“吾师甘泉”，在其文集中，有多处“吾师甘泉先生”的说法。例如《甘泉先生家训序》称“此编盖吾师甘泉先生退休之后，所以示子孙，而仁其家者”②；《寿古愚毛先生六十序》言“明道程先生之为令也，扁‘视民如伤’四字于庭，每曰：‘颢常愧此四字。’文王尽道之圣也，而孟子称之，亦惟此而已。吾师甘泉翁尝释之曰：‘如伤者，伤己也。只了此，便是尧舜气象。’”③ 与之形成鲜明对比的是，蒋信文集中从未出现“吾师阳明”，他对王阳明只尊称“阳明先生”④ 或“阳明翁”⑤。显而易见，蒋信自认为是湛若水的门人。

另外值得注意的是，蒋信树立的心学道统说把湛若水纳入其中，却将王阳明排于其外。蒋信心目中的道统谱系颇具心学特色，大体为：尧→舜→禹→汤→文→武→周公→孔子→孟子→周敦颐→程颢→陈献章→湛若水。以湛若水接续道统，在蒋信的文集中有多处体现，例如：

先生得之白沙，白沙得之明道，明道得之孟子。⑥

① 黄宗羲：《楚中王门学案》，《明儒学案》第28卷，中华书局2008年版，第627页。

② 蒋信：《甘泉先生家训序》，《蒋道林文粹》第4卷，岳麓书社2010年版，第114页。

③ 蒋信：《寿古愚毛先生六十序》，《道林先生摘言》第2卷，湖南图书馆藏明隆庆二年柳东伯校刻本，第3页。

④ 蒋信：《简谢高泉督学》，《道林先生摘言》第3卷，湖南图书馆藏明隆庆二年柳东伯校刻本，第30页。

⑤ 蒋信：《寿裘鲁江正郎七十序》，《道林先生摘言》第1卷，湖南图书馆藏明隆庆二年柳东伯校刻本，第34页。

⑥ 蒋信：《衡岳甘泉精舍记》，《蒋道林文粹》第4卷，岳麓书社2010年版，第146页。

且夫兹学也，非白沙先生之学，乃尧、舜、禹、汤、文、武、周公、孔子之学，孟子私淑得之，周子、程子与白沙先生旷千百年，以忘言悟之者也。先生廿七登第，即焚会试之牒，造白沙之门……上下千百年之间，求其潜心斯道如先生者，顾几人哉！……即兹精诚，谓先生与白沙先生之神相受授也。①

先生之学得之白沙，非始于白沙，乃尧、舜、孔子之学，传之孟子，孟子没，微言绝，程明道氏启其端于濂溪，反求诸六经、《语》《孟》而大悟焉。②

在蒋信的心学道统论中，湛若水是继承者，而王阳明被排斥在外，这充分表明，对于将信来说，只有湛学才是心学的正统。相较于王阳明，蒋信更加倾向于湛若水，服膺湛学，且对其有较多的继承与发展。因此，蒋信当归属于湛若水门下，是湖湘湛门弟子中的佼佼者。

在学界有关明代儒学的研究中，师门和学派划分长期被作为士人思想归属的前提，而面对“转益多师”的研究对象，学案一类权威著作对派分的判定更成为盖棺论定式的研究基础。本文的讨论表明，这一派分框架的有效性并非不证自明。蒋信一生践履笃实，不事虚谈，先后求学于王阳明和湛若水，虽然其心学思想主要通过继承发展王、湛之学而来，但得之于湛若水为多，当归入甘泉学派。其学以心为本体，坚持心性理气贯通无二，合之于万物一体，其工夫论则以慎独为主，默坐澄心，以达到勿忘勿助之间。这不仅是对当时空疏学风的补偏救弊，而且其关于“气”的认识，已然突破王、湛之学的藩篱，与同时代的理学家一道开启了晚明学术由“心学”向“气学”转化的历史进程。若不以王阳明、湛若水为绝对视点，将镜头聚焦于蒋信个人思想脉络的发展历程，即可发现他并非王、湛之骥尾，而是已开始突破既定思想范围的鳌头。

① 蒋信：《甘泉先生心性书序》，《蒋道林文粹》第1卷，岳麓书社2010年版，第29页。

② 蒋信：《奉寿甘泉湛翁九十序》，《蒋道林文粹》第2卷，岳麓书社2010年版，第35—36页。

王船山以“气”为视角的“君子小人”论

王志华*

摘　要：王船山目睹明王朝覆亡的惨痛现实，结合他自身的经历，对“君子小人”进行了深刻的反思。他从“气”的视角切入，认为君子是“大雅中正之气”，可以据此去感通天地万物，但却不可因此去任气、使气；而小人则是“禽兽一往之气”，从而对君子与小人作了严格的区分。接着又将二者之间的这种区分，落实在“气象”上，认为可以通过观望气象来识别君子与小人。借由气学视角而对君子小人的这种反思，王船山实现了对明末士人的深刻剖析，为明朝之所以灭亡给出了自己的解释，在客观上标识了晚明士大夫群体的自我反省能力及其所达到的高度。

关键词：王船山；气学；君子小人；大雅中正之气；禽兽一往之气

君子与小人，是一个古老的思想话题，在社会每每出现巨变之际，此议题就会比承平之世更加成为讨论的中心。明清鼎革的大时代，再加上异常敏感的士人，共同促成了士大夫对这一话题的讨论。有学者曾确切地指出：“‘君子小人’，是明清之际论《易》者普遍感兴趣的话题。”① 王船山

---

* 王志华，湖南科技大学人文学院讲师，历史学博士。

基金项目：湖南省“十四五”时期社科重大学术和文化研究专项项目“岳麓书院与湖湘优秀传统文化专题研究”（21ZDAZ01）。

① 赵园：《明清之际士大夫研究》，北京大学出版社2014年版，第372页。

处此议论的漩涡当中，自然厕身其间。而学界对王船山君子小人之论的探讨，正是选择了易学这一个非常重要的突破口作为取径进路。从他的“《周易内传》《周易大象解》等《易》学著述，往往读出最切近的政治经验——关于‘党争’‘君子—小人’。”① 在以易学为入口的理解思路中，现实语境与历史语境的双重视角②又可以为这一思路提供必要的补充。此外，君子小人相处之道也是解读王船山君子小人之论的另一个重要维度。③

从“气”的立场出发，上述两种解读路径均缺乏“气”的视角。而从学术思想史的脉络来看，明代学术的整体品格和王船山本人的思想取向，都与气学有着深度的关联。因此，以“气”为新的研究视角，不仅可以凸显王船山君子小人之论的思想创发性，而且能够彰显王船山气学的周延性。具体从王船山本人的思路来讲，他在“气”的层面对君子与小人作出分判，意味着他想借由“气”这一文化媒介去重新挖掘、丰富并定义君子与小人的内涵，赋予这一对范畴以新的意味。这对延展扩充“君子小人”的广度、纵深拓展王船山气学的深度有着重要的意义。

一、君子是“大雅中正之气”

在王船山的叙述语境中，君子并无奇异之处，他曾说道：“君子者，岂有以异于人哉！不足喜而不喜，不足惧而不惧，言行一循其常，气象一安其故，本无异也。”④ 喜惧中规，言行中矩，气象不乖离，即为君子。具体来说，就是要求“君子以庄敬续其气”⑤。“续气”并非一种权宜的简易工夫，而是需要持久地去坚守。相应地，王船山还有“养气”的表达：“君子所以尽其质文以养气体者。”⑥ 君子文质彬彬的目的，就在于养气。

① 赵园：《明清之际士大夫研究》，北京大学出版社 2014 年版，第 371 页。

② 朱迪光：《王夫之之历史语境与现实语境中的君子小人之辨》，《衡阳师范学院学报》2019 年第 2 期。

③ 谭明冉：《“守正以待时、不争而贞胜”——王夫之论君子与小人相处之道》，《哲学动态》2020 年第 2 期。

④ 王夫之：《四书训义》第 32 卷，《船山全书》第 8 册，岳麓书社 2011 年版，第 537 页。

⑤ 王夫之：《船山经义》，《船山全书》第 13 册，岳麓书社 2011 年版，第 694 页。

⑥ 王夫之：《四书训义》第 14 卷，《船山全书》第 7 册，岳麓书社 2011 年版，第 615 页。

能够看出，无论是续气还是养气，都在“气”的脉络中。这透露出王船山的一种认知：在形塑与成就君子的过程中，“气”起着一种不同寻常的作用，而这种作用向来为人所忽略。

对于“气”的作用的重视，还体现在王船山关于君子志气话题的讨论中。他认为，君子有别于常人的地方，在于“君子之勇，以志为主，气为辅”①。“志为主，气为辅”这层意思，还体现在“决之以志，辅之以气，而敦之以诚，君子之用心所由与人异也”② 的说法中，标示出：如何处理志与气之间的关系，构成了君子区别于他人的主要特征。对于“志主气辅”这种结构，王船山有时也通过将其与义气并论来凸显：君子“既以志帅气而持之于恒，亦以气配义而贞之于险”③。能够看出，君子之志与君子之义的践行，都离不开“气”的参与。

在表达对君子的推崇时，王船山同样借取了“气”的视角。早在南宋，朱熹便有“南方风气柔弱，故以含忍之力胜人为强，君子之道也”④的讲法。到晚明，王船山也说着“君子之规模气象，其异于末俗，而彬彬然成其风度者见矣”⑤ 的话，表达了他对君子的艳羡。而在“如今衙门人气习，只敷衍得好看，而多虚假。‘君子’是大雅中正之风气”⑥ 的表达中，王船山那种汲汲于君子之气的向往之情更是流露无遗。再从“君子之夜气，与牿亡者之夜气，所差不远，故牿亡者得以近其好恶。君子之昼气，丽乎动静云为而顺受其清刚正大者，则非牿亡者之所可与，而气象固已远矣”⑦ 这一段叙述中，也不难发现王船山对君子之气的神往。君子的夜气，与常人的无异；君子的昼气，则气魄宏远，与常人的迥异。固然，

① 王夫之：《续春秋左氏传博议》卷上，《船山全书》第5册，岳麓书社2011年版，第545页。

② 王夫之：《四书训义》第37卷，《船山全书》第8册，岳麓书社2011年版，第877页。

③ 王夫之：《读四书大全说》第4卷，《船山全书》第6册，岳麓书社2011年版，第631页。

④ 王夫之：《四书训义》第2卷，《船山全书》第7册，岳麓书社2011年版，第121页。

⑤ 王夫之：《四书训义》第9卷，《船山全书》第7册，岳麓书社2011年版，第396页。

⑥ 王夫之：《四书笺解》第3卷，《船山全书》第6册，岳麓书社2011年版，第195页。

⑦ 王夫之：《读四书大全说》第10卷，《船山全书》第6册，岳麓书社2011年版，第1077页。

王船山对“君子”应该有一个完整的建构，仅仅由“气”这一面看过去，虽有偏蔽之嫌，但也确实让人看到了更为不一样的风貌，也恰恰是这种不同，反证了“气”的视野的独特。

君子作为王船山所神往的对象，在其言说体系中，有时又有其他的表达。如他所说“丈夫之气”①，便是针对君子而言。而在更多的情况下，王船山则称之为“士”。他说：“呜呼！古所谓豪杰之士者，亦力为其难耳。为其难，则欲愈澹而志愈笃；为其难，则气愈刚而物愈无所待。”② 足以看出，“气”是解读豪杰之士的一个重要维度。对此，王船山甚至言道：士“有不可夺之正气”③“士有常伸之气”④，透露出了“气”，亦即“正气”与“常伸之气”是作为士之精神的重要支撑这一信息。而从另一个面向来看，则是要求“志士”需能做到“气不馁”，方可以“自然而委顺”。⑤ 在讨论士之“达”时，王船山亦从“气”的视角论说：“才智不可以先人，而道义亦非以表异，以逊让之心销天下争竞之气，虑皆屈下于人，以善成之。……盖其立心求己之无咎，而顺逆一听之人，此所以为士之达也。”⑥对于士人君子而言，实现真正的通达有一个标志，即能够“销天下争竞之气”，而这又有一个前提，那就是需要具备“逊让之心”。可见，士君子只有心措于“气”上，才可以最终实现“达”。

王船山认为君子是一种“大雅中正之气”，这与他的“和气”概念有关。《礼记·祭义》中记载：“孝子之有深爱者，必有和气；有和气者，必有愉色；有愉色者，必有婉容。”⑦ 这一讲法对王船山的思路有所启益。在比较君子之道与申韩法术时，王船山说道：“故贪吏伏法，杀人者死，法也。法立于画一，而张弛之机，操于君与大臣之心。君子之道，所为迥异

① 王夫之：《续春秋左氏传博议》卷上，《船山全书》第5册，岳麓书社2011年版，第546页。

② 王夫之：《续春秋左氏传博议》卷下，《船山全书》第5册，岳麓书社2011年版，第616页。

③ 王夫之：《四书训义》第30卷，《船山全书》第8册，岳麓书社2011年版，第354页。

④ 王夫之：《四书训义》第30卷，《船山全书》第8册，岳麓书社2011年版，第383页。

⑤ 王夫之：《四书训义》第19卷，《船山全书》第7册，岳麓书社2011年版，第837页。

⑥ 王夫之：《四书训义》第16卷，《船山全书》第7册，岳麓书社2011年版，第715页。

⑦ 王夫之：《礼记章句》第24卷，《船山全书》第4册，岳麓书社2011年版，第1111页。

于申、韩之刻薄者，不欲求快于一时之心也。心苟快，而天地和平之气已不足以存，俗吏恶知此哉？综核行，而上下相督、还相蔽也。炫明者瞀，炫聪者聋。"① 在这里，"天地和平之气"成为学派尤其是儒法两家之间的关键区分。言语之际，似乎还能感受到明末那股浓浓的刻核、苛薄、严惮、怨怒的时代气氛。对此，曾有学者作出评论："王氏屡次说到'申韩之惨核'，他以为虐风淫刑不但自小人始，更须推究'君子'因'狷疾'（亦一种心理疾患）而用申韩的政治责任。于此，他已经指出了道学君子的残忍性（亦'贼仁'）。由士论'民誉'所称许的清官循吏看出'申韩'，看出残忍，看出人性的畸与病，是要有锋锐的洞察力的吧。"② 有别于法家逼仄、狭隘的追求，儒家则选择了大雅中正、宏阔平和的理念。

对于深陷其间而不能知觉，但又以君子自况的人，王船山批评道："君子积怒气以临之，弗能须臾忍也……奚论古先圣哲之调元气而养天下于和平哉？"③ 真可以说是"小不忍则乱大谋"的现实写照。宵小之辈有"于气不纯乎和"的这番行径，深层原因在于他们"皆功名之念为之"。因此，真正的君子应该"贵道德而贱功名，然后坦然以交于上下，而永保其贞"。④ 那所保持的"贞"，正是前面提到的"和气"。对于这一点，身历晚明激荡时局的王船山感触良深，因而一再警策："其气和，其辞逊，示以君子容物之广……不欲亟与异端竞是非，以亵吾道。"⑤ 并无所掩饰地道出他梦见的君子形象："君子和平内积，与物咸使之易亲，俨然之中有温焉。其明道也，于是有言听，而其辞气发乎音响矣。"⑥ 他反复述说"辞（词）气"的真正初衷，实质上是关心辞气背后的那股荡荡的"和平之气"。即使在论"士"的另一番语境中，王船山也毫不隐讳地陈说着这一点："士惟其敦爱于己，而气自顺也……士而能如是以居心，因而能如是

① 王夫之：《读通鉴论》第26卷，《船山全书》第10册，岳麓书社2011年版，第1015页。
② 赵园：《明清之际士大夫研究》，北京大学出版社2014年版，第20页。
③ 王夫之：《宋论》第7卷，《船山全书》第11册，岳麓书社2011年版，第179页。
④ 王夫之：《宋论》第4卷，《船山全书》第11册，岳麓书社2011年版，第142—143页。
⑤ 王夫之：《四书训义》第29卷，《船山全书》第8册，岳麓书社2011年版，第346页。
⑥ 王夫之：《四书训义》第23卷，《船山全书》第7册，岳麓书社2011年版，第968页。

以形之容貌词气，则气质养于中和，而不失其敦笃，可谓士矣。”①

二、君子之气能感却不可任

君子是一股“大雅中正之气”的观念，直接催生了王船山的另一种看法，即认为君子之气会有所感应。无疑，这种主张乃是受晚明社会中所盛行的轮回观念以及由此所导致的习俗的影响。因而，王船山坚持这一主张，便有对习俗的深层考虑。他很明确地指出：“君子言行壹于正则气类相孚。”② 君子言行专一于正，便会产生感通效应，这其实就是“人以群分”的气学化表述。这里的语境，还仅限于君子之间的“气类相孚”，而到“君子以其慎独者省察于方动之顷，而喜怒哀乐固然之节，存之于未起念之前而不紊者，达之于既起念之后而不违，则省察之密，而无一念之不通群情以各得，则气之顺也，无有不顺焉矣”③，就逸出了君子的范围，凡是“群情”所能抵达的边界，都在感通之场内。而从他“天地之气自应乎君子之气”④ 的提示中，又可以推知这一边界的无限。君子之气所要感应的乃是周流乎天地之间的万物。然而，与其认为这是王船山天下情怀的流露，倒不如看作是他的审美能力的体现。由此所揭示的艺术水准，可以在“君子者，以扶天之清刚，消物之害气，长人道而引于无穷”⑤ 的说法中得到确证。这也就意味着，他从“气”的视野对君子进行认可，或多或少地表达了他的某种审美取向。这种态度所反映的，或许正是王船山对明末君子们言之凿凿于任何事的态度的批评与反拨。他曾目睹有明一代的戾气氛围，并认为这种氛围乃是由明代士人有失平和的审美趣味和性格缺陷所导致的，而且直到明亡，这种缺陷仍未得到有效的反省与反思。

君子之气尽管可以应乎天地之气，但并不意味着无所不应。对此，王船山有着很清醒的认识。他曾说：“人自绝于君子，君子不绝人，而何所

① 王夫之：《四书训义》第 17 卷，《船山全书》第 7 册，岳麓书社 2011 年版，第 765 页。
② 王夫之：《礼记章句》第 33 卷，《船山全书》第 4 册，岳麓书社 2011 年版，第 1378 页。
③ 王夫之：《四书训义》第 2 卷，《船山全书》第 7 册，岳麓书社 2011 年版，第 108 页。
④ 王夫之：《四书训义》第 37 卷，《船山全书》第 8 册，岳麓书社 2011 年版，第 844 页。
⑤ 王夫之：《周易外传》第 3 卷，《船山全书》第 1 册，岳麓书社 2011 年版，第 929 页。

拒？拒者，其客气也，君子无客气。”① “客气” 的出现，会造成感通的中断。王船山又说 “君子之自居德务保其精，而知人之明不取其外浮之气”② “君子行己之道，才有所不尚，气有所不矜，退然若不及，所以远于嚣竞之俗也”③。这明显是针对晚明士人的精神状态而发。在整个明代的现实图景中，士大夫之间相取于浮夸、相竞于嚣矜，构成了其中最为鲜亮的 “配色”。透彻地解剖这种 “配色” 中的元素，反省士人群体的诸种作为及其影响，就成为一代学人极为迫切的任务。而从上述的讨论即可知，王船山作为当时的重要参与者，他是采取由 “气” 去解读君子的方式进入这一领域的。

有关君子与气的议题，王船山另有更多层面的论述。在谈及君子为学时，他便说：“君子学以致道，必平其气。”④ 这正与要求君子 “严气正性”⑤ 的主张相一致，也就意味着 “君子之以其身为道之身”，关键在于要 “不为气使”。⑥ 王船山甚至警惕道：“不求诸道……以气则易衰，君子之所不尚。”⑦ 他想让人知道，君子学道、求道的终极目的，就在于抗衡由 “气” 所带来的负面状态。因此，他才有 “君子之为学也，将以变其气习”⑧ 的表述。不难发现，宋代理学家所喜谈变化气质之话题，又重新嵌入了王船山的思路中。他又接着指出：“气之大变，君子定性以贞气，不与化而俱变，则莫能为之沴也。”⑨ “气” 确实在君子成德的过程中，扮演着极为重要的角色。变化气质达到贞气，是预防沴气的关键因素。当然，贞气与沴气，是在不同层面上的表达。也正是在这个意义上，王船山才要求君子 “敛气平情，一使即于和，无忿戾之愆矣”⑩。借此便可以推想，他

① 王夫之：《四书训义》第38卷，《船山全书》第8册，岳麓书社2011年版，第946页。
② 王夫之：《张子正蒙注》第1卷，《船山全书》第12册，岳麓书社2011年版，第64页。
③ 王夫之：《四书训义》第9卷，《船山全书》第7册，岳麓书社2011年版，第417页。
④ 王夫之：《张子正蒙注》第3卷，《船山全书》第12册，岳麓书社2011年版，第136页。
⑤ 王夫之：《四书训义》第20卷，《船山全书》第7册，岳麓书社2011年版，第886页。
⑥ 王夫之：《四书训义》第32卷，《船山全书》第8册，岳麓书社2011年版，第553页。
⑦ 王夫之：《尚书引义》第3卷，《船山全书》第2册，岳麓书社2011年版，第308页。
⑧ 王夫之：《四书训义》第29卷，《船山全书》第8册，岳麓书社2011年版，第339页。
⑨ 王夫之：《礼记章句》第13卷，《船山全书》第4册，岳麓书社2011年版，第730页。
⑩ 王夫之：《四书训义》第20卷，《船山全书》第7册，岳麓书社2011年版，第886页。

本人对君子失之于气的严重后果有着极为清晰的预估。这一点，从他“气之所激，势之所迫，倒行逆施，则陷于大恶而不知，而初心违矣”① 的说法中就可以得到验证。君子一旦为“气”所激，就会陷于大恶而不自知，并且违背不为气激的初心。君子如何处理“气”（“血气”），还成为分判儒佛的重要依据，对此，王船山说：“君子之所以终别于释氏者，则以随时消息，不流于已甚，而未尝铲除之以无余也。故血气之所趋则戒之，而非其血气之所必趋者则未尝力致其戒也，岂与释氏之自少至老，必废昏姻、绝杀害，而日中一食、树下一宿之余，皆非其所得者哉?”② 儒门君子警惕血气，有所戒，有所不戒；而佛门弟子，则要一律戒除血气。两相对比，利害剖然可见。

即使面对的是君子，但在涉及意气时，王船山的态度也是一如既往的否定。他颇重视君子与意气之间的关系，以为“君子之情在意气”③，意气是情感的某种流露。至于君子对意气的取向，他的态度也很明确，认为“君子知……意气之不可恃”④。王船山从他自身的经历出发，很清楚意气之于君子的负面效果，故而一再强调这层意思：“君子乃以无适无莫善成其用者……而意气亦其所不尚。”⑤ 即意气不为君子所推崇。王船山又说：“君子取舍之间，吾心之定则立于不可易。物至而即审，事至而即决，不任意气，不徇物情。”⑥ 即君子一定不能随意气而左右。由此可以推知，在这样决绝的表达背后，应该是一颗曾饱受意气之害的心灵，也就不妨将此看作是王船山的夫子自道。他很清楚，君子虽然象征着“中正大雅之气”，而且可以据此去感通天地间的万物，但却绝不意味着君子就可以因此去任气，去使气，因为一旦去任气、使气，君子与小人其实也就无甚差别。

---

① 王夫之：《读通鉴论》第15卷，《船山全书》第10册，岳麓书社2011年版，第589页。

② 王夫之：《读四书大全说》第7卷，《船山全书》第6册，岳麓书社2011年版，第849页。

③ 王夫之：《四书训义》第12卷，《船山全书》第7册，岳麓书社2011年版，第542页。

④ 王夫之：《四书训义》第2卷，《船山全书》第7册，岳麓书社2011年版，第123页。

⑤ 王夫之：《四书训义》第8卷，《船山全书》第7册，岳麓书社2011年版，第371页。

⑥ 王夫之：《四书训义》第28卷，《船山全书》第8册，岳麓书社2011年版，第250页。

三、小人是“禽兽一往之气”

资借于“气”，可以解读君子，同样也可以解读小人。王船山明白地说道：“故小人之气，生小人之机。”① “小人之气”的表达，正与“君子之气”形成了鲜明的对比。王船山又言：“小人以气相制。”② 使人看到，小人之流得以沆瀣的根源正在于他们的“一气”。因此，在谈及小人之所以肆无忌惮时，王船山便认为：“继以忿戾之气危致其攻击，而侥幸于一旦之轻安以谓之天宁；厚怨于物而恕于己，故曰：‘小人求诸人。’洵哉，其为小人之无忌惮者矣！”③ 小人肆无忌惮是忿戾之气使然这层意思，王船山不止一次表达过，如谓：“小人之争也，至于利而止矣；而更有甚焉者，始见为利而争之，非必利也，争之以不相下，气竞而不能止。”④ 有关小人之争的诸种原因，“气竞”无疑是十分隐秘而重要的一点，可见王船山洞人之深刻！再如“小人之与鄙夫，气相翕而忘其相害，机相制而不畏其相倾，非异也”⑤ 的说法，也无非是此前“气竞”洞见的又一次呈现，认为小人与鄙夫，都是气味相投于蝇头小利而不知真正的利害，二者实在没有什么不同。颇有意味的是，在佛教徒与小人之间，王船山是宁取佛教徒，而不论小人，他尝自白道：“圣人其以释氏为君子乎？曰：释氏虽不得为君子，而与任血气以自恣之小人，岂不犹贤乎！”⑥ 由此也就表明，王船山对于小人是持着切骨之恨的态度，而根源即在于小人之辈的“任血气以自恣”。尽管佛教徒在“血气”的处理上也并未见得贴切而能够尽如王船山之意，但他还是不愿意屈就于小人。纵然如此，在王船山的思考脉络中，也并没有完全斩断任血气的小人趋进道的路径。他很清楚，即使是“气质

① 王夫之：《春秋家说》卷中，《船山全书》第5册，岳麓书社2011年版，第239页。

② 王夫之：《读通鉴论》第24卷，《船山全书》第10册，岳麓书社2011年版，第928页。

③ 王夫之：《尚书引义》第6卷，《船山全书》第2册，岳麓书社2011年版，第407—408页。

④ 王夫之：《读通鉴论》第18卷，《船山全书》第10册，岳麓书社2011年版，第680—681页。

⑤ 王夫之：《读通鉴论》第17卷，《船山全书》第10册，岳麓书社2011年版，第627页。

⑥ 王夫之：《读四书大全说》第7卷，《船山全书》第6册，岳麓书社2011年版，第848页。

之偏”者，亦“无不可以入道”。[①] 这种宽容，乃是由他变化气质的主张所决定的，但却有一个前提预设：“以道教小人者，小人感其声容，而亢悖自恣之气革。”[②] 如果不能革除“亢悖自恣之气”，终究还是要被拒斥在道的门外！

王船山还谈到了几乎类似于小人的乡愿，认为：“劳其心，降其气……则乡愿之所以为乡愿也。”[③] 儒者痛恨乡愿的原因固然来自方方面面，但其中较为重要的，是乡愿的“降气”。对于“降气”，王船山进一步阐释道：“但为谨厚，而无光明俊伟之气，以行于利害死生之间，乃以君子长者之称，使怀利挟私者人人可据之以为德，则其可恶也！”[④] 无论是乡愿对“光明俊伟之气”的丧失，抑或是他们径直觍然以私利为道德，并且还自我居于君子之列，这些其实都是他们“降气”的典型表现。王船山还进一步将此观念延伸运用到了对具体人物的评论上，针对《论语·公冶长》中所载的微生高，他说道：“高之自居于直也，以为凡事之可任情而行，任气而无所委曲矣。人论之直者，亦为所行皆一任其情，一伸其气，而无所委曲也。……高不足论，天下之好直者，尚慎之哉！”[⑤] 显然，相较于孔子“孰谓微生高直？或乞醯焉。乞诸其邻而与之”的说法，王船山的批评则是采取了“气”的视角。微生高的做法之所以不足取，就在于他是任气而为。

不限于对“小人”“乡愿”的讨论，王船山还有其他的论述，从而丰富了从“气”的视角去探讨小人的思想议题。他针对鄙夫也曾指出过：“鄙陋之夫所畏者，目所未见、耳所未闻之气焰而已矣；而欲以说大人，其为谄人也何疑哉！”[⑥] 虽然“气焰”可能近于文学式的喻指，但在勾勒描摹鄙夫的形象时，却不失其准确性。谈及宦寺之人时，王船山亦言道：

① 王夫之：《四书训义》第15卷，《船山全书》第7册，岳麓书社2011年版，第657页。
② 王夫之：《四书训义》第21卷，《船山全书》第7册，岳麓书社2011年版，第904页。
③ 王夫之：《四书训义》第38卷，《船山全书》第8册，岳麓书社2011年版，第969页。
④ 王夫之：《四书训义》第38卷，《船山全书》第8册，岳麓书社2011年版，第970页。
⑤ 王夫之：《四书训义》第9卷，《船山全书》第7册，岳麓书社2011年版，第429页。
⑥ 王夫之：《四书训义》第38卷，《船山全书》第8册，岳麓书社2011年版，第957页。

“宦寺者，胆劣而气浮，以肥甘纨绣与轻佻之武人臭味相得。”① 从这样的表述中，颇能捕捉到晚明政治文化生活中的一些片段。他甚至还说出了“禽兽一往之气”② 这样严重的话，对宵小之徒切骨之恨的态度彰然而出。此外，王船山在论小丈夫时说“岂若是小丈夫哉……其去也，乘一往之气，穷日之力而后宿哉”③，小丈夫只会“乘一往之气”；评论妄人时说“横逆者失其真而唯血气之所使，亦妄人而已矣”④，并下了“彼（引者按，指“妄人”）必气矜”⑤ 的断语。所谓的“具臣”，在王船山看来，也不过是“任气以趋名，气盈而易竭”罢了。⑥ 至于“匹夫匹妇”，也是“欲速见小，习气之所流，类于公好公恶而非其实”，需要借助于君子的裁汰。⑦ 而在“细人以好恶从欲，诐人以好恶从气，独行之士以好恶从志，君子以好恶从道”⑧ 这一对比性的论述中，更是能够看到，“气”确实为论人尤其是论小人、“诐人”，提供了重要的参照坐标。在王船山的思考认知中，小人多是“气衰神靡，不可复阳，阉然而媚”⑨，“气衰”与“阉然而媚”之间似乎构成了一个不能更改的因果逻辑链条，志气的消靡与萎顿，必然要导致偷伪的行为：“不知其志气之靡，以不振而趋于偷伪。”⑩

四、望“气象”而知君子小人

王船山从“气”的视角分别论述了君子与小人的不同形象，这在某种程度上也展示出了他观气论人的审美水准。接着，他又将君子与小人同时放在“气象”这一语境中来进行讨论。

从“气象”上作出对君子与小人的分判，王船山有着很明确的表达，

① 王夫之：《读通鉴论》第24卷，《船山全书》第10册，岳麓书社2011年版，第925页。
② 王夫之：《四书训义》第32卷，《船山全书》第8册，岳麓书社2011年版，第512页。
③ 王夫之：《四书训义》第28卷，《船山全书》第8册，岳麓书社2011年版，第284页。
④ 王夫之：《四书训义》第32卷，《船山全书》第8册，岳麓书社2011年版，第539页。
⑤ 王夫之：《四书训义》第32卷，《船山全书》第8册，岳麓书社2011年版，第539页。
⑥ 王夫之：《宋论》第12卷，《船山全书》第11册，岳麓书社2011年版，第291页。
⑦ 王夫之：《思问录内篇》，《船山全书》第12册，岳麓书社2011年版，第428页。
⑧ 王夫之：《春秋家说》卷上，《船山全书》第5册，岳麓书社2011年版，第187页。
⑨ 王夫之：《四书训义》第38卷，《船山全书》第8册，岳麓书社2011年版，第969页。
⑩ 王夫之：《四书训义》第15卷，《船山全书》第7册，岳麓书社2011年版，第652页。

他说：“君子小人之别，于其气象而昭然辨矣。”① 可以看出，在他的话语中，“气象”并不具备其在宋代理学家那里的那种崇高的意味。而在诸如“(君子) 和吉之气象固与人忿戾之习气异矣”②“(君子) 谦庄之气象固与人鄙倍之流俗异矣”③ 这样的论说中，他又赋予了“气象”那种崇高的意味，借此来提示君子的独特。整体来看，在表达对君子的推许时，王船山(当然也包括与他同时期的其他士人) 更喜欢用“和平之气”“太和之气”“中和之气”等诸如此类的论述。

在具体的分析中，王船山指出：“君子循理而无求，小人徇欲而不厌，其居心异，而气象之见于容貌词气者亦别焉。忘物自得曰泰，傲物自侈曰骄，迹相似也，而泰者不骄，骄者不泰，则望其气象，而知其心量之殊矣。”④“气象”层级的区分，取决于其所表露出的容貌辞气，透过切己的感知与体察，即能作出高下的判断。对于这点，王船山应该颇为坚信，所以他一再地说道：“其气象安舒，无所迎亦无所拒，不但不以势位形于色，且不以才智见于外也。……其气象傲忽，与物争则气不平，与世忤则情不定，不但忧其失而心常怵，但得其志而意亦不宁也。故君子小人望而知之，而泰以致和，骄以召祸，亦其所必至矣。”⑤ 是君子还是小人，可以通过观望“气象”而知。即使在已经后于晚明近四百年的现代社会中，通过细密地观察一个人所流露出的整体状态，也基本可以判断出其人的精神气质如何，这应该不是一个很陌生的实践话题。

在辞气的思路上，王船山还有更广的延伸，他一度认为：“饰之于容貌辞气之间，而著其温文含弘之美，乃其所以居心而制行者，无敬恕之实，则行违也。……人有相摘之言，以辩胜之；人有不平之色，以术笼之；制天下以盛气而无所让。夫流俗则何知哉！……此君子小人虚名实行

① 王夫之：《四书训义》第11卷，《船山全书》第7册，岳麓书社2011年版，第522页。
② 王夫之：《四书训义》第32卷，《船山全书》第8册，岳麓书社2011年版，第538页。
③ 王夫之：《四书训义》第32卷，《船山全书》第8册，岳麓书社2011年版，第538页。
④ 王夫之：《四书训义》第17卷，《船山全书》第7册，岳麓书社2011年版，第763页。
⑤ 王夫之：《四书训义》第17卷，《船山全书》第7册，岳麓书社2011年版，第763页。

之大别也。”① 仅仅用辞气来作为装饰，以为文雅宏大；可是一到付诸实践，则会乖离忠恕之道。这是小人重虚名的表现。遇有异议，则以理辩难之；偶逢不平，便用道术笼络。这是君子重实行的体现。二者之间的不同，灿然有别。君子与小人的差异还表现为：“君子以义配气，小人以气将义。”② 有时，它更表达出一种颇为怪诞的意涵，说：“其君子，气而已矣。其小人，毒而已矣。气之与毒，相去几何？君子小人之相去，亦寻丈之间而已矣。天下后世之欲为君子者，尚于此焉戒之哉！”③ 用“气”与“毒”之间的几微来阐释君子与小人二者的差异，这种不同虽然细小，但极为关键。

王船山又进一步指出，君子不可与小人竞气。针对小人“其气骄，其言下迫而无余”的行径，他告诫道：“君子固望而知其不足与言礼。”④ 这种发论，应当是他在目睹了晚明动乱时局之后所得出的沉痛教训。故而他一再地呐喊道：“不离小人之习气，而何足以为士哉！”⑤ 由此，也就不难推知明末士人君子们身上的那股“小人的习气”从何而来。这种沉痛的警示，为王船山所不厌烦地反复言说着，如“君子之自贻以戚者，莫甚于与小人竞气”⑥ 的讲法，就表明与小人竞意气之争，乃是君子的大忌。关于这点，他在另一种语境中也说道：“尤虞夫后世之为君子者，不明于制小人之道，而奖少年锐进之士，越礼使气以与小人争，事必无成，而名节先为之玷也。”⑦ 这种先见之明，恐怕很难为已经深陷于越礼以与小人争气的泥淖中的“君子”所认知到。放眼有明一代，王船山所忧虑的这种现象，应该是当时社会中极为普遍的事实。基于这一事实，他尝痛彻地发问：

① 王夫之：《四书训义》第16卷，《船山全书》第7册，岳麓书社2011年版，第715—716页。

② 王夫之：《春秋家说》卷下，《船山全书》第5册，岳麓书社2011年版，第359页。

③ 王夫之：《宋论》第3卷，《船山全书》第11册，岳麓书社2011年版，第103页。

④ 王夫之：《续春秋左氏传博议》卷上，《船山全书》第5册，岳麓书社2011年版，第548页。

⑤ 王夫之：《四书训义》第18卷，《船山全书》第7册，岳麓书社2011年版，第769页。

⑥ 王夫之：《读通鉴论》第21卷，《船山全书》第10册，岳麓书社2011年版，第819页。

⑦ 王夫之：《续春秋左氏传博议》卷上，《船山全书》第5册，岳麓书社2011年版，第562页。

“岂恣小人于利欲之途，而任君子之意气乎?”① 质疑着君子任意气的做法，甚至将此行为与小人的恣利欲相提并论。

更为深刻的反思，体现在王船山的这段议论中：

所谓士气者，合众人之气以为气。呜呼！岂有合众气以为气而得其理者哉？今使合老少、羸壮、饥饱、劳佚之数十百人，以哄然与人相搏，其不为敌所挠败者鲜矣。故气者，用独者也。使士也以天下为志，以道义为行，以轻生死、忘贫贱为守；于以忧君父之危，伤彝伦之斁，恤生民之苦，愤忠贤之黜，而上犯其君、下触权奸之大臣以求直；则一与一相当，捐顶踵以争得失，虽起草茅于九阍，越其畔矣，而气固盈也。乃忧其独之不足以胜，贷于众以袭义而矜其君，是先馁也。于己不足，而资哄然之气以兴，夫岂有九死不回之义哉？以为名高，以为势盛，惟名与势，初无定在，而强有力者得乘权以居胜地。于是死与辱及其身，而益彼之恶，以为天下害，斯岂足为士气之浩然者乎?②

在王船山看来，士人君子当然不可以资凭于众人的“哄然之气”，但却可以借取道义的浩然之气，也就是这里所强调的“用独”。这一点，要联系赵园对王船山“用独”思想曾做出的精到分析,③ 才能显示出“气”对于王船山所期待的君子品性的重要性。

“气”这种表达媒介，一度成为王船山反省君子所使用的重要观念，同时也表征着他对士人群体的深度反思，彰显出他本人高度的自省力与自觉力。对君子的相争以气，他尝痛心言道：“君子相异以志，相竞以气，志固不欲盈，气固不相避，无固胜之心以不恤其败，两伤矣。”④ 君子应该一志、专气，而不是异志、竞气。倘非亲身经历，应该不会有这般见识。王船山又说：“士大夫气涌胆张，恫喝以凌衣冠之雅士。”⑤ 这样的作为，实在不能与士大夫的身份相匹配。他还说：“借口清虚，侈言好客，以谋

① 王夫之：《四书训义》第 12 卷，《船山全书》第 7 册，岳麓书社 2011 年版，第 543 页。
② 王夫之：《宋论》第 14 卷，《船山全书》第 11 册，岳麓书社 2011 年版，第 325 页。
③ 赵园：《明清之际士大夫研究》，北京大学出版社 2014 年版，第 56—73 页。
④ 王夫之：《春秋世论》第 3 卷，《船山全书》第 5 册，岳麓书社 2011 年版，第 475 页。
⑤ 王夫之：《读通鉴论》第 23 卷，《船山全书》第 10 册，岳麓书社 2011 年版，第 864 页。

生居室为本计，以居荣矜气为雄豪，皆犯其清议而不知。”① 可见君子士人已经深陷恶俗的旋涡，却又不自知。同为论“矜气”，王船山又有“矜慷慨之气……谓可以游于末俗而无咎，亦终不可得”② 的表达，让人看到了为气所矜的消极后果。即使是“其才力有余而为贤者”，一旦“任其一往英锐之气，有非道之所宜然，而好为苟难”，在王船山看来，亦是一种极度过激的行为（“过之矣”）。③ 到谈及君子时，王船山同样言说着这层意思：“夫君子宁静淡泊而不为外物所诱者，既大正矣；而内治其神明以为主于血气者，犹且如是。况夫人之一为血气所使，迷而不知反者乎?”④ 任气、使血气的行为，使他痛楚地发问：“岂得以悻悻之怒，硁硁之节，执独夫一往之意气?”⑤ 然而，这种任气行为的滋生，却又往往不为人所察觉，这一点从“故为淡薄以矫世者或厌之，曰：恶用是屑屑者为哉? 而其枯槁悍戾之气亦自此长矣”⑥ 的说法中，能够很清晰地看出。针对这种普遍的现象，王船山进而自问道：“臭味既殊，而自为一气，类如此者，不亦大异乎天下之士大夫，而可与有为也乎?”⑦ 真正的士大夫的确不应当如此。而那些“以其浅心浮气，仰藐天而俯睥睨乎民，乃以谓天之隐微而不知其显，谓民之不足与于道而弛其畏忌之心，其罔顾于天显民祇”的人，实在是“与纣均”。⑧ 从中所流露出的王船山的痛恨之感不可谓不深。等真正到了“直道丧，正气亡”的时刻，士人的反应，却又只能是：“不肖者以为容身之术，而行怪之士且为合光同尘、知雄守雌之说以济之。”⑨ 他们最终不免沦为了躲在自我“洞穴”中的自私者。这样面目的士人，在明清板荡之际，应该不在少数。

① 王夫之：《四书训义》第32卷，《船山全书》第8册，岳麓书社2011年版，第548页。
② 王夫之：《四书训义》第5卷，《船山全书》第7册，岳麓书社2011年版，第270页。
③ 王夫之：《四书训义》第2卷，《船山全书》第7册，岳麓书社2011年版，第114页。
④ 王夫之：《四书训义》第20卷，《船山全书》第7册，岳麓书社2011年版，第887页。
⑤ 王夫之：《尚书引义》第6卷，《船山全书》第2册，岳麓书社2011年版，第426页。
⑥ 王夫之：《四书训义》第14卷，《船山全书》第7册，岳麓书社2011年版，第619页。
⑦ 王夫之：《四书训义》第9卷，《船山全书》第7册，岳麓书社2011年版，第427页。
⑧ 王夫之：《尚书引义》第5卷，《船山全书》第2册，岳麓书社2011年版，第382页。
⑨ 王夫之：《四书训义》第9卷，《船山全书》第7册，岳麓书社2011年版，第430页。

五、结语

明清易代之际的社会大变动，给当时的士大夫心灵造成了严重创伤，进而刺激着他们在诸多方面做出了深刻的反思。其中一个颇为重要的面向就是剖析士人群体，解读人的复杂性。极具批判精神的王船山在参与此话题的讨论时，有其独特的思路，他从“气”的视角去看人，凭借“气”这一观念去论人，将对人的认知提升凝聚到“气”的各种理念上，这意味着他要通过对“气”的各种理念的精微辨析，来达到对人的深度解剖的目的。

在充分资取固有思想资源的基础上，王船山从晚明时局出发，携带着他本人的切身经验，对君子小人的话题作出了时代性的回应。立足于明末残酷的社会现实，王船山要厘清在明朝灭亡这一现实的悲剧中，士人所扮演的“角色”，即他们所应该承担的责任。作为他所要解读的君子与小人，王船山从“气”的视角切入，认为君子是“大雅中正之气”，可以据此去感通天地万物，但却绝不意味着君子就可以因此随意地去任气、使气，因为一旦去任气、使气，君子与小人其实也就无甚差别。与君子相反，小人则是“禽兽一往之气”。通过这样精微的辨析，王船山实际上将君子与小人在“气”上作了严格的区分。在这一前提下，他又进一步将君子与小人之间的这种区分落实在“气象”上，认为可以通过观望气象来识别君子与小人。

可以说，经由对君子小人的这种反思，王船山实现了对明末士人的深刻剖析，从而为明朝的灭亡给出了一份自己的解释。这在客观上标识了晚明士大夫群体的自我反省能力及其所达到的高度。在王船山的思路中，他对士大夫群体的剖解与批评，竟一度延伸到了对明朝灭亡旧账所进行的清算上，而这正是王船山观气论人的深刻所在，也再度表明他“对于那个暴力充斥的时代，持更清醒而严峻的批判态度，其议论也更能代表那个时代及士人的反省深度”①。

---

① 赵园：《明清之际士大夫研究》，北京大学出版社2014年版，第17页。

湖南社会文化史研究

论宋朝政府对炎帝陵的认定

吉成名*

摘　要：乾德五年（967），宋朝政府对炎帝陵的认定，实际上是在找到适合修建炎帝陵的地点以后修建了炎帝陵。宋朝政府之所以在鹿原陂修建炎帝陵，一方面是加强统治的迫切需要，另一方面也与鹿原陂的自然地理条件密切相关。宋朝政府在鹿原陂修建炎帝陵具有以下政治意义：（一）结束了没有炎帝陵的历史，从此人们对炎帝开展陵祭活动有了固定的祭祀场所；（二）加强了宋朝政府对南方的统治，促进了国家统一；（三）有利于维护国家统一，促进民族团结。炎帝陵祭祀对今天的国家统一和民族团结仍然具有积极意义。

关键词：炎帝陵；鹿原陂；古帝王；民族始祖

乾德五年（967），宋朝政府将衡州茶陵县康乐乡白鹿原（今湖南省株洲市炎陵县鹿原镇炎陵村鹿原陂）认定为炎帝陵所在地，修建了炎帝陵和炎帝庙，定期派遣官员到这里祭祀炎帝。后来历代政府都继承了这个传统。宋朝政府认定炎帝陵经历了一个什么样的过程？宋朝政府为什么将鹿原陂认定为炎帝陵所在地？鹿原陂炎帝陵是一座什么样的坟墓？宋朝政府

---

* 吉成名，湘潭大学碧泉书院教授，博士生导师。

基金项目：湖南省哲学社会科学基金重点项目“湖南炎帝祭祀历史研究”（21ZDB013）。

在鹿原陂修建炎帝陵有哪些政治意义？学术界至今尚未解答。本文对此进行探讨，求教于学界。

一、宋朝政府认定炎帝陵的经过

宋朝统治者对祭祀古帝王是非常重视的。赵匡胤建立宋朝以后，便考虑为古帝王修缮陵墓，恢复对古帝王的祭祀。建隆二年（961）四月，宋太祖赵匡胤下诏曰："前代圣帝明王，陵域咸在；忠臣贤士，丘垅尚存。或樵采不禁，或风雨不庇，永言旧典，阙孰甚焉。宜令郡国置守陵户，坟墓有隳坏者，量加修葺。务令严洁，以称朕意。"① 他命令地方政府修缮和保护圣帝明王、忠臣贤士的陵墓，设置守陵户。

乾德元年（963）六月，宋太祖又下诏曰：

历代帝王，国有常享，著于甲令，可举而行。自五代乱离，百司废坠，匮祠乏祀，岂谓德馨？扞难御灾，或乖血食，永言祭法，阙孰甚焉。宜令有司准祠令，应先代帝王，三年一享。以仲春之月，牲用太牢。祀官以本州长官充，若有故，遣上佐行事。高辛庙在宋州谷熟，尧庙在晋州临汾，以稷、契配。舜庙在河中，以皋陶配。夏禹庙在陕州夏县，以伯益配。商汤庙在偃师，以伊尹配。周文王（庙）在丰，以太公配。武王（庙）在镐，以周公、召公配，与文王同庙，在咸阳。享汉高祖于长陵，以萧何配。自高辛以下诸帝，久停祭享。宜令有司准令文处分，起来年仲春行享。逐处长吏即差宾佐行事，太牢以羊、豕代之。馔料官给，祭器有司制造给付。其诸帝祠庙，仍令本所修葺。有陵处，仰州县指挥。勿令摧毁，仍禁樵采。汉光武、唐太宗，道济生民，功高百世，或庙貌未立，或祀典未修，永言旧章，无乃有阙？光武宜就南阳立庙祭享，唐太宗宜就京兆府醴泉县立庙祭享，至时行享。其两庙配享功臣，宜令吏部尚书张昭检讨以闻。②

---

① 司义祖整理《宋大诏令集》卷156《政事九·褒崇先圣》，中华书局1962年版，第584—585页。

② 司义祖整理《宋大诏令集》卷156《政事九·褒崇先圣》，中华书局1962年版，第585页。

这道诏令规定地方政府以太牢之礼，按时祭祀古帝王。太牢是中国古代最高规格的祭祀礼仪，宰杀牛、羊、猪三种牲畜，作为祭品。不过，这道诏令规定地方政府如果以太牢之礼祭祀古帝王，只要宰杀羊、猪两种牲畜就可以了，这样做既可以减轻地方政府的经济负担，又可以保护耕牛。其中所列高辛、尧、舜、夏禹、商汤、周文王、周武王、汉高祖、汉光武、唐太宗十位圣帝明王，绝大多数都是开国帝王，贡献突出，宋太祖对他们特别重视。他命令地方政府从次年仲春（农历二月）开始，恢复对高辛、尧、舜、禹、商汤、周文王、周武王、汉高祖的祭祀，并且为光武帝和唐太宗修建庙宇，按时祭祀。与建隆二年（961）诏令相比，这道诏令的内容要丰富得多，有关祭祀古帝王的规定既具体又详细。

乾德四年（966）十月，宋太祖再次颁布诏令，曰：

自古帝王，受天眷命。功侔造化，道庇生民。咸载简编，宜崇典礼。或庙貌犹在，久废牲牷；或陵寝虽存，不禁樵采。朕顺考古道，咸秩无文。方怀景慕之心，敢怠寅恭之意。其太皞葬宛丘；炎帝葬长沙；黄帝葬（乔）［桥］山；颛顼葬临河；高辛葬濮阳；唐尧葬城阳；虞舜葬零陵；女娲葬赵城；夏禹葬会稽；商汤葬宝鼎县；周文王、武王葬咸阳县；汉高祖葬长陵，在长安北；后汉世祖葬洛阳界；唐高祖葬三原县东；太宗葬醴泉县北。凡已上一十六帝，各置守陵五户，每岁春、秋二时，委所在长吏，各设一祭。商中宗太戊葬内黄县东南……后周太祖文帝及隋高祖文帝并葬富平县。已上一十帝各置守陵三户，每岁一享。秦始皇帝葬昭应县……晋高祖葬寿安县。已上一十五帝各置守陵两户，每三年一祭。仍并委所在长吏祀以太牢，以羊代。周桓王葬渑池县……后唐清泰帝葬明宗陵南。已上三十八帝陵寝，常禁樵采。应已上帝王寝庙，委逐处长吏及本县令佐常切检校。罢任日，具有无废阙批书历子。其祠祭仪注，仍令有司颁下。①

“太皞”即太昊，指伏羲。宋太祖将享受国家祭祀的古帝王分为4个层次：第一层次有16位帝王，各置守陵户5户，每年祭祀2次；第二层次

① 司义祖整理《宋大诏令集》卷156《政事九·褒崇先圣》，中华书局1962年版，第585—586页。

有10位帝王，各置守陵户3户，每年祭祀1次；第三层次有15位帝王，各置守陵户2户，每三年祭祀1次；第四层次有38位帝王，其陵墓禁止砍柴。他将伏羲、炎帝、黄帝等16位帝王列为第一层次，说明他对祭祀伏羲、炎帝、黄帝等16位帝王特别重视。在这些帝王中，既有历史人物，也有神话人物。例如，伏羲、炎帝、黄帝、女娲就是神话人物。尽管他们是神话人物，但是，古人无法把这个问题讲清楚。不仅如此，古人还把他们当作历史人物，为他们修建陵墓，举行祭祀活动。与乾德元年（963）诏令相比，乾德四年（966）诏令有两点不同：其一，强调地方政府必须祭祀的古帝王增加了69位，总共有79位，分为4个层次。其中，第一层次有16位，除乾德元年（963）诏书所列10位古帝王外，又增加了伏羲、炎帝、黄帝、颛顼、女娲、唐高祖六位。其二，确认伏羲葬于宛丘（今河南省淮阳区），炎帝葬于长沙，黄帝葬于桥山（今陕西省黄陵县桥山镇）等，明确了这些古帝王陵墓所在地区或地点。

从建隆二年（961）、乾德元年（963）和乾德四年（966）三道诏令来看，诏令内容越来越丰富、越来越具体，享受国家祭祀的古帝王越来越多，待遇越来越高。这些情况说明：宋太祖要求地方政府祭祀古帝王的态度既是很迫切的，也是很虔诚的。宛丘太昊陵和桥山黄帝陵的祭祀活动由来已久，不必另外寻找太昊陵和黄帝陵。乾德四年（966）诏令虽然确认炎帝葬于长沙，却没有明确炎帝埋葬的具体地点，这就需要寻找和认定了。由于对祭祀古帝王的活动非常重视，于是，宋朝政府加快了寻找炎帝陵的步伐，并且很快就有了结果，于乾德五年（967）便"找到"了炎帝陵。

有关炎帝墓地位置的记载出现于曹魏时期。皇甫谧《帝王世纪》曰："炎帝神农氏……在位百二十年而崩，葬长沙。"① 显然，"葬长沙"即墓地在长沙。这里所说的"长沙"是指西汉时期的长沙国、东汉和曹魏时期

① 皇甫谧：《帝王世纪》，陆吉点校，齐鲁书社2010年版，第4页。皇甫谧（215—282），安定郡朝那县（今甘肃省灵台县）人，该书是他20多岁时撰写的，此时属于曹魏时期。

的长沙郡。炎帝陵所在的炎陵县鹿原陂①，在南宋嘉定三年（1210）以前，属衡州茶陵县管辖。西汉时期，茶陵县隶属于长沙国；东汉和曹魏时期，茶陵县隶属于长沙郡。② 南宋王象之《舆地纪胜》卷63《荆湖南路·茶陵军》曰："炎帝墓，在茶陵县南一百里康乐乡白鹿（源）［原］。"该书同卷又曰："炎帝庙，在茶陵县西南（炎）帝陵侧。乾德五年，始访得陵，即诏建庙。"③ 据此而言，乾德五年（967）宋朝政府在鹿原陂"找到"炎帝陵以后，为了供奉炎帝的牌位或塑像，便于举行祭祀活动，宋太祖立即下令在这里修建了炎帝庙，这就是宋朝政府对炎帝陵的认定。

晋司马彪《郡国志》曰："炎帝神农氏葬于长沙。长沙之尾，东至江夏，谓之沙羡，是其地。"④ 据此可知，司马彪认为炎帝的陵墓在江夏郡沙羡县（今湖北省武汉市江夏区金口街道）。但是，他这种说法无据可依，此前文献并无这样的记载，显然是他编造的。汉代长沙郡和江夏郡是两个郡，沙羡县隶属于江夏郡，而非长沙郡，位于长沙郡东北端以外。司马彪的说法自相矛盾，因此没有被宋朝政府采纳。唐司马贞《补史记三皇本纪》曰："（炎帝神农氏）立一百二十年，崩葬长沙。"⑤ 这种说法与皇甫谧的说法完全一致。宋朝政府虽然采纳了上述诸书关于炎帝葬于长沙的说法，但是对司马彪"长沙之尾"一说做了不同的理解，将"长沙之尾"理

---

① 有些文献将这里称为"鹿原坡"或"白鹿原"。在古代文献里，"陂"有山坡、池塘等含义。这里本来是一个山坡，斜濑水（洣水支流）在山坡前面拐了一个弯，再向北流去，汇入湘江，流进大海。这个水湾像池塘，可能是这个缘故，人们将这个山坡称为"鹿原陂"。现在人们已经习惯将这座炎帝陵的所在地称为"鹿原陂"。为了修建炎帝陵，人们在这个山坡垒起了巨大的坟堆，并且修建了附属设施。"白鹿原"这个称呼很可能是在修建炎帝陵以后才有的，因为在我国民间，通常将白鹿出现的地方当做神仙居住的地方。例如，李白《梦游天姥吟留别》便有"且放白鹿青崖间"一语。因此，笔者认为，很可能是人们认为炎帝去世以后成为神仙，所以将这里称为"白鹿原"。这也是人们将炎帝神化的表现。显然，鹿原陂和鹿原坡之"鹿原"都是从"白鹿原"这个地名演变而来的。

② 吴太平二年（257），孙权析长沙郡东部为湘东郡、西部为衡阳郡，茶陵县隶属湘东郡。

③ 王象之：《舆地纪胜》卷63《荆湖南路·茶陵军》，李勇先校点，四川大学出版社2005年版，第2288页。

④ 司马彪：《郡国志》，转引自李昉等撰《太平御览》卷171《州郡部十七·江南道下》《潭州》，中华书局1960年版，第834页。

⑤ 司马贞：《补史记三皇本纪》，《四库全书》第244册，上海古籍出版社1987年版，第965页。

解为位于长沙郡南端的茶陵县康乐乡白鹿原，而不是位于长沙郡东北端之外的江夏郡沙羡县。

总之，炎帝墓地位置是在曹魏以后逐渐明确的，北宋乾德五年（967）被最终认定在衡州茶陵县康乐乡白鹿原。今炎陵县原为茶陵县辖地，嘉定四年（1211）南宋政府在这里设置了酃县，1994年改为炎陵县。南宋罗泌《路史》曰："（炎帝）崩葬长沙茶乡之尾，是曰茶陵。"① 罗泌（1131—1189），吉州庐陵县（今江西省吉安市吉州区）人，南宋文学家。乾道年间（1165—1173）撰成《路史》。这个记载距乾德五年（967）宋朝政府认定炎帝陵大约200年，显然是根据乾德年间（963—968）宋朝政府在茶陵县康乐乡白鹿原选址和修建炎帝陵而编造出来的神话故事，并非历史事实，不能相信。因为在此之前没有任何文献记载炎帝"崩葬长沙茶乡之尾"，仅仅记载炎帝"崩葬长沙"或"崩葬长沙之尾"。他称"炎帝崩葬长沙茶乡之尾"，增加了"茶乡"二字，这是对司马彪"炎帝崩葬长沙之尾"一说的改造。这种改造完全是为了说明宋朝政府认定茶陵县康乐乡白鹿原为炎帝陵所在地的合理性。

二、宋朝政府将鹿原陵认定为炎帝陵所在地的原因

炎帝和黄帝属于五方帝，都是自然神。在古人的观念里，炎帝处于南方，黄帝处于中央地区。尽管如此，春秋时期人们编造了有关炎帝和黄帝的传说，将炎帝和黄帝当作华夏族的始祖。自古以来，我国民间就奉行祖先崇拜，经常祭祀祖先，对民族始祖也是如此。战国时期，秦国有祭祀炎、黄二帝的活动。② 秦汉以后，人们继承了这个传统，将炎帝和黄帝当作中华民族的始祖。西汉时期，人们在关中地区为黄帝修建了陵墓。魏晋以后，人们为修建炎帝陵寻找适当的地方。《帝王世纪》等文献记载炎帝"崩葬长沙"，因为相对于中原地区而言，长沙属于南方。不过，这些文献所说的"长沙"是一个很大的地域范围，而不是具体地点。其实，这种记

---

① 罗泌：《路史》卷12《后纪三·禅通纪》，《四库全书》第383册，上海古籍出版社1987年版，第95页。

② 吉成名：《炎帝祭祀与文化传承》，《湘南学院学报》2019年第1期。

载仅仅是古人根据炎帝处于南方、主管夏季事务的民俗观念对其墓地位置所做的设想，实际上当时炎帝陵并不存在。从文献记载情况来看，乾德四年（966）以前历代政府祭祀炎帝都是采取畤祭、庙祭等形式，没有采取陵祭的形式。[①] 如果有炎帝陵，肯定会采取陵祭形式。这些情况充分说明乾德四年（966）以前没有炎帝陵。但是，宋朝统治集团无法讲清楚这些道理，他们只能根据《帝王世纪》等文献所载炎帝“崩葬长沙”，在长沙地区寻找和认定炎帝陵。为了采取陵祭形式祭祀炎帝，宋朝政府必须寻找和认定炎帝陵。

宋朝政府为什么将鹿原陂认定为炎帝陵所在地呢？笔者认为主要有以下两个原因：

（一）宋朝政府加强统治的迫切需要

我们可以从两个方面讨论这个问题：

第一，加强思想统治的迫切需要。

宋朝建立以后，以宋太祖赵匡胤为首的统治集团必须考虑采取措施巩固自己的统治地位，使人们服从自己的统治。只有这样做，赵宋王朝才能长治久安。宋朝是赵匡胤等人利用周世宗去世以后继位的周恭帝年幼，通过发动政变（陈桥兵变）建立起来的，引起了朝野上下很多人的不满。更何况，当时还处于分裂割据时期，统一全国的工作任重道远。赵匡胤是一位很有政治眼光的开国皇帝，他敏锐地认识到加强思想统治的重要性，采取了很多重要措施，其中之一便是祭祀古帝王。炎帝祭祀和黄帝祭祀由来已久。史籍明确记载战国时期秦灵公在吴阳（今陕西陇县西南）作上畤祭祀黄帝、作下畤祭祀炎帝[②]。汉魏以后，炎帝祭祀和黄帝祭祀也经常举行。唐玄宗在位时期，在京城长安修建了三皇五帝庙，祭祀伏羲、炎帝、黄

① 罗泌曰：“（炎帝）盖宇于沙，是为长沙。崩葬长沙茶乡之尾，是曰茶陵，所谓天子墓者，有唐尝奉祠焉。”（引自罗泌：《路史》卷12《后纪三·禅通纪》，《四库全书》第383册，上海古籍出版社1987年版，第95—96页。）据此而言，唐代这里就有炎帝陵和陵祭活动。笔者认为这种说法不可靠，是宋代人们编造出来的民间传说。如前所说，炎帝陵是乾德五年（967）修建的。只有修建炎帝陵以后，人们祭祀炎帝才能采取陵祭形式。

② 司马迁撰《史记》卷28《封禅书》，中华书局1959年版，第1364页。

帝、尧、舜等三皇五帝。乾德元年（963），宋太祖颁布诏令，祭祀高辛、尧、舜等10位帝王。乾德四年（966），宋太祖再次颁布诏令，将享受国家祭祀的帝王增加到79位，从传说时代的伏羲、炎帝、黄帝，到后晋高祖，比较有成就的最高统治者都可以享受宋朝政府的祭祀，这样就为宋朝政府确立自己作为全中国正统王朝的地位创造了有利条件，赵匡胤也就可以名正言顺地做皇帝了。这种措施有利于宋朝政府统一人们的认识，加强思想统治，为宋朝政府消灭周边地区割据政权、实现全国统一创造了有利条件。

第二，加强南方统治的迫切需要。

中国地域辽阔，民族众多。秦岭—淮河是自然地理分界线，该线以北俗称“北方”，该线以南俗称“南方”。自先秦以来，全国性的政权都是在黄河中下游地区建立都城，统治中心一直是在黄河中下游地区，中央政府对南方的统治比较薄弱。特别是在唐朝灭亡以后，中原地区相继出现了后梁、后唐、后晋、后汉、后周五个政权，管辖的地域范围相当于今河南、山东二省以及陕西、山西、甘肃、河北、北京、湖北、安徽、江苏等省市部分地区。南方出现了吴、南唐、前蜀、后蜀、吴越、楚、闽、南汉、荆南（南平）九个割据政权，加上河东地区的北汉，史称“十国”。安史之乱以后，经济重心开始南移。唐末五代时期，北方长期战乱，社会生产遭到严重破坏，人口大量南迁，加快了经济重心南移的步伐，南方的经济、文化迅速发展起来，地位越来越重要。宋朝建立以后，定都汴京（今河南开封），统治中心仍然在北方，南方有南唐、吴越、后蜀、南汉、荆南、湖南等割据政权。为了消灭南方割据政权，防止南方以后再出现割据政权，实现国家统一，维护国家的长治久安，宋朝迫切需要加强对南方的统治。

（二）鹿原陂的自然地理条件

宋朝政府之所以将鹿原陂认定为炎帝陵墓所在地，与鹿原陂的自然地理条件直接相关。为什么这样说呢？笔者有以下三个理由：

第一，鹿原陂位于湖南省南部。

《礼记·月令》曰："孟夏之月，日在毕，昏翼中。旦婺女中。其日丙丁。其帝炎帝，其神祝融。……是月也，以立夏。先立夏三日，大史谒之天子曰：'某日立夏，盛德在火。'天子乃齐。立夏之日，天子亲帅三公、九卿、大夫以迎夏于南郊。"① 从这个记载来看，炎帝处于南方、主管夏季事务，属于自然神，代表火德；立夏之日，天子要率领三公、九卿等官员到京城南郊举行迎气祭祀活动。《淮南子·天文训》曰："何谓五星？东方木也，其帝太皞，其佐句芒，执规而治春，其神为岁星，其兽苍龙，其音角，其日甲乙。南方火也，其帝炎帝，其佐朱明，执衡而治夏，其神为荧惑，其兽朱鸟，其音徵，其日丙丁。中央土也，其帝黄帝，其佐后土，执绳而治制四方，其神为镇星，其兽黄龙，其音宫，其日戊己；西方金也，其帝少昊，其佐蓐收，执矩而治秋，其神为太白，其兽白虎，其音商，其日庚辛。北方水也，其帝颛顼，其佐玄冥，执权而治冬，其神为辰星，其兽玄武，其音羽，其日壬癸。"② 这个记载也认为炎帝是主管夏季事务的方帝，处于南方，代表火德。《吕氏春秋》等典籍也有类似记载。可见，古人普遍认为炎帝是主管夏季事务的方帝，处于南方，代表火德。楚辞《远游》曰："嘉南州之炎德兮，丽桂树之冬荣。……指炎神而直驰兮，吾将往乎南疑。"③ 炎神，一般解释为炎帝；南疑，位于今湖南省宁远县境内的九嶷山，舜帝陵所在地。据此可知，当时人们认为炎帝就在九嶷山附近。这段话大致划出了炎帝所在的地域范围。湖南省位于中原地区的正南方，东、南、西三面都是高山，南部多丘陵、山地，北部为平原、湖泊，这里四季分明，冬冷夏热。因此，先秦秦汉时期，人们将炎帝所处的地方认定为今湖南省南部。炎陵县鹿原陂位于湖南省南部，九嶷山附近，东经113°40′12″，北纬26°24′59″，正好符合以上所述先秦秦汉时期人们关于炎帝所处地理位置的说法。

第二，鹿原陂属于曹魏时期长沙郡管辖范围。

前引曹魏皇甫谧《帝王世纪》曰："炎帝神农氏，……在位一百二十

① 陈戍国点校《四书五经》上册《礼记·月令》，岳麓书社1991年版，第490页。
② 刘安：《淮南子》卷3《天文训》，岳麓书社1989年版，第25页。
③ 王泗原：《楚辞校释》，人民教育出版社1990年版，第305—309页。

年而崩，葬长沙。”如前所述，这里所说的“长沙”是指西汉时期的长沙国、东汉和曹魏时期的长沙郡，不过，该书没有记载埋葬炎帝的具体地点。这部书比较系统地记载了先秦秦汉时期帝王的生平事迹，是最早记载炎帝墓地位置的著作，影响很大，具有较高的权威性。北宋政府将炎帝陵所在地认定为今炎陵县鹿原陂，南宋嘉定三年（1210）以前这里属于茶陵县管辖地区，东汉和曹魏时期茶陵县隶属于长沙郡。因此，鹿原陂所在郡级政区与《帝王世纪》等文献所载“炎帝崩葬长沙”一说吻合，能够得到人们的认可。可见，宋朝政府确实是按照《帝王世纪》等文献所载炎帝墓地的位置寻找和认定炎帝陵的。

第三，鹿原陂地形条件非常优越。

鹿原陂位于斜濑水（洣水支流）的三级阶地，是一个比较宽敞、平坦的山坡，依山傍水，坐北朝南，风景优美。东边有森林茂密的炎陵山，① 西边有自南向北、滔滔不绝的斜濑水，后面有连绵起伏、地势较高的冈峦，前面很开阔，尽管有一些山头，但是比较矮小，可以一望无际。自古以来，我国民间为修建房屋、坟墓等重要建筑物选择地址的原则是：“不怕青龙高万丈，只怕白虎高一尺。”这句谚语流传至今。在人们看来，左为青龙，右为白虎，前为朱雀，后为玄武。这就是说，左边、后面都必须有高大的山岭作为依托，地势要高；右边也必须有屏障，但是地势要低一些，不能超过左边；前面必须开阔，要求能够一望无际。民间认为：符合这些条件的地址就是所谓风水宝地。炎帝陵所在的鹿原陂正好符合这些条件，这样的地形条件非常优越，十分难得。炎帝陵位于山坡的前端中间，处于最佳位置。

此外，宋朝统治者深受五行观念和五德终始说的影响。《宋史·太祖本纪》曰：“（建隆元年三月）壬戌，定国运以火德王，色尚赤，腊用

① 炎陵山又称“皇山”，是八面山的余脉。八面山属于罗霄山脉南段，从桂东县延伸而来，至鹿原镇蜕化为低山和丘陵，炎陵山是一座低山，面积大约2平方公里，最高海拔为304米。鹿原陂海拔只有198米。“皇山”“炎陵山”这些名称很可能都是在这里修建炎帝陵以后才有的。由于缺乏文献记载，这座山的原有名称现已无从得知。

戊。”[1] 建隆元年即公元960年。宋朝建立以后，宋朝政府便将国运确定为火德，而炎帝代表火德，因此，宋朝政府对祭祀炎帝非常重视，这个因素可能对宋朝政府寻找和认定炎帝陵也有很大的影响。

总之，为了加强统治，宋朝政府迫切需要认定炎帝陵，以便为炎帝举行陵祭活动；而鹿原陂的地理位置与文献所载炎帝墓地的地理位置基本相同，地形条件也非常优越，适合作为修建炎帝陵的地点，所以，宋朝政府将鹿原陂认定为炎帝陵所在地。

三、鹿原陂炎帝陵修建性质考

笔者认为，鹿原陂炎帝陵是宋朝政府为了举行陵祭活动而修建的陵墓，它很可能是一座衣冠冢，不可能是埋葬炎帝遗体的坟墓，因为炎帝是五方帝之一，是处于南方、主管夏季事务的自然神，属于神话人物，而不是真实的历史人物，不可能有遗体。

前引《舆地纪胜》卷63《荆湖南路·茶陵军》曰：炎帝庙“在茶陵县西南（炎）帝陵侧。乾德五年始访得陵，即诏建庙。”这里说乾德五年（967）找到了炎帝的陵墓，这种说法有虚假成分，不能完全相信。根据这条材料，我们只能说乾德五年（967）宋朝政府在鹿原陂找到了适合修建炎帝陵的地点，并且为炎帝修建了陵墓。实际上，这里原来没有炎帝陵。

自古以来，我国民间就有为死者修建衣冠冢的习俗，古代文献对此有不少记载。这种习俗至今犹存。有些人在战争中牺牲，有些人在海上航行不幸遇难，尸骨无存，为了纪念和祭祀他们，人们便为他们修建衣冠冢。这种民间习俗对古代国家祭祀活动也有重要影响。为了纪念某些英雄人物、历史文化名人，历代政府也往往采取这种建墓方式。例如，位于今陕西省黄陵县的黄帝陵就是一座衣冠冢。《史记·封禅书》曰：“黄帝已仙上天，群臣葬其衣冠。”[2]《汉书·郊祀志》中的记载基本相同。[3] 这些材料都说明黄帝陵是衣冠冢。又如，史可法墓（位于今江苏省扬州市史可法纪

① 脱脱修《宋史》卷1《太祖纪一》，中华书局1977年版，第6页。
② 司马迁撰《史记》卷28《封禅书》，中华书局1959年版，第1396页。
③ 司马迁撰《汉书》卷25《郊祀志》，中华书局1962年版，第1233页。

念馆）也是一座衣冠冢。史可法殉难以后，人们无法找到其遗体。顺治三年（1646），副将史德威将其衣冠葬于扬州梅花岭下，修建了史可法墓。山西省高平市2015年为炎帝修建了衣冠冢（位于高平市神农镇庄里村）。2017年11月30日，笔者实地考察了高平市炎帝陵景区，主持炎帝陵修建工作的米东明同志向笔者详细介绍了修建炎帝衣冠冢的情况。他们为炎帝购买了帽子、衣服等物品，放在墓穴里，然后封闭墓穴，垒砌坟头，并且将1994年在当地发现的刻有“炎帝陵”三字的明代墓碑嵌入。① 总之，修建衣冠冢的事例很多，不胜枚举。宋朝政府也有修建衣冠冢的做法。据《宋史·礼志》记载，乾德元年（963），宋朝政府规定：“凡诸陵有经开发者，有司造衮冕服、常服各一袭，具棺椁以葬。掩坎日，所在长吏致祭。”② 也就是说，凡是遭遇盗掘的帝王陵墓，地方政府都要为被盗帝王缝制礼服和便服各一套，置办棺椁，将衣服、鞋帽放在棺椁里，然后封土掩埋；埋葬之日，地方官员要到墓地祭祀。炎帝是神话人物，宋朝政府为他修建陵墓也只能是修建衣冠冢。罗泌《路史》曰：“所葬代云衣冠，赤眉时人虑发掘，夷之。”③ 这段话的大意是：据历代民间传说，这里的炎帝陵是衣冠冢，新莽时期赤眉起义爆发以后，当地居民担心炎帝陵被人发掘，便将坟头铲平了。其中，关于炎帝陵是衣冠冢的民间传说正好与前引《宋史·礼志》所载乾德元年（963）宋朝政府为古帝王缝制衣服、置办棺椁的规定相符，可以相信；而关于赤眉起义爆发以后当地居民主动将坟头铲平的民间传说是不可靠的，不能相信，因为此前没有任何文献记载这里有炎帝陵，而且这里离新莽时期赤眉起义军活动的黄河中下游地区非常遥远，相隔两千多里，当地居民不可能因为北方爆发的赤眉起义而铲平炎帝

① 原来这里有一座炎帝陵。朱载堉撰《羊头山新记》曰：“（换马）镇东南一里许，有古冢，垣址东西广六十步，南北袤百步，松柏茂密，相传为炎帝陵，有石柱、石栏存焉，盖金、元物也。”（转引自朱樟等纂修《泽州府志》卷46，山西古籍出版社2001年版。）据此可知，这座炎帝陵可能是金代或元代修建的，也只能是衣冠冢。“文革”期间被毁，目前仅存墓碑。该墓碑是明万历三十九年（1611年）生员申道统所立。

② 脱脱修《宋史》卷105《礼八·先代陵庙》，中华书局1977年版，第2559页。

③ 罗泌：《路史》卷12《后纪三·禅通纪》，《四库全书》第383册，上海古籍出版社1987年版，第96页。

陵的坟头。因此，笔者断定这个传说是宋代人们编造的虚假信息，而且很可能是罗泌编造的，其目的是将炎帝陵的历史往前推进到西汉时期，以此说明《帝王世纪》所载炎帝“崩葬长沙”一说的可靠性。

综上所述，笔者认为乾德五年（967）宋朝政府在鹿原陂找到适合修建炎帝陵的地点以后修建了炎帝陵，鹿原陂炎帝陵很可能是一座衣冠冢。

自古以来，在全国各地的宗庙和祠堂里，人们普遍将写有祖先名字或尊号的木制牌位当作祖先供奉，以木制牌位代表祖先。既然如此，我们完全可以把这座衣冠冢当作炎帝的陵墓。

当然，我们也不能完全排除宋朝政府随便找一具古人遗体（或遗骨）当作炎帝遗体（或遗骨）埋葬在鹿原陂炎帝陵的可能性，因为一般人对于这具古人遗体（或遗骨）究竟是不是炎帝的遗体（或遗骨）是无法辨别的，尽管这种可能性非常小。不过，完全可以肯定这座炎帝陵没有炎帝遗体，因为炎帝是先秦时期的神话人物，不可能有遗体。

四、宋朝政府修建炎帝陵的政治意义

尽管鹿原陂炎帝陵很可能是一座衣冠冢，但宋朝政府在鹿原陂修建炎帝陵仍然具有重要的政治意义。具体来说，主要有以下几点：

第一，结束了没有炎帝陵的历史，从此人们为炎帝举行陵祭活动有了固定的场所。

如前所述，乾德四年（966）以前没有炎帝陵。尽管《帝王世纪》《郡国志》等史籍有关于炎帝墓地位置的记载，但是这些记载都是不可靠的。如果此前有炎帝陵，宋朝政府便没有必要修建炎帝陵，只要稍加维修即可。但是，事实并非如此。乾德年间（963—968）宋朝政府下了很大的功夫寻找炎帝陵。从乾德四年（966）十月开始，花费数月时间，直到次年才“找到”炎帝陵（“得陵”）。这就充分说明，此前是没有炎帝陵的。南宋罗泌《路史》曰：“（炎帝）盖宇于沙，是为长沙。崩葬长沙茶乡之尾，是曰茶陵，所谓天子墓者。有唐尝奉祠焉。太祖抚运，梦感见帝。于是，驰节复求，得诸南方，爰即貌祀，时序隆三献。”① 这个记载是罗泌以皇甫谧《帝王世纪》所载炎帝神农氏“崩葬长沙”为基础，根据乾德五年（967）宋朝政府在鹿原陂修建炎帝陵的事迹编造的。笔者之所以这样说，是考虑到他是一位文学家，富于想象，是编故事的高手。该书所载“赤眉时人虑发掘，夷之”“崩葬长沙茶乡之尾”“有唐尝奉祀”“太祖梦感见帝”等说法都是不可靠的，因为在罗泌撰写《路史》以前，没有任何文献记载这些内容。为了给宋朝政府将鹿原陂认定为炎帝陵所在地的做法提供文献依据，为了帮宋朝政府“乾德五年始访得陵”的说法圆谎，罗泌只好这样编造历史事实，制造炎帝死后埋葬于鹿原陂、自古以来就在鹿原陂祭祀炎帝的假象。因此，笔者认为，乾德五年（967）宋朝政府在鹿原陂修建炎帝陵以后，便结束了没有炎帝陵的历史。从此以后，人们为炎帝举行陵祭活动便有了固定的祭祀场所。

第二，加强了宋朝政府对南方的统治，促进了国家统一。

如前所述，宋朝建立以后，南方还有南唐、吴越、后蜀、南汉、荆南、湖南等割据政权。当时，武平节度使周行逢占领了湖南地区。建隆三年（962），周行逢去世，其子周保权继位，衡州刺史张文表发动叛乱，周保权向宋朝政府和荆南政权求援，宋朝政府趁此机会派慕容延钊率领军队南下，帮助平定叛乱。乾德元年（963），宋朝军队消灭了荆南和湖南两个政权，占领了荆南地区和湖南地区，这样，宋朝的版图得到了很大的拓展，实力大大增强，统一工作取得了重大进展。乾德三年（965）灭后蜀以后，宋朝的版图进一步扩大，实力进一步增强。次年十月，宋太祖颁布诏令，确认炎帝葬于长沙，规定地方政府为炎帝陵设置守陵户5户，每年祭祀2次，并且派遣官员寻找和认定炎帝陵。乾德五年（967），宋朝政府发现鹿原陂适合修建炎帝陵，于是在这里修建了炎帝陵和炎帝庙，设置了守陵户，定期派遣官员到这里举行陵祭活动。开宝四年（971），灭南汉。开宝八年（975），灭南唐。太平兴国三年（978），灭吴越。至此，南方的

① 罗泌：《路史》卷12《后纪三·禅通纪》，《四库全书》第383册，上海古籍出版社1987年版，第95—96页。

割据政权全部被宋朝消灭，南方的统一工作得以完成。次年，宋朝灭北汉，结束了五代十国分裂割据的局面，实现了局部统一。从总体情况来看，宋朝的统一过程是比较顺利的，没有费很大的周折。可见，自从乾德五年（967）在鹿原陂修建炎帝陵以后，宋朝政府对南方的统治大大地加强了，这对于宋朝政府消灭南汉、南唐和吴越三个南方割据政权，完成对南方各地的统一，无疑是具有积极作用的，有利于宋朝政府加快统一进程，促进国家统一。宋朝能够存在310多年，南宋能够在南方建都，与宋朝政府在鹿原陂修建炎帝陵、经常派遣官员祭祀炎帝，也是有关系的。

第三，有利于维护国家统一，促进民族团结。

从前引乾德四年（966）诏书来看，在第一层次16位古帝王的陵墓中，北方有14位古帝王的陵墓，南方实际上只有位于道州宁远县（今湖南省宁远县）的舜帝陵，炎帝陵的具体位置还不清楚。乾德五年（967），宋朝政府在鹿原陂修建炎帝陵以后，南方便有2座享受国家祭祀的古帝王陵墓，由此，享受国家祭祀的古帝王陵墓分布格局发生了明显的变化。由于乾德五年（967）以后历代中央政府都定期或不定期地派遣官员到这里举行陵祭活动，中央政府对南方的统治不断加强。此后，不仅宋代南方没有出现割据政权，其他朝代也很少出现割据政权。由于湖南有炎帝陵，这个地方的政治地位大大提高，主要表现为在这里设置酃县。南宋嘉定四年（1211），宋朝政府从衡州茶陵县划出康乐、霞阳和常平三乡，设置了酃县。1994年，酃县改名为炎陵县。长江和黄河是我国最大的两条河流，分别位于南方和北方，横贯东西，绵延五六千里，流经20多个省、直辖市和自治区。长期以来，中国人将炎帝和黄帝当作民族始祖，自称“炎黄子孙”，炎帝陵位于今湖南省炎陵县，黄帝陵位于今陕西省黄陵县，这样，两位民族始祖的陵墓一座在南方、一座在北方，分布格局比较合理，炎、黄二帝陵墓的影响范围覆盖了长江流域和黄河流域，有利于中央政府加强对南北各地的统治，有利于维护国家统一，促进民族团结。从此以后，历代政府和民间都将鹿原陂当作炎帝的陵寝之地，经常在这里举行陵祭活动，有效地维护了国家统一，促进了民族团结。现在，人们仍然将鹿原陂当作炎帝的陵寝之地，每年都有五六十万社会各界人士从全国各地来到这里，很多海外华人也纷至沓来，寻根问祖，祭祀炎帝。

总之，宋朝政府在鹿原陂修建炎帝陵意义重大，不仅对宋代政治产生了重要影响，而且对今天的国家统一和民族团结也具有积极意义。

历史地理视角下梅山文化的形成与传播

谢　潇*

摘　要：梅山位于湖南地区的资水中游，属于雪峰山脉的一部分。有不少专家学者认为，梅山土著的族源可以追溯到古老的蚩尤部族。梅山文化作为一种独特的文化，在历史上长期保留着十分古老的巫文化元素。经过不断地民族文化融合，吸收儒家文化和各种宗教文化元素，梅山文化在宋代形成了以梅山教为代表的特色文化。宋代以后，梅山文化逐渐向南、向西传播，成为影响中国南方特别是西南地区的重要文化现象。梅山蛮的来源与迁移、梅山文化的沉淀与传播，与梅山所处的地理位置、地理环境有很大关联。

关键词：梅山文化；历史地理；文化融合；文化传播

如今，人们已经无法在地图上搜索到梅山，它作为一个山名或地名都已不复存在。但是，梅山蕴含着丰富的历史信息和宗教文化内涵，仍然具有很高的历史意义和研究价值。梅山文化的源头、形成和传播，与梅山所处的地理位置密切相关，探索梅山文化的动态发展过程有助于我们理解中华民族多元一体格局的形成过程和特点。

---

* 谢潇，湖南省社会科学院（湖南省人民政府发展研究中心）历史文化研究所助理研究员，历史学博士。

一、梅山的概念和地理位置

梅山在我国古代是一个纯地理概念，它今天的具体位置在湖南省安化县梅城镇的西南方。《读史方舆纪要》卷 80 记载："梅山在县西南。山盘纡甚远，蛮恃为险，今县（梅城镇）南八十里梅山岭上有泉，即其地也。"① 说明历史上梅山确实存在。到清代中期，"梅山"作为地理名称从中国地图上消失了。梅山得名的原因，不同的学者根据不同的史料线索有不同看法。第一种看法认为，梅山是因西汉长沙王的部将梅鋗进入梅山地区而得名的；第二种看法归于自然原因，认为梅山因为盛产梅花和梅类水果而得名；第三种看法认为"梅山"可能是"芈山"或"蛮山"的演绎和异写。②目前，梅山的得名原因仍然没有达成一致。三种看法中，较为常见的看法是第一种，主要因为其材料支撑来源于地方县志的论证，相对可靠。

但是，梅山作为一个历史地域概念，并不局限于一山一岭。在很长的历史时间里，梅山是以梅山峒出现的。"峒"，该字原本有三个意思，除了作"崆峒"的"峒"外，另外两个意思是山洞、山穴和表示参差不齐的山峰状貌。"峒"作为西南山区少数民族特有的地理名称，反映了山民对早期生活环境的记忆描述。但在指代意义上，"峒"实际也指山地间出现的一块块盆地地形，通常是山区居民聚居之地。魏晋南北朝以来的汉文史籍，普遍称西南少数民族聚居之地为峒。不仅有梅山峒，还有五溪蛮的五溪十峒，辰州蛮的九溪十峒，飞山蛮的诚州十峒等等。③ 因此，在人口聚集到一定规模以后，"峒"一度也是西南各族群的一种社会组织区划称呼。随着人口的增加，生存空间的扩展，"峒"这种称呼，由指代山峰山洞转变为山间较宽阔的盆地，后又从纯地理意义逐渐转变为社会组织区划，这一系列变化反映了族群人口的增加、生存空间的拓展和社会组织的发展。

① 顾祖禹：《读史方舆纪要》卷 80，中华书局 1955 年版，第 3430 页。

② 毛攀云、石潇纯、周探科：《1988—2012 年梅山文化研究述略》，《湖南人文科技学院学报》2013 年第 1 期，第 43 页。

③ 张泽洪：《宋代开梅山及梅山教研究》，《广西民族研究》2017 年第 2 期，第 125 页。

史书上最早出现的对梅山峒的记载是在唐朝末年。唐僖宗时，黄巢起义爆发，地方上的节度使拥兵自重，自保观望。同时，当地族群的武装力量逐渐加强。石门峒的酋长向瓌，见势而起，“集夷獠数千，屠牛劳众，操长刀柘弩寇州县，自称‘朗北团’。陷澧州，杀刺史吕自牧，自称刺史”。[①] 不久，在与地方节度使的冲突中，向瓌“召梅山十峒獠断邵州道”。[②] 石门峒的酋长召集梅山峒人与地方军正面冲突，可见在唐代，梅山峒的某些族群已经具备一定的武装力量。

关于梅山峒的位置，第一次出现是在《宋史》中。“梅山峒蛮，旧不与中国通，其地东接潭，南接邵，其西则辰，其北则鼎、澧、而梅山居其中。”[③] 潭、邵、辰、鼎、澧是北宋湖南的州级行政区划，根据北宋与今天湖南的行政区划图对比，以及历代学者对梅山的研究，一致认为梅山的位置即今天湖南中部的安化县、新化县一带。

梅山又可划分为上下梅山：新化为上梅山，安化为下梅山，上下梅山相通连。[④] 民间还流传上中下梅山峒的说法，有“上峒梅山赶山打猎”“中峒梅山掮棚放鸭”“下峒梅山打鱼摸虾”之说，形象概括了地理差别导致生活习性的不同。[⑤]

但若以梅山文化为划定对象，其地域范围将大大延展。梅山文化作为一种地域文化和少数民族文化，其影响力并不局限在湘中地区，它所包含的巫仪式、武术、民间信仰、傩戏等文化元素广泛地分布在我国南方少数民族中，甚至随着人口的迁移散布海外。有学者根据文化传播和文化圈层理论，从更广阔的地理范围来界定梅山文化圈。比如，郭兆祥将梅山文化划为四个圈层。第一层是核心圈，主要指资水和湘江支流涟水、孙水流经的范围，包括现在的新化县、冷水江市、安化县三县（市）全境和隆回县、新邵县、涟源市以及桃江县的部分地方；第二层为区域圈，包括娄

① 欧阳修、宋祁：《新唐书》卷一百八十六，中华书局1975年版，第5421页。

② 欧阳修、宋祁：《新唐书》卷一百八十六，中华书局1975年版，第5421页。

③ 脱脱等：《宋史》卷四百九十四，中华书局1985年版，第14196页。

④ 顾祖禹：《读史方舆纪要》卷81，中华书局1955年版，第3472页。

⑤ 毛攀云、石潇纯、周探科：《1988—2012年梅山文化研究述略》，《湖南人文科技学院学报》2013年第1期，第43页。

底、益阳、邵阳、湘潭、怀化、长沙、株洲、常德等地级市所辖区域；第三层是辐射圈，包括长江以南的云南、广西、广东、海南、江西、福建、浙江等地；第四层为余波圈，包括迁徙到海外的梅山人后裔和受梅山文化影响很深的华侨、华人社会。① 但不论如何划分，梅山文化的核心区域依然是历史上的梅山峒所在地。探讨梅山文化的形成，首先要聚焦梅山这一历史区域，追溯梅山文化的原点和源流。

二、梅山文化的形成过程

梅山文化是一种十分古老的文化，险峻的地理环境使之保留了大量原始巫文化的元素。梅山文化的核心区域是安化县、新化县一带，而原点则位于这两县之间。从地理上看，梅山地区恰恰处在资水中流，这里的主要地貌是高山峡谷，少部分地区有盆地和丘陵。资水在新化和安化之间，被大熊山所阻，由西北方向转而流向东北方向。这块被资水半包围的区域就是梅山文化的起点。梅山先民在这里留下了很多古老的印记，最典型的当数与历史传说人物蚩尤有关的内容。这里有蚩尤江、蚩尤桥，在蚩尤江边曾经有一个古老的枫木园，里面大约有 30 亩古枫树，十分受山民的尊崇，园中自古就有禁止砍伐枫树的禁碑。② 梅山地区的村边、山脚、屋后、山坳，常常栽植巨大的枫树作风水树。③ 枫树与蚩尤有关，传说枫树为蚩尤死后的神灵所注入。《山海经 · 大荒南经》中说："有宋山者，有赤蛇，名曰育蛇。有木生山上，名曰枫木。枫木，蚩尤所弃其桎梏。"对此，郭璞注解："蚩尤为黄帝所得，械而杀之，已摘弃其械，化而为树也。"④

大熊山还有"蚩尤坪""蚩尤屋场"。据大熊山当地的老山民回忆，"蚩尤屋场"的地名是从原住于当地的苗人那里传下来的，意思是"蚩尤

① 转引自张泽洪：《梅山教文化圈与南岭走廊多元宗教研究》，《宗教学研究》2016 年第 3 期，第 163 页。

② 易永卿等编《蚩尤与梅山文化》，岳麓书社 2007 年版，第 53 页。

③ 石宗仁：《梅山蛮的民族源流、文化特征与族属》，《邵阳师专学报》1998 年第 1 期，第 33 页。

④ 郭璞注《山海经》，上海古籍出版社 1990 年版，第 109 页。

老祖的屋场地”，即此屋地基主人的祖先是蚩尤。[①]苗族的确保存着不少有关蚩尤的古歌与传说，这些传说反映了蚩尤族在退出黄河流域后，有相当一部分辗转进入了包括湖南在内的长江中游地区，并成为湖南及南方地区苗族的最初先民。[②] 梅山文化的原点与蚩尤关系密切，而蚩尤又被苗人认为是其祖先。要厘清梅山文化的源头涉及梅山文化与苗族的关系问题。

在隋代以前，人们通常以地域名加上“蛮”来称呼南方非汉族的人群，生活在梅山峒的人被称为梅山蛮。在几千年的人口迁移史中，梅山蛮的人口构成和族属是动态变化的。梅山蛮的先民与苗族先民同源，可以追溯到炎帝、黄帝、蚩尤的时代。蚩尤九黎部落的分布范围大约在黄河下游地区，他们与来自黄河中上游的炎黄部落发生接触后，三方进行过多次激烈的战争，互有胜负，最终结局是蚩尤被炎帝、黄帝联合打败。蚩尤部落的一部分就此融合到炎黄部落，另一部分则被迫南迁。到尧舜禹时代，南迁的蚩尤部落重新定居，聚集在江汉、长江中下游南北的洞庭湖、江淮、彭蠡一带，成为一股新的势力，即史书中记载的三苗、有苗氏。尽管在尧时代，三苗可能一度臣服，但尧舜禹都曾征伐三苗，尤其是禹的胜利，迫使大部分三苗人避入山林沼泽。商周时期，三苗的后裔被称为荆蛮，荆蛮被商朝的武装力量打败后一度臣服于商，《诗经》和《竹书纪年》中都有商王伐荆的记载，湖北盘龙城遗址的发现也证明了这一点。周朝亦多次征伐荆蛮，有周王南征不归之事，史书和《诗经》中有大量相关记载，湖南出土的西周青铜器也说明周朝影响力所到的范围。楚国对湖南境内苗蛮的征服有两条路线，一是溯澧水、沅水而上，一度到沅水中游一带；二是从洞庭湖东部南下。

经过历代的征伐，这批被认为是苗族先民的人群越来越往南方山区迁移，进入更多未开发的地区。史书上对这群人的称呼也随着他们所在的地域越来越细化，从原先的荆蛮的一部分逐渐被分为五溪蛮、武陵蛮、长沙蛮等族群。而梅山蛮则很可能是上述各族群中的某些人群进一步迁移、聚

① 易永卿等编《蚩尤与梅山文化》，岳麓书社2007年版，第48页。

② 向桃初、王勇编《湖湘文化通史》（第一册），岳麓书社2015年版，第36页。

合的结果。梅山蛮的先民到底何时进入梅山，不得而知，汉初长沙王吴芮的部将梅鋗进入梅山附近时，梅山山区已有山民长期生活。

秦汉时期，中央政权仍然有对湘中、湘西的征伐，同时族群之间的和平接触与交融也在进行。相传，梅鋗及其后人因开发梅山有功，与当地山民融合后，被免去徭役，因此其后裔被称为“莫徭”。此说虽不足信，但“莫徭”确实是南北朝到隋唐时，对居住在资水、湘水中游和上游的某些山民的称呼。“莫徭”一称最早见于《梁书·张缵传》：“缵至州，停遣十郡慰劳，解放老疾吏役，及关市戍逻先所防人，一皆省并。州界零陵、衡阳等郡，有莫徭蛮者，依山险为居，历政不宾服，因此向化。益阳县人作田二顷，皆异亩同颖。缵在政四年，流人自归，户口增益十余万，州境大安。”① 南朝长沙郡、零陵郡、衡阳郡都分布着莫徭，他们依山险而居，并不服从当地政府，而且不交徭役。至于传说中的因为梅鋗所以不交徭役，可能只是一种托词，实际情况是政府尚无力干涉莫徭，而莫徭也没有强大到成为威胁力量，所以呈和平状态。奉恒高先生认为，莫徭经过分化、融合，于唐末宋初分化成后来的苗族和瑶族。②也就是说，苗族和瑶族可能本就是高度同源的。梅山蛮先民与苗族先民同源，梅山文化的原点来自苗人祖先蚩尤九黎文化。唐宋时的梅山蛮构成，以后世所定的民族成分来说，是以瑶族为主，同时夹杂着生活在当地的苗族等其他民族。

魏晋南北朝到隋唐时期是各族群充分交往、交融的时期，梅山文化在这一时期吸收了来自儒学及各种宗教的文化元素。原本古老的巫文化与儒释道结合，产生了独具魅力的梅山文化，其主要的表现形式是梅山教。梅山教所崇拜的众多神祇充分体现了多种宗教和文化的杂糅，影响十分深远。儒家的盘古仙人、神农、黄帝、五谷尊神、尧王天子等；佛家的伽蓝菩萨、观音菩萨、剃头和尚、十八罗汉等；道家的太上老君、玉皇大帝、三清灵王、三元宗师、太白金星等都是当时梅山教拜奉的对象。③

因此，在宋代开梅山以前，梅山蛮已经与周边的汉人发生较多交往，

① 姚思廉：《梁书·张缵传》卷三十四，中华书局1973年版，第502页。

② 奉恒高：《瑶族通史》，民族出版社2007年版，第26页。

③ 尹建德：《湖南城步的梅山教》，《民间文学论坛》1996年第4期，第80页。

接触到儒学和各种宗教的思想文化，并充分吸收。唐末五代时期，梅山蛮的力量增长，加上中央政权力量的衰落，梅山蛮越来越多地参与到不同势力之间对地盘、财物的军事争夺中，而且梅山蛮多为进攻一方。比如唐僖宗时常德石门峒首领召集梅山峒人，组织军事力量夺取澧州刺史之位。① 五代时，南楚政权的马希萼和弟弟马希广的权力斗争中曾利用梅山蛮的力量。"马希萼既败归，乃以书诱辰、溆州及梅山蛮，欲与共击湖南。蛮素闻长沙帑藏之富，大喜，争出兵赴之，遂攻益阳。楚王希广遣指挥使陈璠拒之，战于淹溪，璠败死。"②

梅山处于资水中游的高山峡谷之中，唐代以前征服的兵锋一时难以达到，使梅山得以保留古老的蚩尤文化。但梅山与西南山区的很多地方相比，其地理位置却又并不闭塞。虽背靠雪峰山，核心地带大熊山一带是高山峡谷，但与湘东地区、洞庭湖地区并无天险阻挡，其东面山地、盆地、丘陵相间。因此，梅山文化核心圈始终有不少接触汉人和汉文化的机会。这种接触是冲突与融合并存的。到北宋时，中央王朝的重新建立，政府的力量正式触及梅山地区。标志性的开梅山事件，改变了梅山的历史，是梅山文化正式形成和走向传播的转折点。

相对于西南少数民族地区在明清时期的"改土归流"以及"苗区开辟"等行动，梅山地区的开发早了几百年。宋太祖开宝年间（968—976），梅山蛮曾进攻邵州的武冈和潭州的长沙。宋太宗太平兴国二年（977），面对梅山蛮的左甲首领、右甲首领起兵之事，朝廷命翟守素调动潭州兵讨伐梅山蛮。宋仁宗嘉祐年间（1056—1063），朝廷再次讨论梅山蛮问题，时任湖南转运副使的范子奇多次建议收编梅山蛮之地，设立郡县。到宋神宗熙宁年间（1068—1077），章惇成功收得土地、人口，筑城、定税收，设置新化县。《宋史》记载此事："东起宁乡县司徒岭，西抵邵阳白沙砦，北界益阳四里河，南止湘乡佛子岭。籍其民，得主、客万四千八百九户，万九千八十九丁。田二十六万四百三十六亩，均定其税，使岁一输。乃筑武

① 欧阳修、宋祁：《新唐书》卷一百八十六，中华书局1975年版，第5421页。

② 司马光：《资治通鉴》卷二百八十九，中华书局1956年版，第9425页。

阳、关硖二城，诏以山地置新化县，并二城隶邵州。自是，鼎、澧可以南至邵。”①

北宋开梅山，设置郡县后，梅山地区正式纳入政府管理，梅山文化进入跨越式融合发展阶段。实际上，在章惇进入梅山的过程中，安化附近寺庙的僧人多次充当交流、谈判的使者。就儒家文化层面而言，开梅山后设县管理意味着梅山人将被纳入儒家的学校、教化、科举考试系统。唐宋崇道的风气，以及北宋以后安化附近道观文仙观的兴建都促使梅山教走向成熟。

在古老的蚩尤文化原点上，因地利之便，长期吸收来自楚文化、越文化、儒释道文化的元素，包括思想、仪式、神祇等，梅山文化得以逐渐形成、发展成熟。随着宋代以后中央政府对湖南以及西南地区的开发与经营，以及梅山瑶人的迁徙，梅山教与梅山文化向南方与西南方传播。

三、梅山文化的传播

梅山文化、梅山教的许多元素广泛地呈现在中国南方少数民族的活动中，包括瑶族、苗族、土家族、侗族等等。梅山文化的内涵和分布范围主要通过瑶族经书、梅山教神祇、傩戏仪式等来体现。

宋朝开梅山后，原梅山地区以瑶人为主的梅山蛮一部分与汉人融合，一部分则逐渐南迁，也有与政府发生冲突后迁移的情况。瑶人南下后，穿过南岭，大部分停留在今天的湖南南部、两广一带。经过几百年迁移史的瑶族在他们的经书里保留了大量对故土梅山的怀念，并且带有浓厚的民间信仰色彩，即认为梅山既是祖先所在地，同时也是每一个瑶人死后的归所，相信灵魂与祖先团聚才得以安宁。②

“游梅山书”是瑶族用于为死者超度的“打斋”仪式上的经书。“打斋”或称“做斋”，亦广泛地流行于古代西南地区。“游梅山书”往往将梅山描绘成一个美好的地方，例如清代《游梅山三十六洞书》对梅山的如

---

① 脱脱等：《宋史》卷四百九十四，中华书局1985年版，第14196页。

② 张泽洪：《中国西南少数民族梅山教研究的文化意义》，《少数民族宗教研究》2010年第4期，第135页。

下描述："不唱前王并后帝，且唱梅山洞里名。梅山出世闰州界，东京案下是龙王。梅山墙城八万里，行罡作法大威灵。行法护身出初国，天下州游师有名。梅山门作卯乙向，两条江水一条清。一年全发生茅草，其山一夜放毫光。且唱梅山有四至，梅山四至有名声。东至便到梅山岭，梅山岭上叫三声。南至便到八梅水，水面南流河有名。西至便到沙滩上，令公过海水中游。"①

目前，除了湖南和广西瑶族民间所存的"游梅山书"，流散国外的瑶族，也存有"游梅山书"。比如法国图书馆收藏的是越南瑶人迁徙到法国留下的，泰国发现的是从广西迁徙到泰国的瑶人留下的，英国图书馆收藏的则源于迁徙到东南亚的瑶人。瑶族经书和礼仪之所以传播如此广泛，与梅山文化南移是一致的。从梅山往南，资水与湘江中上游的支流较多，虽不是交通便利之地，但能起到沟通的作用；南岭山脉虽东西绵延，但山口较多，不构成阻绝。故梅山文化得以顺利南下，甚至因家族移居出现在泰国、越南及东南亚。

梅山文化传播的另一个面向是向南而后向西、向北，使梅山文化的影响波及西南地区和民族，深入贵州、云南、四川、湖北西南部的广大地区，不仅影响那里的土著族群，也影响了生活在那里的汉人的风俗。梅山文化向西南的主要传播路线不是直接向西，而是先向南再向西。梅山背靠的雪峰山是南北走向的山脉，是我国二、三级阶梯的分界线，也是资水和沅水的分水岭，虽然有山口相通，但山口较少，交通并不便利。明代开始，朝廷着力经营云贵地区，开发沅江上游，从而将南岭走廊和武陵山脉的各区域联系了起来。

梅山教对古代西南地区少数民族的影响体现在关于张五郎的传说中。张五郎是梅山教的教主或者称为法主，其形象是双手撑地、双腿朝天的形象，此形象来源很大可能与梅山先民的打猎活动有关。梅山教信仰的张五郎，在古代西南地区的地方信仰中广泛可见。侗族的神坛有供奉木雕张五

---

① 转引自张悦、张泽洪：《瑶族游梅山书的宗教叙事与族群记忆》，《世界宗教研究》2016年第1期，第63页。

郎倒立的形象；湖南慈利的猎人各自有花椒树蔸雕的张五郎；土家族民间传说张五郎善于打猎，在一次和猛虎的搏斗中被撞下山岩倒挂树上而死。①

傩戏是中国民间的一种戏剧形式，历史上在西南地区尤其流行。对于相信其功效的人群来说，傩戏不仅是戏剧，更是一种祈福消灾的方式和祭祀答谢神灵的仪式。在贵州思南县的傩事活动中，不论是驱鬼治病还是祈福禳灾，也不论傩坛大小，请神祇或祖师的圣号是第一件大事。其中，地傩会上所请有"上洞梅山赵大王、中洞梅山李大王、下洞梅山胡大王。"②可见，梅山神是其重要的神祇之一。在湘西的酬神还愿的"杠菩萨"活动中，有一项是"猎户在猎获大量猎物的年成，冲傩以酬梅山"。③

梅山位于湘中地区的资水中游，西侧嵌入雪峰山北段的高山峡谷之中。其东面、南面虽有山地，但仅为雪峰山余脉，地理上已属第三级阶梯，在盆地与丘陵中间有较为方便的出入口。而且，梅山地区到湖南历代的行政、文化中心长沙的距离不到300公里。这样的地理位置使得梅山较早接触和吸收了丰富的儒家文化及其他宗教文化，相对于西南地区较早发展出一种经过融合的、保留了古老巫文化元素的、较为成熟的文化，即梅山文化。带有古老少数民族色彩的梅山文化与西南的许多少数民族在族源和文化上具有天然的亲近感。在地理位置上，梅山的南面与南岭相通，转而向西通向西南广大地区。伴随着政府对南方、西南的开发，梅山文化传向岭南和西南，并被广泛接受。梅山文化源远流长，其定型的过程和传播的范围充分体现了我国人口迁移、地域开发、各族群（民族）融合的历程，更体现了中华民族多元一体格局的形成过程与特点。

---

① 张泽洪：《中国西南少数民族梅山教研究的文化意义》，《宗教学研究》2010年第4期，第135页。

② 思南县民族事务委员会编《思南傩堂戏》，贵州民族出版社1993年版，第41页。

③ 李怀荪：《湘西傩戏调查报告》，载顾朴光、潘朝霖、柏果成编《中国傩戏调查报告》，贵州人民出版社1992年版，第72页。

湖南历代谱学及族谱修纂概况

陈　湘*

摘　要：历代以来，湖南是中国历史上族谱修纂极为普遍、谱学传统较为深厚的区域，特别是在清代、民国间，湖南各家族都能遵循“三十年一修”的传统，无无谱之族，亦无无谱之人。湖南族谱的内容及形式普遍优于其他省份。族谱修纂的普及也推动了湖南谱学的繁荣。

关键词：族谱；谱学；地方文化；地方文献

族谱是记载家族迁徙历史、家族成员间血缘关系及家族重要成员事迹、家族重要史料的文献，其中记录家族成员血缘关系的垂丝表、世系图是族谱的主要内容。古代学者往往以战国时的《世本》作为中国族谱之源。善化（今湖南长沙）贺熙龄《章池严氏族谱序》云：“王化之兴自人道始，人道之兴自收族始，收族之法自宗谱始。宗谱之学由来尚矣，周撰《世本》以辨诸宗，楚置三闾以掌王族。”① 《世本》相传为战国时赵国史官所作，内容主要记载黄帝以来至春秋时列国诸侯、大夫的氏姓、世系、居（都城或居处）、作（制作或发明）等。而今藏于大英博物馆的一块中国商代的甲骨，其上记录有商代武丁时期儿氏家族 11 代 14 人的名字。其

---

* 陈湘，湖南图书馆馆员。

① 贺熙龄：《贺熙龄集》，岳麓书社 2010 年版，第 26 页。

年代又远早于《世本》，可以说这是中国现存最早的记载家人血缘关系的文献。然而无论是商代甲骨还是战国《世本》，虽都记载血缘关系，但仍不是严格意义上的谱牒。

中国历史上真正意义上的谱牒应出现在魏晋南北朝时期。魏晋南北朝时期实行严格的门阀士族制度，一些两汉以来的世家大族发展为门阀士族，并与皇族一起掌控着国家政治、经济大权，而"九品中正制"正是那时门阀士族制度最集中的体现。为防止庶族冒充士族或已经式微的士族进入国家最高统治阶层，政府要求必须由官府主持修纂全国或某郡所有门阀士族的谱牒，列举每一士族的郡望、主要成员、官爵及血缘关系等，以确立该族是否为士族以及士族内部的高门与卑门之分。"有司选举，必稽谱籍而考其真伪""官之选举，必由于簿状；家之婚姻，必由于谱系"（郑樵《通志·氏族略序》），谱牒也就成为政府选举、士族出仕、门第婚姻的唯一根据，其作用之重可想而知。

魏晋南北朝、隋唐的谱牒仅限于士族阶层，或为官纂的多姓士族族谱，如唐代《天下郡望氏族谱》，按州郡记录每郡的望族；或由某个士族私纂的单姓家谱、家传，如《通志》所载《颜氏家谱》《虞氏家谱》等。在这一时期，湖南远离国家政治、经济、文化中心区域，没有产生过能进入国家统治阶级核心的世家大族，因此也就没有产生过族谱。《（光绪）湖南通志·艺文志》载有晋代临沅《廖氏谱》，称据《舆地纪胜》及《抱朴子》所载。临沅今地属常德。今查《抱朴子·内篇》，其中仅称"廖氏家"，并未称廖氏谱。应是《（光绪）湖南通志·艺文志》所引有误。①

一、宋元湖南族谱概况

宋代是中国族谱的转型时期。经过唐末五代连年战乱，原来的西北、中原门阀士族受到极大打击并大量消亡，形成大规模的民族融合、氏族迁徙，以往官修望姓士族族谱多失修或失传，已失去存在的价值与意义。在宋代，地主阶级内部已无士庶之分、门阀之别，而是崇尚当朝冠冕，取当

① 李瀚章等修《（光绪）湖南通志·艺文志》，岳麓书社2009年版，第4975页。

时官爵高下为等级。

宋代官府已不再设立官谱局修纂官谱，各家族各以所闻，各自为谱，纯属各家族私自行为。族谱之功用也发生了根本性变化，由“别选举、定婚姻、明贵贱”的社会政治功能转化为“尊祖、敬宗、收族”等伦理道德教育功能。宋代经济的发展及雕版、活字印刷术的发明与完善，特别是欧阳修、苏洵的谱学思想及其创举的谱例、谱式，成为以后历代各族族谱的主要范本，为民间修谱从内容至形制奠定了基础。宋代陈振孙《直斋书录解题》著录当时长沙丁维皋曾撰有《皇朝百族谱》一书，周必大为之序，作于宋高宗绍兴末，仅得一百二十三家，缺遗尚多。① 宋代王应麟《玉海》也称该书自皇朝司马以下百官族姓皆推源流、疏派别，志名字爵位，录世谱家传及行状、神道碑之类。是为宋代湖南人所纂唯一一部全国性总谱。今已失传。

宋代湖南各姓氏族谱见于典籍者并不丰富，张栻《南轩先生文集·跋濂溪先生帖》载道州濂溪周敦颐家庭曾修纂家谱并刊刻于石，云：“右濂溪周先生二帖。某来桂林，迩先生之乡，因乡之士何士先来访，属以考寻先生旧迹。已而胡良辅持此二帖及家谱石刻来。”② 张栻所见当为家谱石刻拓本。宋代各姓氏所纂多为家谱，所录人口不多，篇幅简略，便有镌刻于石的可能。江西吉州庐陵（今江西吉安）欧阳守道《巽斋文集》卷二十一有《题醴陵李氏族谱》，指出醴陵李氏族谱“祖仕于秦既并天下之后”，而“孙显于六国尚存之前”之误，并对其谱尊老子为祖不以为然，希望李氏“殁者慎终追远，存者严庙祀、保坟墓，亲亲以睦，正伦理，笃恩义，姑断自此以下，而子子孙孙勿替引之则亦已矣”③，而不必好高骛远。又《巽斋文集》卷十九《书欧阳氏族谱》云：“予前后所见同姓诸谱，但在庐陵诸邑者已六七本，各巨帙细书，至邻郡清江、宜春、长沙同姓，亦各有谱，往往出以相示。”④ 说明醴陵李氏、长沙欧阳氏皆曾修纂族谱。

① 陈振孙：《直斋书录解题》，上海古籍出版社 2015 年版，第 230 页。
② 张栻：《南轩先生文集》，岳麓书社 2010 年版，第 817 页。
③ 曾枣庄编《宋代序跋全编》，齐鲁书社 2015 年版，第 5491 页。
④ 曾枣庄编《宋代序跋全编》，齐鲁书社 2015 年版，第 5479 页。

湖南易氏族谱中有南宋开禧年间（1205—1207）宁乡易祓修纂族谱的记载。易祓（1156—1240），字彦章，号山斋，宁乡人。南宋孝宗淳熙十二年（1185）殿试第一，宁宗开禧元年（1205）除左司谏兼侍讲，二年（1206）进讲《论语》，三年（1207）因附和韩侂胄北伐之议而被贬融州，嘉定九年（1216）移衡州，得旨自便。十三年（1217）复原官，理宗宝庆三年（1227）封宁乡开国男，嘉熙二年（1238）告老，四年（1240）卒，年八十五。所纂之谱早已不传，但谱序见载于各地易氏族谱中。①

《古今图书集成》卷280录有欧阳修《衡阳渔溪王氏谱序》，称“嘉祐五年，在辛丑，七月初吉，予坐六一堂，适长沙之湘东有文学士曰王永贤者谒，出其谱，属予序之，且曰吾王氏系出琊王之后，其族显于真定，而支衍于江南”。今人多据此收入《欧阳修全集》。② 据此序，渔溪王氏族谱纂于嘉祐五年（1060），几乎与《欧阳氏谱》同时。然欧阳修号“六一居士”在熙宁三年（1070），距此尚有十载。故此序疑为假托。光绪《湖南通志·艺文志》所载宋代湖南各姓族谱仅衡阳颜学廷撰《颜氏家谱》1种，有文天祥序，然今查《文天祥集》各种版本，皆无此序，应为伪托。

元代虽是少数民族统治，但时间较短，中国传统的宗族制度并未受到冲击，反而因华“夷”杂处，使得民间修谱更显迫切。元代浏阳欧阳玄《庐陵中州刘氏族谱序》云：“前代艺文志，载郡县氏族书甚多。士君子若唐路氏、宋吕氏明谱牒之学，学者亦不乏人。近世氏族书散失，士于谱学无闻。中州故家，屡更兵燹，仕者投牒天官，曾大父、大父或犯其讳，其族谱可知矣。江南内附，多不烦干戈，承平既久，冠盖之族，幸遭明时，涵濡深仁，往往治其家谱。不知者以为一家之私事，知者则以升平之气象可观于此。”③ 序中所称“江南”，应包括今长江以南江苏、浙江、安徽、江西及湖南地区。

宋元各私修族谱今已不多见。据《中国古籍善本书目》，宋元族谱今存世者约20种，安徽谱即占一半，其中并无湖南族谱。虽然有大量湖南氏

---

① 上海图书馆编《中国家谱资料选编·序跋卷上》，上海古籍出版社2013年版，第100页。
② 张春林编《欧阳修全集》，中国文史出版社1999年版，第417页。
③ 欧阳玄：《欧阳玄集》，陈书良、刘娟校点，岳麓书社2010年版，第73页。

族自称宋代即已修纂族谱，但由于族谱普遍存在攀附华胄，伪造始迁现象，因此我们对湖南各氏族所谓宋代、元代修谱之记载亦多有存疑。

二、明代湖南族谱概况

明代是中国族谱的定型时期。明代湖南族谱原物几乎全部失传，我们只能根据明代湖南族谱的序文来了解撰序人的谱学思想或当时湖南族谱的编纂概况。

（一）明代湖南的谱学

明初茶陵刘三吾《刘坦斋先生文集》，收录谱序6篇，其中《段氏谱牒序》《龙氏族谱序》《陈氏族谱序》《周氏家乘序》《罗氏家世传》皆为茶陵氏族所作。其《周氏家乘序》云："宗族以伦理之疏戚为等，世系以祖宗之昭穆为差，故族必有合而后相亲，世必有系而后不散。如物理之相亲者为比，而其不合者为睽也。不观诸鸟兽鱼鳖乎？翔而集者，必其群而后止；跃而潜者，必其队而后定。矧天叙天秩，在人而无伦理之合、世系之纪？其忘本始，蔑人道甚矣。"① 《陈氏族谱序》云："呜乎！繇之三族观之，其初本昆仲一气所分也，今之子孙有能视同一气者乎？久矣，五宗九两之礼废矣！五宗废，世绪亡；九两废，族系散。学士大夫所以支缀其族，有谱牒存焉。"② 刘三吾（1313—1400），原名如孙，字三吾，自号坦坦翁，茶陵人。仕元为广西静江路儒学副提举，明洪武十八年（1385）诏对称旨，授左赞善。二十一年（1388）升翰林学士。刊定三科取士法，为御制《大诰》《洪范注》作序。三十年（1397）主考会试，以会试多中南人，坐罪戍边。建文初（1399）赦回，旋卒。

茶陵李东阳序谭玉瑞纂《茶陵谭氏族谱》云："盖自宗法不行于天下，士大夫始以家谱代《世本》，然惟其族之贤者有之。及派演而指众，亦惟其人之贤者而后不废。顾兵燹之摧剥，道途之遗失，或郡得一族焉，或族

① 刘三吾：《刘三吾集》，岳麓书社2013年版，第34页。
② 刘三吾：《刘三吾集》，岳麓书社2013年版，第34页。

得一人焉。其幸存而未泯者，诚不可忽而视也。夫谱存，则祖宗之名系行业皆可考而知，可据而守。孝弟之心，不容以不生，念祖修德、显亲扬名之行，有不容已者，其于伦理名教实亦有助焉。知存者之有助，则知亡之者之不能无责也。世之亡其谱者，不能以尽责，而亦有不足责者。然则不于士大夫之贤，其谁望乎？”① 认为族之传不传，谱之存不存，实得力于族人之贤不贤。又李东明序嘉靖间茶陵谭时中、谭时用纂《茶陵谭氏族谱》云：“余维谱者，纪世族，昭世德。世族者，易而靡定，如天道之运行如上，寒暑往来，剥复相继，世德者，据而可久，如源泉之流行于地，江淮河汉，今古不息，理数应尔。大抵气厚者，发必畅，根深者，枝必荣。是以古之君子必敦德以绵族。”② 认为族谱不应只“纪世族”，而更应强调“昭世德”“敦德”才能“绵族”。李东阳（1447—1516），字宾之，茶陵人，其家以戍籍居京师，生于京城西涯，人称西涯先生。明天顺八年（1464）进士，历官太常寺少卿、礼部右侍郎兼侍读学士、太子少保礼部尚书，兼文渊阁大学士。明武宗立，受顾命，加少师，兼太子太师吏部尚书华盖殿大学士。诗粲然自成一派，为一代之宗，时称“茶陵诗派”。

湘潭罗汝怀《湖南文征》卷四十八录长沙杨廷相有关姓氏、谱牒短文《原始姓》《原迁始》《原始谱》《异姓登谱》《谱戒》等七篇。杨廷相，长沙人。嘉靖三十一年（1522）举人。《湖南文征》“姓氏传”引县志称其“少力学，博通经史。世居青山，即以其地为号。结庐晦迹，足不履市廛”。

（二）明代湖南的族谱

明代湖南家谱见诸《（光绪）湖南通志·艺文志》者有益阳刘宪撰《刘氏家谱》、茶陵谭时中撰《谭氏家谱》、茶陵谭玉瑞撰《谭氏家谱》，衡山茹瑺撰《茹氏家谱》、零陵蒋向荣撰《蒋氏家谱》、永明蒲彪撰《蒲氏家谱》、永明周鹏撰《周氏家谱》、桂阳朱克宽撰《朱氏家谱》共8种。

---

① 李东阳：《李东阳集》，岳麓书社2008年版，第953页。
② 李东阳：《李东阳集》，岳麓书社2008年版，第963页。

1991 年《中国古籍善本目录》著录历代家传、族谱、玉牒共 746 种，其中明代族谱 439 种，而明代族谱中湖南族谱仅 1 种，即今湖南图书馆所存《长沙青山彭氏会宗谱》，该宗谱为彭泽修纂，明正德十五年（1520）刻本。彭泽（1459—1529），字济物，号幸庵，兰州卫（今甘肃兰州）人，明弘治三年（1490）进士。历官右都御史、川陕总督、左都御史、兵部尚书、太子太保，谥襄毅。前有正德七年（1512）礼部尚书文渊阁大学士李东阳、吏部尚书华盖殿大学士杨廷和、礼部尚书武英殿大学士费宏序。由此谱可知：（一）明代族谱仍为雕版印刷，不似清代、民国族谱普遍采用木活字。（二）明代族谱体例较为简略，如《长沙青山彭氏会宗谱》除支系图外，仅序跋数篇，不似清代、民国族谱内容完备。（三）明代族谱可委托精于谱学之外族人代为修纂，不似清代、民国间修纂族谱为一族之事，秘不示外人。（四）明代族谱版幅较大，不似清代、民国之谱，因族人增加、内容扩充，为节省成本而版幅愈趋愈小。

三、清代及民国间湖南族谱

清代及民国是中国族谱完善及集大成时期，其数量之多，质量之高，内容之丰富，卷帙之繁，为中国历代族谱之最。统治阶级意识到族谱在维护其统治制度方面所发挥的“防微杜渐”作用，鼓励甚至强迫民间修谱。

（一）清代湖南的谱学

清代湖南各家族都将按时续修族谱列入家规族训中，如清道光十四年（1834）湘乡《黄塘陈氏续修族谱》“家规十六条”，其中第二条“修谱牒”云：“祖先世系、子姓昭穆、生配死葬可稽者，赖有谱；文章德行、勋烈节义可考者，亦赖有谱。百代同宗，千里相亲，屡经迁徙，了如指掌，非谱曷以乎？吾族续修此举，几至废寝忘餐，唇焦颖秃，始克成功。此后当议定五十年一修，庶不致前功枉费，使子孙之贤者起孝思、动景行，端在乎此。是所望于后之兴起力行者。”

清代早期，湖南民间已将族谱提高到与国史并重的地位，如清乾隆五十七年（1792）宜章《谷氏族谱》序云：“国有史，郡邑有志乘，家有谱，体例虽不同，其所以考核源流、备陈钜细，则一也。盖一姓之通谱犹国史兼括无遗也，开派之宗谱犹郡志统所属也，分支之族谱犹一邑各详事迹也。前有以合之，后有以分之，理固宜然势所必至。”1937年《益阳潘氏族谱》载旧谱凡例称：“谱牒与国史无异，史载一国之事法，主彰善瘅恶；谱详一本之亲，记善而不记恶。”以致当时无无谱之族，无无谱之人。谱牒学再次成为一门专门学问。

清代湖南产生了许多在全国较有影响的谱论及可传世谱牒。如曾国藩《南岳旷氏六修谱序》云：“夫家之有乘，犹国之有史也。而吾谓家乘与国史，实同而异。国史有褒有贬，有美有刺，有录有不录。至家乘，则虽有亲疏贵贱等级之不同，然无不敬之宗，即无不牧之族。盖国史以义为断，而家乘以仁相亲。支分派别，木本水源，余维旷氏谱为尤得合敬同爱之微意焉。”①针对苏氏谱法“详吾之所自出”，衡阳彭玉麟《长沙河西刘氏族谱序》云：“既高曾祖父，吾所自出也，高曾祖父所自出，独非吾所自出乎？吾详吾所自出，尊吾所自出，高曾祖父独不欲详其所自出，尊其所自出乎？详吾所自出，尊吾所自出，吾心安焉。高曾祖父所自出，弗详而弗尊，高曾祖父之心得毋未安乎？吾求吾心之安，而不能推吾心以及于高曾祖父之心，而使之皆安，岂孝子仁人所乐闻乎？”② 因此认为苏氏“第详吾所自出，尊吾所自出，自高曾五世而止”的做法是“知谱之意而法未谨”。

谱学理论精湛并切实践行者则为湘阴郭嵩焘及浏阳谭嗣同。清咸丰七年（1857）郭嵩焘续修《湘阴郭氏家谱》，谱凡十卷：卷一至五世系，卷六墓图，卷七碑记条规，卷八传状志铭，卷九杂述，卷十行派纪世图。郭嵩焘的谱学思想主要体现在其所撰《例言》中。因旧修自得姓祖虢仲、虢叔以下世派具详，难免颠倒年代，牵率附会。新修仿欧阳氏例，断自始迁祖姚山府君。族姓渊源可考见者，仅在例言中略为著录。针对苏氏谱法“详所自出”，郭嵩焘新修“录始于亲者，而后推及于疏且远者，其详略则均焉。苏氏详所自出，盖以小宗法自系其世，余皆附见诸谱。以主修者详

① 《曾国藩全集·诗文》，岳麓书社2012年版，第202页。

② 彭玉麟：《长沙河西刘氏族谱序》，清光绪三十三年天禄堂刻本。

所出，是私也，诬其先人者也”。由于湘阴郭氏自明万历始迁至续修时，见丁不逾八十人，披图按牒，一览可知。故郭嵩焘续修时不复为“世纪”（即垂丝图）。“其通籍有名迹者传、状、志、铭，以次著录，盖又专法欧阳氏而稍变通其例也。”又于例言中一一说明墓图、碑记条规、传状志铭、杂述、行派纪世图的立类原因。①

潘光旦《中国家谱学略史》云：“近代于谱学稍有发挥而可供我辈参考者，则有章学诚、纪昀、沈炳震、沈钦韩、朱次琦、谭嗣同数家……谭浏阳于就义前四年，尝作《浏阳谭氏谱》四卷，并为之叙例，叙例文雅驯可诵，所论亦赡详，以为前作家所罕及；首叙谱学史实大要，次及谱学与宗法之关系，复次论谭氏之由来，复次言谱之方法与意义，其体例措辞，盖已稍稍沾染新法矣。”

清光绪二十年（1894）仲冬，谭嗣同纂成《浏阳谭氏谱》四卷，“凡为世系十、图十、家传十三，叙例目录终焉”。谱今不见传，但我们可从《浏阳谭氏谱叙例》略见其谱学思想。《浏阳谭氏谱叙例》首论中国谱牒史，云：“五季云扰，斯义用沦。千余年来，官书充秘阁，日孳乳至不复可容，目录家并肩林立，收四部书无算，犹称多所未觏。犹谱牒奄然阙焉。郑渔仲作《通志》时，尚著录谱牒百七十部，然率存空目，故《四库全书总目》竟削谱牒一门。”次论宗法与谱牒关系，云：“天下祸乱相寻，不知所届，由亲亲之谊薄，散无友纪，而宗法不行于今也。宗法不行，宗法之不明也。使无谱牒，又乌从明而行之？是足为宗法之本焉。”又论历代谱牒异同与意义，云：“今世谱式横而左行者，云始欧阳氏，名欧谱；纵而下行者，云始苏氏，名苏谱。虽纪文达不能不援用为谱，其实皆图表也，非世系也。……世系或易紊，又质之以图，古书之繁博者，类为图以杜讹夺，使得据以勘校，非为人省烦，而遏其寻汲之勤也。……六朝以图谱名局，则图尤谱所必重。世系若干篇，篇皆有图。”“谱牒之学，有大蔽二。一曰攀附。遥遥华胄，流为讥谑，郭崇韬、狄青所由判贤否也。一曰夸大。虽孝子孝孙之心，称美不称恶，其体比于鼎铭。然既不为王允之自

① 郭嵩焘：《郭嵩焘全集·史部二》，岳麓书社2018年版，第340页。

贬所天，亦不当如阳休之贿佳父传，贤而勿伐，庶几既美其所称，又美其所为也。乃或非所出而腼属之，非所有而横诬之，失各不同，其为不仁其先则同。”①

（二）民国湖南的谱学

民国时期，延续了数千年的中国传统家族制度开始受到前所未有的挑战。一些资产阶级革命派曾提出改家族主义为国族主义的口号。五四运动中，一大批激进的民主主义者掀起了批判宗法制度和宗法思想的浪潮。一些家族也因时而异，对族谱内容进行一定增减，如家训中删除《圣谕十六条》之类而增加民国法律，家规类废除族内私刑而强调法制。一些族谱中甚至出现了男女平等、婚姻自由的内容。然而民国时期各种新观念、新思潮对于传统宗族制度的冲击毕竟有限，中国传统宗族制度并没有发生根本性的改变。族谱的重要并未受到质疑，民国间族谱的修纂活动也未因国体改变而受到影响，如1920年邵阳《洞霞尹氏三修族谱》序云：“家之有谱犹省郡之有志、国之有史也。志不修，无以通山川风俗、文献物产之故；史不修，无以知兴亡治忽、得失贤否之由。谱不修，无以明原委异同、长幼亲疏之义，而数典忘祖之讥、渎宗紊伦之弊、悖逆之萌、戕贼之祸将迭起丛生。一族如是，积而一县一省一国如是，此大乱之道也。谱之关系何如其重切哉。顾谱作于承平之时，激发族人之天良，使之日迁于善，固不可缓；而当兵事乱离、时局泯棼之会，敬宗收族尤不可须臾缓。”1947年岳阳《方氏族谱》序云：“宗族为国族之基层，故讲国族主义者，舍宗族莫由此。国父所以有合家族为国族之遗训，而宗族之传不乱，子孙皆知其所自始者，则赖谱牒以维系之。”民间修谱活动反而因战祸频仍、社会动荡而愈显重要。如1930年长沙《云田刘氏三修族谱》序云：“自古国有国史，家有家乘，虽编纂各殊，其关于血统之盛衰、民族之存亡，用意一也。故中山先生谓国族之大团体，必由家族宗族之小团体集合而成，是家族、宗族为国族之集合体，昭昭明矣。然国无史册不足以维护其民族，家

① 《谭嗣同集》，岳麓书社2012年版，第59页。

无谱牒不足以维系其血统，是家乘之与国史不綦并重乎？……民国改元，战祸相寻，兵匪之蹂躏、经济之压迫，相煎而来，中人之产转瞬即破，流离转徙以图生存者在所不免。若不趁时搜辑，则生没葬配恐日久愈散漫而无从稽考矣。”

一些家族甚至以东西文明交流日繁、新思潮日盛而作为修谱理由，如1916年浏阳《浏邑童氏族谱》序云：“环球交通，群尚竞争，静观世界列强，各顾其种，各卫其族。洎有文字开通，学校教育，而文明日进，递我华夏四万万同胞不忍神州之陆沉、族种之亡灭，于是变专制为共和，易君主为民国。乃丁世界风潮日甚，竞争日剧之时，染洋夷之腥羶，崇欧美之习尚者，往往溺于平等平权之说，而长幼莫明，亲疏莫辨，安望其能保存种族乎？夫欲保存种族，则必明长幼、辨亲疏。明长幼、辨亲疏又在于修谱牒，而我族谱牒之续修其可容缓哉。”

（三）清代、民国间湖南族谱修纂概况

由于清代与民国湖南族谱内容及形式皆无太多差异，故此处综合论之。清代、民国时期也是湖南族谱的鼎盛时期，清代钟琦《皇朝琐屑录》称：“蜀、陇、滇、黔诸省于谱牒茫然不解，殊属疏漏鄙俗，两浙、两江、两湖诸省，崇仁厚，联涣散，各村族皆有谱牒。”今湖南图书馆所藏七千余部湖南族谱，除正德《长沙青山彭氏会宗谱》一种外，皆为清代、民国及当代族谱。

清代及民国间，湖南各家族多能遵循“三十年一修”的原则。如1916年长沙、宁乡、湘阴《彭氏续修支谱》凡例云：“谱议三十年一修，如越三十至四、五、六十年，其中必有遗忘，实难查叙，不孝孰甚。”湘潭留田王氏族谱，于清乾隆七年（1742）、乾隆三十七年（1772）、嘉庆九年（1804）、道光二十年（1840）、光绪六年（1880）、宣统三年（1911）、1947年共七修，多以三十多年为限。

民国时期一些族谱因受志书影响，多采用近代统计方法制作表格，类目、类名也向志书转化。如1918年湘阴《任氏家谱》释例云：“世俗谱皆以世系为主，所有祖训、祠图、祠规、礼义、刑律及世系图皆连缀卷首，

殊乏体裁，令人倦览。近世踵事日增，各大家咸取裁史志分门别类，一览了然……故一改旧谱之式，于条中斟酌损益，别为综目十二，曰：源流考、世系、祠祀、茔墓、训诰、选举、人物、礼义、艺文、杂志、订疑、补遗。”1946年《邵阳洞下陈氏六修宗谱》，分世典谱、宗支谱、居址谱、祠宇谱、丘垅谱、闻望谱、别录谱共七纲二十八目五十卷，书前各纲及卷末后序说明类目设置原因及其内容。1933年《湘潭泉冲王氏五修族谱》四十卷首一卷末一卷，分为本原志、旧章志、世德志、茔域志附茔域检查表、祠庙志附祠庙墓庐公屋一览表、箴规志、礼节志、教育志、著述志、公田志、契约志、义举志、惠泽志、水利志、交涉志、拾遗志、字名卷页年龄派系绝房检查及男丁统计表、同名表、年代生死族事纪要表、妇所出女所适姓氏一览表、嫁聚人数比较表、职业统计比较表、历修人口比较表、平均年龄比较表、阴阳历对照表、派系录、于归代聘录、式榖录、殇葬录、待征录、裕后录、全归录、修撰始末记。其列目之详备，谱牒研究专家杨殿珣也为之赞叹不已。

即使中华人民共和国建立初期，湖南民间修谱活动仍少量存在，如1950年郴州《李氏十修族谱》；1950年《邵阳梅塘贺氏四修族谱》；1952年邵阳《银录朱氏五修族谱》，卷首沿用四修，不另刊新的内容。1950年益阳《盛氏七修族谱》序云：“自社会经济改观，祭产无所凭借，设局修谱诚非易事。”随着全国性的土地改革运动，旧的宗族制度被打破，作为其组成部分及表现形式的族谱遭到毁弃，延绵了千余年的民间修谱活动也因此彻底停顿下来，直至二十世纪八九十年代才稍得以恢复。

湖南历史人物研究

蔡元定谪永州及其影响研究

张官妹*

摘　要：南宋蔡元定是著名理学家，他一生追随朱熹，创建理学，在学术研究上取得许多成就；宋庆元党禁时，被贬在湖南道州（今湖南永州道县），最后客死道州，蔡元定去世后道州人民建祠纪念，足见他在当地影响之大。

关键词：蔡元定；贬谪；道州；社会影响

蔡元定，南宋建宁府建阳县（现为福建南平市建阳区，建溪上游，武夷山南麓，另称潭城，是福建省最古老的五个县邑之一）人，字季通，号西山，谥文节公，生于宋绍兴五年十一月十一日（1135 年 12 月 7 日），卒于宋庆元四年八月初九（1198 年 9 月 11 日），享年 64 岁。蔡元定一生追随朱熹，在理学上有所成就。尤其是在庆元党禁时期，被贬湖南道州（今湖南永州道县），多有为民的事迹，并在当地颇有影响。

一、蔡元定其人与学术成就

蔡元定从小聪颖过人，8 岁能诗，现《四库全书》收录他所作的《麻沙八景诗》八首；10 岁已记日记千言；17 岁时其父蔡发病逝，他遵照父

* 张官妹，永州职业技术学院教授，湖南科技学院客座教授。

亲的教诲，到家乡的西山山峰上建屋，刻苦攻读，他对天文、地理、礼乐、兵制与历数，都有涉猎、深入钻研，并能融合贯通。25岁时蔡元定到崇安五夫（今福建省武夷山市五夫镇五夫村）拜朱熹为师，朱熹“扣其学，大惊曰：此吾老友也，不当在弟子列”，① 对他进行考询后，大感惊奇，觉得蔡元定的学识不应是以弟子之称，而是在师友之间。“凡性与天道之妙，他弟子不得闻者，必以语元定，四方来学者，熹必俾先从元定质正焉”，② 各地学生来投学朱熹，朱熹先让蔡元定考查认可后，方能入学朱熹门下；凡讲解各书中深奥义理时，学生难以领会，必先与蔡元定商讨。正因朱熹对蔡元定学问的赏识，他们相学相研长达四十年。

宋乾道五年（1169）九月，朱熹七十岁的老母祝氏夫人病殁，次年正月，朱熹为给相依为命的慈母寻找安息地，与精于风水的蔡元定一同择地，“朱文公与蔡西山先生共定天湖阳地”，最终选定建阳崇泰里（今莒口镇）后山天湖之阳的寒泉坞，朱熹将母葬于天湖之畔（今马伏良种场后）的目的是要使山水林泉永远相伴先妣亡灵。朱熹为了给母亲守孝，于宋孝宗乾道六年（1170）在墓旁建了数间草房，将草堂取名为“寒泉精舍”。每月朔日（初一）、望日（十五）祭奠，后世常以“寒泉”喻子孝其母。朱熹在此隐居六年，过着守孝、授徒、著述的生活，朱熹先后著作了《西铭解》《论语精义》《太极图说解》等巨著，还完成了史学著作《资治通鉴纲目》。蔡元定也在此与朱熹一起相学相研。淳熙二年（1175）四月，“东南三贤”之一的吕祖谦来到建阳寒泉精舍访朱熹，与之相聚一个半月，蔡元定与他们共同研讨，反复切磋，参与修订完成了理学的入门书——《近思录》十四卷，《近思录》是我国第一部哲学文章选集，也标志着朱熹理学思想的成熟。

“寒泉精舍”建成不久，乾道六年（1170）朱熹路过建阳县崇泰里云谷山顶峰，感到云谷山水清幽，又与蔡元定家不远，便委托蔡元定在云谷建草堂，朱熹在《与蔡季通书》中说：“自五夫西南来犹八十余里，以故

---

① 郭子章：《蔡子传·蔡氏九儒书》第2卷，《四库全书存目丛书》第346册，齐鲁书社1997年版，第1页。

② 黄宗羲：《西山蔡氏学案》，《宋元学案》卷62，清道光刻本，第1101页。

他人绝不能来，而予亦岁不过一再至，独友人蔡季通家出北二十余里，往来其间，自始营葺，皆其为也。”草堂于宋淳熙二年（1175）七月建成，共三间，取名为“晦庵”，后名“云谷书院”。朱熹外地任职时，蔡元定、范德念、刘爚、刘炳、廖德明、吴公济等人在此讲学。蔡元定在云谷山帮朱熹建“晦庵草堂”的同时，于淳熙二年（1175）在离云谷山八里的西山筑室结庐，建石门城围，设“疑难堂”，后名曰“西山精舍”。“西山精舍在建阳崇泰里浑头林地方，西山与云谷对峙，四面壁立，山顶平旷，有前湖后湖，四水归内。”西山“疑难堂”与云谷山“晦庵草堂”“两灯相望，往来讲道”，两堂遥遥相对，夜间悬灯相望。蔡元定与朱熹约定，若学研有疑难之处，则以悬灯为号，灯暗则示学习有疑难，第二天就往来相互切磋研讨。后来朱熹迁址考亭，蔡元定“亦卜筑后山里舍，相依往来，讲道无虚日”，每次拜访朱熹，朱熹必留他通宵达旦讲论数日。

蔡元定少朱熹六岁，早朱熹一年逝世，从他25岁投学朱熹开始，与朱熹相学相研四十年，被朱熹视为讲友，是朱熹理学的主要创建者之一，被誉为“朱门领袖”“闽学干城”。他在《临终别文公书》中说：“定辱先生不弃四十余年随遇，未尝不在左右。”蔡元定既是朱熹最得意门生，也是亲密的朋友，在教学和著述上，蔡元定是朱熹的得力助手。蔡元定若有见解超越于朱熹的，总是倾诚相告，据理分析；凡经书深奥冷僻的词句，蔡元定过目大多都能理解。朱熹赞称：“人读易书难，季通读难书易。”朱熹注解《四书》和撰写《伊洛渊源录》《诗集传》《近思录》《通鉴》等著作，均与蔡元定共同参订修成。《易学启蒙》一书，蔡元定起稿至“论易”。朱熹对《河图》《洛书》《皇极经世》的研究，都从蔡元定的独到见解中受到启发。蔡元定的学生翁易称：晦翁（指朱熹）注释诸书，因先生（指蔡元定）辨论所受启发之处不少。其对《论语》《孟子》《大学》《中庸》和“六经”等书的讲论，与朱熹并驾其趋之功。朱熹指出：与蔡元定“交游四十年，于学无所不讲，所赖以祛蒙蔽者多”。朱熹晚年把自编的蔡元定与自己讲论学术的言论称《翁季录》，朱熹得知蔡元定逝世，仰天大号，说：“若折左肱而失右臂，呜呼，吾道其终穷矣乎。”① 可见蔡元定对朱熹理学理论所具有的股肱之力。朱熹众多著作里都包含了蔡元定的许多思想，蔡元定把自己的思想注入了朱熹的著作中，并始终以学生之礼尊奉朱熹，他在学术研究上的无私奉献成就了朱熹成为孔孟之后中国伟大的理学家。蔡元定的学生翁易说：“季通先生著述多谦让寄寓于熹集中，此见有功于晦庵甚大。”蔡元定、朱熹这种在学术研究上的契合交融共存，创建自孔孟之后的理学，成为中国哲学思想史上又一座高峰。

蔡元定与朱熹不同的是，朱熹一直都在朝廷任地方官，只是到晚年被罢职辞官还居建阳考亭。蔡元定一生没有涉及仕途，年四十就不参加科考，在西山著书立说。南宋淳熙十五年（1188），尤袤、杨万里、赵汝愚三人同时举荐蔡元定，将蔡元定的《律吕新书》推荐给朝廷。尤袤《荐蔡元定章》说西山“学识非人所能及者，诚圣世之真儒，后学之师表也，陛下若起元定而用……必能光昭圣德，为国家立万世无疆之业”。杨万里说“蔡元定性质豪迈，器识宏深，道德文章足以仪刑于当时，著书立言足以垂范于后世”。朝廷召其进京，但他以身体有病疾为由，坚决辞请不去做官。

蔡元定不仕，居住在西山读书讲学，他博览群书，精研易学，潜心著书立说，对中国文化的各种学说都有所涉猎，并有深刻理解和独到的见解，真正做到了中国文化士人对中国传统文化各种学说的精确掌握和精深研究。他不仅与朱熹“疏释六经语孟学庸之书，每有洞明自得之妙”，而“又且深通兵法、精晓律历”。李士英在《叙西山言行录》中说蔡元定“尤长于天文、地理、乐律、历数、兵阵之说。凡古书盘错肯系，学者读之不能以句，先生耙梳剖析，细入秋毫，莫不畅通”。郭子章在《蔡子传》载：西山先生“所著有《大衍详说》《律吕新书》《燕乐原辩》《皇极经世》《太玄潜虚指要》《洪范解》《八阵图说》”。《四库全书》收其著作《律吕新书》《律吕本原》《发微论》和《皇极经世》等。蔡元定所著《皇极经世》，对邵雍的学术思想作了深入研究，详细地阐述其学术思想的精

① 朱熹：《祭蔡季通文·蔡氏九儒书》第 2 卷，《四库全书存目丛书》第 346 册，齐鲁书社 1997 年版，第 169 页。

细之处；《律吕新书》和《燕乐原辩》对中国古代音乐进行了深入的创新研究，是中国音乐史上的名著，也是研究中国古代音乐的重要著作。燕乐宫调理论是一个疑难而复杂的问题，主要是宫与调的位置对换、排除“为调式系统，确立之调式系统”等，为了解决转调时音阶形式的统一问题，蔡元定在深入宫乐和民间音乐的基础上，创建了“十八律理论”。“蔡元定主张在用三分损益计算方法，求得了十二个半音之后，不能就此停止；还用同样的方法计算下去，直至得到了十八个半音为止。”这就是中国古代音乐史上最著名的十八律理论，他在理论上合理地解决了三分损益的转调问题，从而使三分损益律的理论达到了更加完善的地步，因之有着一定的科学价值①，也有很强的现实使用价值。《八阵图说》一书，通过对旧本《八阵图》的潜心详细研究，探明阵法道路，并进行注释，不仅是研究古代战争阵法的重要著作，对现当代战争所采用的棋王布阵也有重要启示作用。

蔡元定学生翁易在《蔡氏诸儒行实略》中载：绍熙四年（1193），蔡元定西游湖北襄阳、汉口，再沿淮河、泗水经南京到达都城杭州，当时“朝之贤大夫无不远迎，新炙其德，与诸君游西湖”，朝中贤大夫“皆力言于朝，而备行焉，先生闻之夜航以归”。蔡元定听说要他到朝中为官，连夜驾小船离开都城杭州，回到建阳，仍回到西山筑室，准备在西山度终身。蔡元定是南宋著名的理学家、律吕学家、堪舆学家，集中了中国文化中许多的学问，可以说是一位全才。

二、蔡元定被贬谪之过程

南宋庆元党禁的起因是韩侂胄与赵汝愚之间的权力斗争，赵汝愚尊崇道学，他把朱熹引荐给宁宗皇帝的老师，韩侂胄从排斥朱熹及门人开始打击赵汝愚。起始的时间是绍熙五年（1194）闰十月，韩侂胄以内臣的有利条件，出内批罢黜朱熹，接着在庆元元年（1195）二月，罢黜赵汝愚的右丞相之职，庆元元年（1195）七月御史中丞何澹上书请禁道学，宁宗将这

① 杨荫浏：《中国音乐史稿》，人民音乐出版社1981版，第442页。

一奏疏张榜朝堂，开始了对道学的清洗。十一月，监察御史胡纮诬陷赵汝愚：欲使太上皇光宗复辟为绍熙皇帝。赵汝愚被贬放永州（今湖南零陵区）安置。在贬谪的路上，赵汝愚得了病，大夫却误投以寒剂。舟过湘江时，正是严冬时节，风雪交加，他的身体又寒气表里相侵，没多久就不能饮食了。庆元二年（1196）年初，行至衡州（今湖南衡阳），州守钱鍪对他进行了百般羞辱，正月十八日，赵汝愚身亡衡州。赵汝愚已死，朱熹成为韩党进一步打击邀功的对象，监察御史沈继祖列举了朱熹不忠、不孝、不仁、不义、不恭、不谦等十大罪状，还捏造了朱熹“诱引尼姑，以为宠妾”的桃色谣言，朱熹落职罢官。庆元二年（1196）十二月党禁正式发生，朝廷权贵对理学掀起了一场史上罕见的残酷清算，诬蔡元定为朱熹的左右羽翼之罪，贬湖南道州编管，这次清洗几乎扫尽了赵汝愚、朱熹门下的所有知名之士。庆元三年（1197）权臣韩侂胄擅政后，不断升级“伪学之禁”，指道学为“伪学”，把“四书”“六经”定为禁书。闰六月，朝散大夫刘三杰奏称：“前日伪党，今又变为逆党”，把罪名升级为“逆党”，从而把道学之禁推向了高潮。庆元三年（1197）十二月，知绵州王沇上疏，“请置伪学之籍”，宋宁宗听从谗言，颁布了《伪学逆党籍》，诬奏宰执赵汝愚、待制朱熹、士人蔡元定等五十九人为“伪党”，朱熹被打成“伪学魁首”。在此之前，这五十九人中有的被罢官，有的被远放，有的坐牢，有的充军，赵汝愚已被迫害致死，《伪学逆党籍》的颁布则进一步加强巩固了庆元党禁对理学人士清算的结果。

庆元三年（1197）三月朝廷正式下诏，蔡元定被发遣道州编管，州官、县官又加大对他的处罚，不仅抄了蔡元定的家，还紧急下令逮捕蔡元定。蔡元定得到消息后，来不及向家人告别，就前往府治报到。他的亲朋和学生感到疑惑，觉得不必如此匆忙出走，应先看清形势再说。蔡元定则认为，朝廷已给自己定了罪，现在又是韩党专权，“获罪于天，天可逃乎”，便立即上路，陪同他一起到贬地道州的是三子蔡沉、学生邱崇。他们行至考亭赢州桥头，朱熹与从学者百余人在萧屯靖安寺（今建阳考亭下堡）为其饯行，许多人感伤泣下，蔡元定却泰然自若，不异平常，临行前赋《谪舂陵别诸友诗》与众人告别：“天道固溟漠，世路尤险巇。吾生本自浮，与物多瑕疵。此去知何事，生死不可期。执手笑相别，无为儿女悲，轻醇壮行色，扶摇动征衣，断不负所学，此心天可知。”蔡元定在诗中表明了自己坚持治学的决心，不管前路多么险恶，哪怕生死未卜，都“断不负所学”。清光绪《道州志》卷之六载：“就道时祖客有泣下者，元定不异于平时，朱子喟然曰：朋友相爱之情，季通不挫之志，可谓两得之矣！”当时朱熹向蔡元定提出著《参同契》之疑难，蔡元定当众随口解答如流，在座的所有人无不为之钦佩。第二天，朱熹送蔡元定行至县西20里的马伏，与之共宿于“寒泉精舍”，两人通宵未睡，共同参订《参同契》一书。

翌日，蔡元定在三子蔡沉和学生邱崇的陪护下，冒着绵绵寒冷的春雨，穿着草鞋从武夷山经江西到湖南，然后坐船自湘江至潇水，到达都庞岭北麓道州。行程3000多里，他开始了在道州一年多的被谪生活。

三、蔡元定在道州事迹考

湖南道县是理学鼻祖周敦颐的故乡，清代大书法家何绍基的家乡，历史上被贬在此的官员甚多，如，北宋真宗天禧四年（1020）寇准被贬在道州任司马二年，乾兴元年（1022）再贬至雷州，最后客死在雷州。南宋咸淳九年（1173），广西秦孟四起义，这时元军已打到长江边，为了有一个相对稳定的后方，文天祥在此年三月任湖南提刑，十月到湖南道州永明县清剿，“疏决滞淹，一路无留狱，连平巨寇，道路肃清”。[①]《谒祠祭文》是文天祥在德佑二年（1276）带兵在福建南剑州（今福建南平）至邵武一线抗击元军所作，因屯兵建阳，特谒祠祭拜：“西山隐贲，潜德弗形，拟诸伊洛，为世仪型。……躬赴国难，备香申敬，先生如存，俨然居歆，呜呼尚享。”文天祥对蔡元定的品行进行了评价。除此之外还有杨万里、苏辙、邢恕或任职永州或贬在永州。因永州气候原因，各种疾病流行，有宋一朝，永州一直都是朝廷贬官首选之地，从而可知，当时永州应是一个荒

① 文天祥：《宋少保右丞相兼枢密信使国公文山先生纪年录》，《文山先生全集》第17卷，中国书店1985年版，第443页。

凉之地。

蔡元定与子、生“行三千里，脚为流血，无几微见言”①“九嶷之麓，最楚粤穷僻处，山川风物，悲凉惨怆，居者率不能堪”。② 道州地处五岭中部北端，群山环抱的小盆地，蔡元定他们到来时正是酷暑难耐，而又湿气很重，瘴疠等疾病流行的季节，他原就有很严重的足疾，常年抱病，医治难愈。被贬至这偏远的地方，虽然看淡生死，但给蔡元定心理所造成的伤害还是很大的，在这样的情况下，身体抵抗力势必减弱。他到这里不久就染上了新疾病，“所沾之疾，初而泄泻不止，既而热气上攻，少下，右拇微弱，莫能远步，最后中虚暴下，百方治之，无效，势必不久”。③ 到道州后，蔡元定克服了常人难以承受的困苦，仍然不忘初心、坚持著书和授业解惑教生徒。即使自己身患重病，仍不惧朝廷权贵政治上的迫害，坚持著书授业。在舂陵期间，他不与权贵们接触，只是父子学生三人闭门读书著书，毫不悲怨，小屋内挂着“愆”字。“父子相对以理义相怡悦，浩然无湘累之思，楚囚之泣也。”在道州恶劣的环境里，他不改其志，没有考虑自己的生死，而是“以不见先生为大恨”“师道为不立为可忧矣”，他在《玉髓经发挥序》中说：“继以罪谪离索荒郡，平生所志既为伪学，不敢复谈义理，以速大祸……第不无微舛，余恐传之愈远而正义不明，故为之发挥其形象图录。”仍心系解易、春秋未竟，完成了《洪范大解》《洪衍评说》《律吕新说》等书，对没有完成的著作，只得请朱熹帮忙，“楚辞略看得几处，即书候完奉寄，今将邵氏历法诗易等纂述未全者呈上，先生以成之”。道州远近士子慕名纷纷赶来求教，各地来求学的人越来越多，“介于怀至舂陵，闭户读书，罕与时贵接，士友就有道者，户履几满”。为避免灾祸接踵而至，有人建议蔡元定谢绝前来求学的学生。蔡元定却认为：“他以求学而来，何忍拒之”“若有祸患，亦非闭门塞窦所能避也”。当时

① 郭子章：《蔡子传·蔡氏九儒书》第2卷，《四库全书存目丛书》第346册，齐鲁书社1997年版，第1页。

② 真德秀：《九峰先生墓表·蔡氏九儒书》第6卷，《四库全书存目丛书》第346册，齐鲁书社1997年版，第69页。

③ 蔡元定：《临终别文公书·蔡氏九儒书》第2卷，《四库全书存目丛书》第346册，齐鲁书社1997年版，第137页。

有生徒不以为然，倨傲疑听，在与蔡元定交流解难后，对其佩服不已，立志虚心请教，听之教诲。

春陵是理学鼻祖周敦颐生养之地，儒理学之风浓郁。蔡元定在学生邹崇的陪同下游观圣地，邹崇跟他说：“少待九嶷可登，以观濂溪之遗风，帝舜之陵墓。”蔡元定不只是“非徒游观而已，缓步徐行往返数日余”，他抱病对这两处圣地进行了认真详细的考察，可见蔡元定对圣人的崇敬和对历史文化的敬重。

庆元四年（1197），蔡元定日趋病重，他预感到自己已时日不多，而一些研究终是难以完成，因是戴罪贬在远离家乡数千里，“所谓天下罪人”，后事的处理需要得到朝廷同意，他提前对自己的后事做了一系列细致的安排。一天，他准备了酒菜宴请春陵的朋友，“怀酒流行”，正是酒酣之时，他对朋友们说：“此会是与诸友别耳”，在座的朋友莫不感到惊愕。接着他安排学生邹崇到市场去买木做棺材，棺木斫好后，亲自走进棺材里试睡了一下，然后命木匠把棺木再斫小，说：“恐路远难致。”棺木做好后，就“作书别晦庵及遗嘱付仲然”。他又说：“凡尔诸友有疑处，合问者早问，几日后不复语矣。”给朱熹写了《临终别文公书》，非常遗憾地告知文公，他的一些研究已无法完成，只好将书稿奉上，请求“文公以成”；拜请文公帮助指导学生邹崇成为于世有用之才并收三子蔡沈以教之。他在《临终嘱仲然书》中说：“吾死之后，不得受此邦时官故旧吊慰。盖此邦地气殊异，汝不得地上睡。若更得疾，则父子二丧，永无归理（里），三日而敛，入敛之后，一日而三举哀，若哀毁过多，则生疾非孝子。凡亲宾客至，却烦邹了陵（邹崇）祇祷，便书记姓名，临行皆自往谢之。汝处丧礼之变，凡百却须少宽心，庶几处事不乱，可以保全吾骸以归也。又曰：先生（朱熹）老矣，汝归，终事之。”临终嘱言写好后，过了几天，他对邹崇和朋友说：“凡尔有疑处，合问者早问，几日不复语言矣。”“崇与春陵诸友感泣。”“先生曰：“大丈夫莫作儿女相，得失荣辱，屈伸往来，天之命也，何以泣之。”八月，蔡元定已卧病在床，“明年八月寝疾，医曰：脉平可治。先生曰：是谓脉病不相应，非药可为也。先生虽病，朋友不倦。一日，谓其子沈曰，合谢客，且安静还造化旧物，凡九日，命移寝正室。

有二声若巨石坠窗间，倾之而逝”。① 庆元四年（1198）八月九日卯时，蔡元定病逝于道州。

蔡元定病逝时，正值天地昏暗，风雨大作。舂陵跟从其游学的学子，“哀恸如丧所亲”，痛哭流涕。丧敛后，蔡沈与邹崇雇了六七个能抬棺木的人，抬着棺木，徙步护柩东归。扶柩起程东归这天，道州城内不管“识与不识，皆是流涕，吊祭者相属于道，居然拜跪足膝为穿，有念旅榇之宾至”。有不认识的“持白金数十星赠”，蔡沈“辄谢却之，曰吾宁随所止而殡，不忍累其先也”，谢绝了诸友乡邻们的心意。历史上的书文记载了蔡元定在道州逝世的许多细节，从这些记载中可以看出道州人民对蔡元定的崇敬和热爱。十月六日，经过近六十天三千里的艰辛跋涉，蔡沉扶蔡元定灵柩以还建阳，十一月六日葬于建阳崇泰里翠岚山之源。

朱熹得知蔡元定“羁旅之榇”言归后，写祭文痛悼之，并遣儿“以家馔双鸡斗酒酬于柩前”；庆元四年（1198）十一月六日，蔡元定归葬后，听闻其病逝时的情况，再写悼文，回忆与其交流研学的往事，痛惜蔡元定的逝世“若折左肱而失右臂”。

“风月平生意，江湖自在身。年华供转徙，眼界得清新。试问西山雨，何如湘水春？悠然一长啸，绝妙两无伦。”朱熹曾将蔡元定与著名学者张栻相提并论，给予其高度评价。在史书道学一脉上，蔡元定是自张栻后的著名理学家。

四、永州对蔡元定的纪念

虽然蔡元定被贬道州仅一年多时间，但从他学道之人“户履几满”。他逝世时，道州人民痛哭哀悼，后在城内建祠纪念他，“后三（二）年以疾卒，邦人思而祠之”。清光绪《道州志》曰：“蔡西山祠，在城内十字街，祀蔡元定，宋雍熙（淳祐九年）间建设置，有祀田，知军州事高不侍记，后以明周良相配匾曰宋伪正学，今营兵踞为住宅，久废。国朝嘉庆十

① 刘爚：《西山先生蔡公墓志铭·蔡氏九儒书》第2卷，《四库全书存目丛书》第346册，齐鲁书社1997年版，第171页。

八年州孝廉黄如谷为立木主于书院右斋，十九年署军事俞克振复捐廉，置买桥背坊六甲铺屋一座，每岁收租钱八千文，为春秋仲丁日两祭之费。契存礼房，立石书院讲堂。”蔡西山祠经元明清朝代的几次变迁，到清朝时移祭于濂溪书院内，跟周敦颐并祀于书院。

蔡元定是文人“慎独”的典范。在学术研究上追求真理，深研细究，有自己独到的见解和创新，但他又谦恭尊师重道，始终以学生身份追随朱熹，把自己的思想融合在朱熹理学理论中，不追求个人的名誉得失，而是为系统地创建伟大的理学理论默默贡献自己的聪明才智；他对中国传统文化里的各种学术有自己的创新研究，创建了古代音乐理论“十八律”，对历数、兵阵等的研究都在传统学术研究中有一席之地。

他的“慎独”还表现在严格自律上。虽然他自幼聪颖，“长而持身动遵于礼度，言温而气和，学博而才高，与之处者，听其言论……未尝见其有喜愠之色，故当时士大夫皆敬之，而晦庵亦深器重之”，以礼待人，而不是恃才傲物。他生活的态度不是以“利”为计，而是追求一种事业。他在《戒子孙珍藏族谱题辞》中说：“若后人不知根本源流，如人耳聋目瞽，朦然不知祖宗之盛德、世次、名位、人伦、昭穆之道，虽饱食暖衣与禽兽何异。”《自咏》诗：“独抱韦编过客稀，箪瓢不厌屡空时。幽然自与庖羲近，春去人间总不知。”在简单独往的读书中求乐趣，时间不知不觉就到了“春去”了，只是觉得“下学工夫惭未到”。而在《西斋自咏》中他更是表达了鲜明的生活态度：生活的简陋不影响自己的学术研究，“数椽茅屋环流水，布被藜羹饱暖余，不向利中生计较，肯于名上著工夫。窗前野马闲来往，天霁浮云自卷舒，穷达始知皆有命，不妨随分老樵渔”。“每与诸子书，戒以死生有命，训其自修，则曰：‘独行不愧影，独寝不愧衾，庶可传子孙，勿以吾无故得罪而遂懈焉。’”又曰：“步步守着仁、义、礼、知、信，可传子孙。”①

蔡元定被贬道州，作为周敦颐一脉的理学家，其对湖湘文化的影响也是深远的，他的学术成就及影响，值得我们进一步深入研究。

---

① 刘炝：《西山先生蔡公墓志铭·蔡氏九儒书》第2卷，《四库全书存目丛书》第346册，齐鲁书社1997年版，第171页。

试论蒋翊武对武昌首义的重大贡献

饶怀民　霍修勇*

摘　要： 辛亥革命以武昌首义为标志，武昌首义之所以最终获得成功，当然离不开以孙中山、黄兴为轴心的同盟会的领导，离不开全体民军将士艰苦卓绝的斗争，离不开广大革命群众的大力支持。但蒋翊武作为较早的同盟会员，他在总结同盟会领导历次武装起义经验教训的基础上，在武昌首义前后以过人的胆略和英勇的献身精神两次出任民军最高军事统帅，他在锁定首义地点、找准首义动力、整肃首义队伍、制定首义计划、下达首义命令、巩固首义成果等方面起到了举足轻重的作用，为武昌首义做出了不可磨灭的历史性重大贡献。

关键词： 蒋翊武；武昌首义；重大贡献

在以往关于辛亥革命的研究中，由于种种原因，史学界对蒋翊武的研究还很不充分，评价亦有失公允，这与他在辛亥革命史上的地位是极不相称的。因此，在纪念辛亥革命 110 周年之际，重温武昌首义这段历史，分析蒋翊武其人其事仍然十分必要。本文基于此，对蒋翊武在武昌首义过程中的种种行为进行了详细的还原，以期展现出他在武昌首义乃至辛亥革命

* 饶怀民，湖南师范大学历史文化学院历史系教授，博士生导师；霍修勇，湖南省委党校党史教研部教授，硕士生导师。

中的重大历史贡献。

一、坚守“中部革命”战略 锁定首义地点

1905年8月20日，中国第一个资产阶级政党同盟会成立后，从文、武两条战线开展反清斗争。一方面，高举大批判的旗帜，与保皇党人的机关报《新民丛报》开展大论战，从而划清了革命与改良的界限，壮大了革命队伍，为革命派指明了前进的方向。另一方面，又对清政府进行武器的批判，大力开展反清武装起义。然而，在武装起义地点的选择上，孙中山、黄兴等同盟会领导人的认识并不是完全一致的。孙中山主张“华南革命”或称“珠江革命”，黄兴则主张“中部革命”或称“长江革命”战略。与黄兴比较，蒋翊武对于反清武装斗争地点的选择似乎并没有经历那样复杂的思想转变过程。他从投身革命伊始就坚守“中部革命”战略，几乎从来没有改变过。考其原因，主要有如下三点：

一是与从事革命斗争的实践有关。根据华兴会领导长沙起义的原定计划，拟于“十月十日清西太后七十生辰，全省官吏在皇殿行礼时，预埋弹药其下，以炸毙之，而乘机起义。省城以武备各校学生联络新旧各军为主，洪会健儿副之，外分五路响应，洪会健儿充队伍，军学界人为指挥”。① 马福益指定会党成员游得胜、胡友堂组合常德义军以响应起义，由宋教仁负责发动和组织工作。宋教仁通过同乡关系，首先找到刘复基，通过他与蒋翊武取得联系，并在常德城内武陵县衙门对面的五省客栈设立“湘西联络总站”作为响应长沙起义的指挥机关，并介绍蒋翊武加入华兴会②，指定蒋翊武负责组织学生参加起义；客栈的联络总站地处闹市，容易暴露目标，蒋翊武乃与刘复基等人商议，另设一联络分站于泮池街附近的祇园寺。经过一段时间的筹划，准备工作大体就绪。讵料长沙起义旋即因奸人告密事泄失败，蒋翊武也因涉嫌革命的罪名被校方开除学籍。

同盟会在日本成立后，革命形势一日千里，蒋翊武计划由上海乘船赴

① 刘揆一：《黄兴传记》，载饶怀民编《刘揆一集》，湖南人民出版社2008年版，第141页。

② 满大启：《宋教仁在常德活动琐记》，载常德政协文史委员会编《常德文史资料》第四辑1988年版，第29页。

日本留学，但因到上海后罹患重病而未能如愿。适值同盟会员姚宏业等人因反对日本政府颁布的“留学生取缔规则”回国在上海创办中国公学，蒋翊武得以入学就读。旋经好友刘复基介绍加入同盟会，并成为同盟会上海机关部任事者之一①。嗣与同盟会员杨卓林商议，发起组织竞业学会，“共创《竞业旬报》，以通俗体鼓吹民族主义”②。蒋翊武既是学会负责人之一，又是记者和主要撰稿人。《竞业旬报》创刊之日，正逢黄兴派遣刘道一等人回国返湘策动萍浏醴起义之时，蒋翊武遂以同盟会员、旬报记者的身份与刘道一等人返回长沙，参加了刘道一在长沙水陆洲召集的重要会议，按照会议的分工，蒋翊武与覃振、刘岳峙、黄贞元等 20 余人，“愿负运动新军责任”③。“一俟军队运动成熟，约于十二月清吏封印时举事。”④这次起义动员会党徒众 3 万多人，与清军鏖战匝月，清廷调动湘、鄂、赣、闽四省军队，加上地主武装团练等共约 5 万人，才将这次起义镇压下去，在战场上牺牲和在“清乡”运动中被杀害的无辜群众逾万人。萍浏醴起义失败，使蒋翊武满腔热情尽化悲怆。此后，他与战友刘复基等人往来于长江中下游一带，广交志士，宣传革命。综观蒋翊武从事革命斗争的实践，他的活动范围自始至终都在中部地区，即在长江中下游一带。家乡情结、对故土的眷念使他增加了几许执着和坚韧，也增强了他坚守中部革命战略的信心和决心。

二是受同盟会武装起义地点实施战略转移的影响。如前所述，如何选择反清武装起义的地点一直是困扰同盟会主要领导人的一个非常重要的问题。萍浏醴起义是自太平天国以来规模最大的一次起义，却仍以失败告终。在清政府的强大压力下，在短期内再发动一次新的起义似乎是不可能的。革命党人面对如此艰难的形势，由黄兴服膺孙中山提出的“华南革命”战略，转战粤、桂、滇，无疑是一种正确的决策。然而，自 1907 年

① 冯自由：《革命逸史》第 6 集，中华书局 1981 年版，第 114 页。

② 王建中：《湖北文学社首领蒋翊武》，载蒋漫征主编《蒋翊武研究资料汇编》，岳麓书社 2013 年版，第 8 页。

③ 刘揆一：《黄兴传记》，载饶怀民编《刘揆一集》，湖南人民出版社 2008 年版，第 148 页。

④ 刘揆一：《黄兴传记》，载饶怀民编《刘揆一集》，湖南人民出版社 2008 年版，第 149 页。

以后，由于种种原因，孙中山和黄兴一道领导的多次起义又均以失败告终，悲痛惋惜之余，同盟会骨干对此进行了反思。于是便有1911年7月31日中部同盟会的成立。

中部同盟会的成立标志着同盟会的武装起义由“华南革命”向“中部革命”、由边远中小城市向大城市转移战略的最终形成。而蒋翊武作为同盟会较早的会员，他和两湖志士一样，十分尊重和拥戴孙中山的领袖地位，对同盟会的宗旨和主张亦是极力维护。他所从事的革命活动并非个人行为，而是同盟会领导的反清革命事业的重要组成部分，因此，他所从事的革命活动必然会受同盟会武装起义地点实施战略转移的影响。

三是受革命战友的启迪和鼓励。蒋翊武通过参加黄兴策动和领导的长沙起义和萍浏醴起义，深度体会到了黄兴率先提出的“中部革命”战略的重要性，并就此几乎毫不动摇地坚持了下去。在长沙起义中，他结识了宋教仁。黄花岗起义前，谭人凤持款来到武汉，以促成武汉响应黄花岗起义，通过胡瑛的介绍，蒋翊武结识了谭人凤。黄、宋、谭三人均是湖南老乡，又都是同盟会的重要领导人或骨干。蒋翊武作为同盟会员，他从这一渠道接受同盟会的领导，了解东南沿海多次起义失败的信息。此外，蒋翊武还结识了一批志同道合的亲密战友和同志，这些人也大都是他青少年时代的同学或澧县的老乡。蒋翊武和这批革命志士一道，或成立学社或创办报刊，制造革命舆论；或参加革命团体，组织活动；或深入新军下层，做细致的思想发动工作；或深入斗争第一线，进行反清武装斗争。正是因为有这一大批战友的大力协助，蒋翊武坚守“中部革命”战略，从未动摇，并最终锁定了首义地点。

二、选择运动新军　找准首义动力

革命党人从事反清武装起义主要依靠哪一群体的力量？黄兴在华兴会成立会上的讲话说得很清楚：“审势度时，或由会党发难，或由军学界发难，互为声援，不难取湘省为根据地。”① 这就是说，革命的依靠力量是“军界”“学界”、会党这几大群体。“学界”当然是指知识分子，由于知识分子人数较少，黄兴将其与“军界”合在一起，称为“军学界”。因此，革命的首要依靠力量还是会党与新军。同盟会成立后，领导反清武装起义由主要依靠会党转换为更多地依靠新军，经历了一个不断摸索的过程。为适应同盟会上述战略决策的转换，蒋翊武也同样经历过痛苦的反思。1907年初，萍浏醴起义失败不久，革命党人杨卓林携炸弹拟刺杀两江总督端方被捕遇害，《竞业旬报》被迫停刊。加之，蒋翊武的结发妻子唐氏于是年7月24日病逝，年仅24岁。可谓是“屋漏偏逢连夜雨”，既有革命遇挫之悲，亦有青年丧妻之痛，他曾一度陷入彷徨与苦闷之中。蒋翊武潜匿家乡，前后长达两年之久，“杜门不出，日以诗酒自遣，时或仗剑高吟，旁若无人，人亦不测其为何也”。② 实际上，蒋翊武在这一时期丝毫没有减少对时局的关注和对革命方略的探寻。他认为，由他亲自参加的长沙起义和萍浏醴起义之所以均遭失败，并非选择的地点不正确，而是依靠的主要力量没有发动起来。长沙起义之所以失败，是因为军、学界人员没有发动起来，主要是依靠马福益属下的哥老会党，由于会党败类刘佐楫告密，起义事泄失败。萍浏醴起义之所以失败也是因为军队没有发动起来，主要依靠的仍然是会党，当时萍浏醴地区的会党主要有三股势力，即以龚春台为首的洪江会、以姜守旦为首的洪福会和武教师会。由于以姜守旦为首的洪福会另树一帜，打出所谓的“新中华大帝国南部起义恢复军”的旗号，公然宣扬帝王思想，与以龚春台名义发布的檄文大相径庭，造成内部思想不统一，这是导致萍浏醴起义失败的主要原因之一。蒋翊武通过总结失败的教训，得出了“绿林豪杰可利用而不可重用”的结论，从而否定了依靠会党为主发动起义的做法。

蒋翊武的至交好友刘复基本是湘西哥老会金凤山刑堂，蒋翊武通过刘

① 黄兴：《在华兴会成立会上的讲话》，载刘泱泱编《黄兴集（一）》，湖南人民出版社2008年版，第5页。

② 王建中：《湖北文学社首领蒋翊武》，载蒋漫征主编《蒋翊武研究资料汇编》，岳麓书社2013年版，第8页。

复基的关系对哥老会的弱点有所了解，所以，在萍浏醴起义前刘道一召开的水陆洲会议上，蒋翊武选择“愿负运动新军责任”。但由于发难仓促，加之湖南新军人数少、文化程度低，此次起义来不及发动就失败了。因而蒋翊武对湖北新军极度关注，他通过老乡、学友黄贞元、杨载雄的关系了解了不少湖北新军的内部讯息。湖北新军虽然在数量上不如北洋新军多，但士兵文化素质远比北洋新军高，易于接受革命思想。另外，张之洞举办洋务新政，在武汉开办钢铁、兵工厂等，这又可以为起义提供充足的武器装备。加之，武汉地处水陆交通要道，与邻省易于呼应。于是，蒋翊武经过深思熟虑，遂决定于1909年秋投入湖北新军。这是蒋翊武人生道路上的重大决策，他选择在湖北武汉运动新军，从而找准了起义动力。

三、创立士兵代表制度　整肃首义队伍

根据前文所述，蒋翊武对中部革命战略是一份坚守，由联络会党为主到运动新军为主是其首选方针。另一方面，对于如何运动新军的方法，即由自上而下的运动新军官佐转变为自下而上的发动士兵群众、对士兵进行组织发动和思想发动、创立士兵代表制度，可谓是蒋翊武的首创和独创。

蒋翊武来到武汉，适值刘复基兄长刘星澂是《汉口商务报》的股东，刘复基应其兄之召，早于蒋翊武来武汉，担任该报襄理，兼任会计和发行，蒋翊武则担任访员（即记者），参与编辑事务。但这只是一时的权宜之计。蒋翊武来武汉的最终目的是运动新军，实施其反清革命的大目标。蒋翊武认为，欲运动新军必先加入行伍不可。1909年10月末，从《汉口商务报》主笔何海鸣处打听到湖北新军中有革命组织群治学社，蒋翊武遂与刘复基、詹大悲三人以报社记者身份到新军驻防的湖北天门、潜江一带采访，寻找革命组织。在潜江张截港找到了在第四十一标当兵的群治学社骨干蔡大辅和老乡、同学黄贞元。蔡大辅向蒋翊武等三人介绍了群治学社在第四十一标开展革命活动的情况，这对蒋翊武具有极大的吸引力。同年11月1日，蒋翊武经黄贞元介绍，化名蒋伯夔，投入湖北新军第二十一混成协四十一标三营左队充当正兵，并参加群治学社，时年25岁。嗣入队部

"帮办文书庶务事宜，免守卫及一切杂差，出入自由。"① 这使他有更多的时间和机会结交联络各方豪杰志士。适值湖北陆军特别小学堂招募新生，蒋翊武入伍后不久，即补交一篇应募文章受到嘉许而被该校破格录取，由驻地调入武昌充当学兵。在学习期间，他又结识了彭楚藩、王华国、江光国、甘绩熙、蔡济民等一大批鄂籍志士。

嗣经蒋翊武、刘复基、李抱良等人的努力，《汉口商务报》成为群治学社的机关报，武汉革命团体拥有机关报自此始。1910年4月，长沙发生抢米风潮，群治学社拟定于4月24日响应，嗣因准备活动被清吏侦知，鄂督瑞澂下令在军中严查。群治学社遭破坏后，两湖志士遂决定将群治学社改为振武学社。蒋翊武接管振武学社社务后，他考虑最多的问题就是采用何种方式发动新军参加反清武装起义。以往同盟会运动新军起义采用的是依靠新军中的中下级官佐进行自上而下的发动方式，而此时的蒋翊武则考虑，新军中的中下级官佐大多克扣军饷、对士兵任意罚跪、杖责，甚至开除，与士兵矛盾很深；而且，中、下级官佐企望提拔升官发财，依靠他们发动起义无异于与虎谋皮。所以，在振武学社成立后不久，蒋翊武就开始探索一种自下而上的动员新军的方式，从基层做起，对士兵进行组织发动和思想发动。据冯自由记载："振武学社成立后一月，蒋翊武等利用星期假日，约集各标营代表二十余人在蛇山抱冰堂开一秘密会，制定标营队排各代表负责公约、规程，重新制定简单口号以为志，以是部勒完整，进行益猛。"② 蒋翊武亲自主持召开的蛇山抱冰堂秘密会议是为了更好地贯彻振武学社简章，该简章规定："各标设标代表一人，由各标社员中推任之。各营设营代表一人，由各营社员中推任之。各队设队代表一人，由各队社员中推任之。"③ 振武学社简章只是提出了"做什么"的问题，而抱冰堂秘密会议则是解决了"怎么做"的问题，从而使士兵代表制具体化，使各

① 杨载雄：《陆军上将蒋翊武公翊武事略》，载蒋漫征主编《蒋翊武研究资料汇编》，岳麓书社2013年版，第16页。

② 冯自由：《辛亥武昌起义之革命团体》，《革命逸史》初集，中华书局1981年版，第254页。

③ 严昌洪等编《张难先文集》，华中师范大学出版社2005年版，第168页。

级代表的任务落到实处。此次会议正式确定在革命党人比较集中的新军中设置标、营、队三级代表制度，由总部干事和各标代表组成标代表会议，决定重大事项。由标代表分途向所属营、队代表传达贯彻执行。为防止泄密，营代表只能与标代表单线联系，营与营之间不得发生横向联系；同样，队代表也只能与营代表单线联系。这样一个以学社干部和标代表为核心的组织领导机构正式形成，从而使蒋翊武创导的士兵代表制度正式得以确立。

1911 年 1 月 30 日（辛亥元旦），振武学社遭旧军官破坏，蒋翊武等人以新军团拜名义在武昌蛇山头奥略楼召开大会，决定成立文学社。参加会议的主要是原振武学社的干部和各标的标代表。会议推举蒋翊武为文学社社长。文学社以研究文学为名，实则遥戴孙中山为总理，以同盟会纲领为纲领，以“推翻清朝专制、反对康、梁保皇政策，拥护孙文革命主张”为宗旨①。

文学社成立后，蒋翊武在原振武学社创立的士兵代表制度的基础上又进行了进一步完善和发展。他吸取湖北革命团体频遭破坏的教训，在他亲自拟定的文学社简章中规定：“凡愿为本社社员者，须得本社社员三人以上之介绍，经本社派员调查，认为与本社宗旨相合者，方得为本社社员。”② 可见，文学社为确保发展会员的质量，采取了更加谨慎、稳重、严格的方法，真正做到避开中、下级官佐，不与官长为伍，坚持“发展下层士兵”入社。与此同时，文学社简章还赋予了标代表更多的权利，委标代表以重任。原振武学社简章还只规定：“惟承代表之命，分途进行，并传达命令而已。”③ 而文学社的简章则规定：“标代表管理全标一切进行事宜，营、队代表亦如之。”④ 按照“凡干部会议非标代表不得参与”的原则，文学社成立后，蒋翊武至少组织召开了三次标代表会议，大大推动和加强

① 张难先：《振武学社始末》，载严昌洪等编《张难先文集》，华中师范大学出版社 2005 年版，第 167 页。

② 严昌洪等编《张难先文集》，华中师范大学出版社 2005 年版，第 176 页。

③ 张难先：《振武学社始末》，载严昌洪等编《张难先文集》，华中师范大学出版社 2005 年版，第 167 页。

④ 严昌洪等编《张难先文集》，华中师范大学出版社 2005 年版，第 176 页。

了文学社的组织建设。

第一次标代表会议于 1911 年 3 月 15 日在武昌黄土坡招鹤酒楼召开，“翊武主席，报告社务太繁，非一人精力所能任，提议推王宪章为副社长，众赞成。”“主席又提议，湖北各军皆有本社同志，唯马队阙如，应推同志投马队运动，决议推章裕昆前往。”① 蒋翊武又提议将《大江报》定为文学社机关报，“免费送给各营队一份，扩大宣传阵地，并在各标营设通讯员，通过社员授访新闻，建立通讯网，把公开的革命鼓动同秘密的革命宣传工作结合起来。”②

第二次标代表会议于同年 5 月 10 日在武昌黄土坡新开张的同兴酒楼召开。“决议赁小朝街八十五号张廷辅寓楼上作总机关，刘复基、王守愚、蔡大辅住社办公，并增设总务部，推张廷辅为部长。”③ 会议还通过了蒋翊武亲自制定的《文学社职员及标营代表之职务表》，其中还特别规定各标代表“总管标内一切联络事宜，务使标中人员无一非吾党之人，为唯一之主旨。而犹宜善选择，窃恐奸人混入，阳为赞成，阴行破坏，致令全社人员陷入死地，是为切要之点”。另外，“营代表以下直受标代表之指挥，故不另订职务，由标代表翔告可也”。④

第三次标代表会议于同年 6 月 1 日在武昌小朝街八十五号总指挥部召开，“决议在阳夏设立支部，以胡玉珍为四十二标总代表兼支部长，以郑兆兰任交通，即就汉口郑寓为支部交通处。汉口集会则在范明山寓，汉阳集会则在陈德元寓”⑤。由此可知，文学社的活动范围已经超出了武昌而遍及汉口、汉阳。

蒋翊武依托新军原有编制标、营、队多级代表体系，构成了文学社革命组织运行的基本构架。而标、营、队代表撇开了新军中的满人和原有

① 严昌洪等编《张难先文集》，华中师范大学出版社 2005 年版，第 174 页。

② 章裕昆：《文学社武昌首义纪实》，生活·读书·新知三联书店 1952 年版，第 22 页。

③ 张难先：《振武学社始末》，载严昌洪等编《张难先文集》，华中师范大学出版社 2005 年版，第 174 页。

④ 王华国：《文学社事实》，载中国人民政治协商会议湖北暨武汉市委员会编《武昌起义档案资料选编》上卷，湖北人民出版社 1981 年版，第 9—10 页。

⑤ 严昌洪等编《张难先文集》，华中师范大学出版社 2005 年版，第 175 页。

中、下级官佐，完全运动成熟，由革命党人担任，这就使新军的各级领导权掌握在革命党人手中，指挥各级层次的士兵“如身使臂，如臂使指，运用很灵活”①。这就是革命党人暗中实施的“抬营主义”谋略。

需要特别指出的是，这种“抬营主义”谋略只是组织建设的成果，以蒋翊武为社长的文学社则更重视士兵的思想建设以及舆论的作用。文学社以《大江报》为机关报，该报经常刊登新军中的消息，“对于旗籍官佐或平日虐待士兵者，靡不尽情攻击”②。蒋翊武还利用节假日或其他休息时间，深入士兵中进行秘密演讲，他抓住新军中存在的满汉矛盾、官兵矛盾以及士兵关心的待遇水平等问题进行讲解，提高士兵的觉悟。据当事人回忆，蒋翊武在第八镇三十标的士兵中发表演说时说道：“本镇各标营旗籍官兵，均系双粮双饷。其他一切享受，均在汉人之上，反说我汉人食毛践土二百余年。”“本标第一营旗兵营，他们无能做什么事，都要高人一等，我们除了实行种族革命，复兴汉族，救国救民外，再没有其他办法。”③ 使官兵深受教育。

除此之外，蒋翊武还运用多种形式诸如吟诗作赋、编唱歌曲、放映幻灯片、辅导文化、练习军事、代写书信、讲故事、猜灯谜、做游戏等开展宣传活动，收到了很好的效果。文学社社务迅猛发展。武汉地区新军中原有的革命小团体诸如陈佐黄等人领导的“辅仁会”、张廷辅等人领导的“武学研究社”、董维汉等人领导的“义谱社”、胡玉珍等人领导的“益智社”等均先后加入文学社，使文学社人数急增。至此，文学社已经成为武汉地区人数最多的革命团体，并发展为一支举足轻重的革命武装力量。

四、促成文学社与共进会联合　制定首义计划

在文学社社务蓬勃发展的同时，武汉地区另一革命团体共进会的工作

---

① 李六如：《文学社与武昌首义纪略》，《武汉文史资料》2011 年 Z2 期。

② 胡祖舜：《六十谈往》，《辛亥革命在湖北史料选辑》，湖北人民出版社 1981 年版，第 53 页。

③ 鲁祖轸：《第三十标辛亥革命事略》，载中国人民政治协商会议湖北省委员会编《辛亥首义回忆录》第 2 辑，湖北人民出版社 1980 年版，第 99—100 页。

亦大有起色。黄花岗起义失败后，武汉两大革命团体加紧起义的准备工作，首要的任务是彼此在新军中争相发展会员。在商讨两团体联合的10多次会议中，最重要的会议有如下几次：第一次协商会议于1911年5月11日在武昌长湖堤西街8号文学社社员龚霞初寓所召开。就在此次会议前一日，即5月10日，文学社召开的第二次标代表会议上，蒋翊武就提出并通过了与共进会谋求合作的决议，并派刘复基即日与共进会商洽。所以才有翌日协商会议的召开。此次会议主要就合作的必要性及如何消除双方在发展会员时所产生的矛盾交换了意见。孙武和蒋翊武均参加了此次会议，“孙、蒋见面后，双方表示了合作到底、推倒清朝的宏愿”①。大家都认识到了合作的必要性。“于是彼此都以革命到了紧急的时期，提出一件应先赶办的事来，拟令各标营两团体的代表极力避免摩擦，万不可互争党员，只要是受了运动的同志，都是革命党员，不必分某社某会的畛域。双方均表赞同，决定即日施行。”② 第五次协商会议于9月24日在武昌胭脂巷十一号胡祖舜家召开。这次会议出席人数最多，除前几次会议的主要人员外，各标、营代表全部参加，这次会议也最为重要，因为它确定了起义后的军政府组成人员名单，并制定了起义计划。总理为刘公；军事总指挥蒋翊武；参谋长孙武。下设军务、参议、内务、外交、理财、调查、交通各部。分别委任各部正、副部长。另设参谋、秘书、军械、司刑、司勋、司书、会计、庶务等若干人。会议还决定在汉口长清里98号熊晋槐住处成立政治筹备处，由刘公、孙武、居正等19人组成。加紧赶制旗帜、印信、文告等，在武昌小朝街85号张廷辅寓所成立军事指挥部，设军务筹备处，由蒋翊武、刘复基、邓玉麟等30人组成。起义计划由刘复基拟定共8条。正是这一起义计划的制定及其贯彻执行为武昌首义的胜利做好了组织准备。

五、紧急关头适时改变原定起义时间　下达首义命令

按照原定的起义时间，军事指挥部曾将其暂定于10月6日（农历八月

① 陈孝芬：《辛亥武昌首义回忆》，载中国人民政治协商会议湖北省委员会编《辛亥首义回忆录》第1辑，湖北人民出版社1979年版，第73页。

② 杨玉如编《辛亥革命先著记》，科学出版社1958年版，第40页。

十五中秋节），嗣因湖南焦达峰于9月28日派人驰告“准备不足”，请缓10日，遂决定10月16日鄂、湘两省同时发难。此时，黄兴发函《致武汉同志书》表示：“革命迭次失败，损失太多，此次经营武汉，要格外慎重。各省没有打通以前，湖北一省千万不可轻举。必须迟至九月初旬，与原定计划中之十一省同时举义，方可操必胜之券。希望武汉同志暂行忍耐。”① 农历“九月初旬”为公历10月下旬，较之原定发难时间，大约要推迟一个星期左右。10月9日清晨，蒋翊武向官方托词告假，从岳州防地亲赴宜昌，与驻防在那里的唐牺支商讨了响应武昌发难的步骤，并通知入川新军。又派谢远达前往襄阳，通知移驻在那里的黄维汉、章裕昆就地筹划响应武昌起义。然后赶赴武昌小朝街85号军事指挥部，同刘复基、彭楚藩、张廷辅、杨宏胜、蔡大辅等聚会讨论发难日期。有人主张及时发动。蒋翊武考虑到黄兴未到，且来函嘱咐要格外慎重，因而主张暂时忍耐，表示应当按照黄兴的指示办事。加之，共进会主要首领刘公、孙武均不在场，与会者接受了蒋翊武提出暂缓几日的意见，当日上午并没有做出起义具体日期的决定。下午，蒋翊武、刘复基等人留下续议，商议具体行动计划时，邢伯谦、邓玉麟等先后赶到，报告汉口宝善里14号机关失事的消息。原来孙武在是日下午3时左右，因配制炸药失慎引起爆炸受伤，被送往法租界同仁医院就医。俄巡捕夺门而入，将政治筹备处制作的旗帜、袖章、名册、文告、盖印纸钞等搜洗一空，并将未逃出的刘燮卿等人带走，机密全泄，形势万分危急。在此千钧一发之际，刘复基愤然曰：“与其坐而被捕，不如及时举义，成败利钝，非所计也。”蒋翊武毅然决然地表示：“再无别法，只有前干，或可死中求生。”② 于是，刘复基乃取武汉地图及9月24日议定的起义计划作为参考，蒋翊武提笔亲自拟定了一道命令，派人分送各标营，定于当晚12时发动起义。10月9日下午5时由蒋翊武颁发的命令较之9月24日议定的起义计划内容更加完善。正是因为蒋翊武下达了如此周详细致的起义命令，才使各支起义部队明确了各自的战斗任务，即使

① 黄兴：《致武汉同志书》（1911年9月），载刘泱泱编《黄兴集（一）》，湖南人民出版社2008年版，第112页。

② 杨玉如编《辛亥革命先著记》，科学出版社1958年版，第55页。

在指挥机关遭到破坏、领导人或死或伤或捕或逃，乃至群龙无首的形势下，起义仍然能够有序进行，并夺取斗争的胜利。

根据以往的相关研究，部分学者认为武昌起义前只有“简单通知”，并没有起义的“正式命令”，甚至指责龚霞初 1912 年 6 月出版的《武昌两日记》将“简单通知”“演绎成为军队中的正式命令”“但这个成文‘命令’不符合事实处甚多”“故《武昌两日记》所写的‘作战命令’系作者龚霞初事后根据有关情况杜撰。”我们认为，当时的“作战命令”是客观存在的，其理由如下：

其一，只要将文学社与共进会联合制定的起义计划与蒋翊武下达的“起义命令”进行比较就不难发现，二者有惊人的相似之处，显然易见，“起义命令”是根据原拟的起义计划制定的，斗争实践表明，武昌首义就是严格遵照“起义命令”进行的，“起义命令”并没有什么“不符事实处”。而且，“起义命令”较之起义计划更具体、更完备、更具有可操作性。

其二，龚霞初是革命党人，又是当事人，很多重要会议都是在其寓所召开的。他在 1912 年 6 月出版的《武昌两日记》中披露的“作战命令”不仅得到了武昌起义总指挥蒋翊武的认可，也得到了同盟会和中部同盟会主要领导人的认可，蒋翊武为《武昌两日记》亲自作序，指出：“幸而命令夙宣，指挥先定，再接再厉，继续有人”。① 从而肯定了“起义命令”的真实性。中部同盟会领导人之一的宋教仁亦为《武昌两日记》作序，肯定了其真实性，“以为考民国成立之原者之所取资者也”②。同盟会主要领导人黄兴亦为《武昌两日记》题写书名③，如果“龚霞初事后根据有关情况杜撰”的“作战命令”掺杂其间，以假乱真，黄兴是绝不会如此重视，并为之题写书名的。

① 詠簪：《武昌两日记》蒋序，载中国史学会主编《中国近代史资料丛刊·辛亥革命（五）》，上海人民出版社 1957 年版，第 39 页。

② 詠簪：《武昌两日记》宋序，载中国史学会主编《中国近代史资料丛刊·辛亥革命（五）》，上海人民出版社 1957 年版，第 38 页。

③ 黄兴：《为〈武昌两日记〉题写书名》（1912 年夏秋间），载刘泱泱编《黄兴集（二）》，湖南人民出版社 2008 年版，第 466 页。

其三，在当时的革命党人中，不仅龚霞初在《武昌两日记》中披露了“起义命令”，其他革命党人也都公认有此起义命令，例如章裕昆著《文学社武昌首义纪实》、张难先著《湖北革命知之录》、李廉方著《辛亥武昌首义记》、杨玉如著《辛亥革命先著记》、蔡寄鸥著《鄂州血史》、李六如著《六十年变迁》等等，一致承认有此“起义命令”。

其四，关于有无“起义命令”一事，起义亲历者李廉方早已考证清楚，不待后人争持，他写道：“此命令民初曾见龚霞初《武昌两日记》登载当时小报上，霞初于草令时在座，与尧澂、楚藩同时被捕，所述自可征信。”由于“传令之延误”，造成10月9日晚12时起义未能如愿。10月10日凌晨，彭楚藩、刘复基、杨宏胜三人英勇就义。这无异于无声的命令。在清吏根据搜查到的党人名册“按图索骥”的紧急关头，在武昌起义总指挥不在现场的情况下，各标营队士兵按照蒋翊武颁布的“起义命令”有序地进行。10月10日晚7时左右，城外第二十一混成协辎重营党人燃火发难，晚8时左右，武昌城内第八镇工程营士兵程正瀛打响起义第一枪，熊秉坤率党人起事，很快占领楚望台军械库，推举队官吴兆麟为临时总指挥，进攻督署等军政机关，经过一夜激战，10月11日，革命党人占领武昌；同日晚，驻汉阳新军占领汉阳；12日晚，驻汉口新军占领汉口，三日之内，武汉三镇全部为革命党人所占领，武昌首义一举获得成功。

六、从监军到护理总司令　巩固首义成果

湖北军政府成立后，以黎元洪为代表的旧军官和以汤化龙为代表的立宪派结成联盟，与革命党人争夺领导权，极力打压革命党人；同时受地域观念、宗派情绪的影响，在革命队伍内部，少数利欲熏心的人也采取各种手段、制造事端，在关键时刻甚至不惜勾结旧军官与立宪派排挤曾经生死与共的战友。由这些矛盾引发的斗争或多或少地给当事人带来了不少心理压力，也给武昌首义的上空制造了种种疑云。然而，在复杂的矛盾纷争面前，蒋翊武顾全大局，诚恳应对，能屈能伸，竭尽全力，巩固首义成果。基于此，他从以下几个方面做出了努力：

第一，面对敌军南下压境，协力扩充民军队伍。10月11日，湖北军

政府成立后，蒋翊武于10月12日回到武昌，仅担任都督府顾问和军务部副部长之闲职。10月16日，湖北军政府召开会议，“蒋翊武提议成立义勇军两个支队”，第一支队由汉口军政分府主任詹大悲兼领，第二支队拟选派张卿云担任，限定日期赴汉川招募。10月18日，张卿云“到汉口兵工厂领取快枪一千枝，大炮四门，枪弹十万发，炮弹五百发。又抽调干部六十余人，均由蒋批准”。① 这有力扩充了民军队伍，加强了民军的武器装备。

第二，支持湖北各属反正，夯实首义基础。早在10月初，武昌宝善里机关军事指挥部就以蒋翊武的名义派员至襄阳与章裕昆谋划独立。10月9日，王守愚与蒋翊武分头出走后，即赴汉川佐梁钟汉举义，武汉三镇光复，汉川首先响应，王守愚被任命为参谋长，梁钟汉持王守愚介绍信亲往武昌向蒋翊武汇报汉川情况，“并经蒋翊武批准，发给500支快枪和20万发子弹，饬令军务部核办，运回汉川整军”。② 10月15日，刘英拥众万人，在永隆河起义，占领京山、天门等地，以副都督名义派刘铁晋省领械，黎元洪以其名义为“僭号”，不予支持。蒋翊武据理力争，且陈说利害，“卒由蒋翊武下令核发快枪300枝、子弹20万发，并派文学社同志张鹏程、李济臣等40余人前往赞助”。③ 文学社发起人之一唐牺支与蒋翊武会商后，即举兵光复宜昌、荆州等地，被任为荆宜施鹤司令。麻城屈子厚谋反正，被知县张某等合谋杀害，蒋翊武闻讯后，即令文学社员李肇甫率兵一营至该处处置，麻城由此光复。

第三，派人赴湘联络，组织湘军援鄂。按照武昌首义前的约定，湖北发动反清起义后，湖南必须在10日内起兵响应。10月13日，蒋翊武即派人前往湖南，敦促湖南革命党人举兵响应。据湖南都督府首任军务部长阎鸿飞回忆：“武昌起义后第三天，湖北派蓝综、庞光志到长沙，携有蒋翊武的介绍信。他们先到体育社找焦达峰、阎鸿飞两人。那天，焦不在长沙，即由阎鸿飞陪同去会南薰社、卷施社、图强社和积健社的同志；又介

---

① 贺觉非编著《辛亥武昌首义人物传》下册，中华书局1982年版，第452页。

② 蒋漫征主编《蒋翊武研究资料汇编》，岳麓书社2013年版，第169页。

③ 蒋漫征主编《蒋翊武研究资料汇编》，岳麓书社2013年版，第170页。

绍他们会见咨议局的左学谦和常治。”“蓝、庞到长沙的第二天，由安定超、李金山、刘芝德诸同志约了些军队中的日新社的积极分子在杨家山小学开会，听湖北代表的报告。蓝、庞两位是青年，把武昌起义时各方同志的慷慨激昂情形，说得淋漓尽致，使到会的同志们听了极其感动，个个摩拳擦掌，跃跃欲试。”① 10 月 22 日，长沙光复，当晚便成立湖南军政府，焦达峰、陈作新出任军政府正、副都督。湖南军政府成立伊始，便将援鄂视为头等大事，先后派出王隆中率领的独立第一协五个营、甘兴典率领的第二师第三协四个营、刘玉堂率领的第一师第二协四个营和刘耀武率领的独立第九标三个营，投入武汉前线作战，这四批援鄂湘军共十六个营，总兵力在 8000 人以上②，有力地支援了武昌首义。

第四，担任后勤总管，助力阳夏之战。10 月 28 日，黄兴、宋教仁、刘揆一等一行来到武汉，黄兴任战时总司令，领导了著名的阳夏之战，长达一个月之久。在此期间，“蒋翊武则另组经理部于归元寺，调度全省后勤，以蔡济民、康济民、何献为副部长。经理部组织庞大，其日常事务委之何等数人办理，任孙明哲为秘书长，郭成育为执事官，金永祺为稽查长，孙德成为军需科长，宋功成为运输科长，陈磊为金柜科长，谢震华为庶务科长，焦桐琴为侦查科长。王安澜为行营粮台总办，徐寿林为十里铺分粮台总理”。③ 当时，汉阳民军总实力约在 13000 人以上，后增至 20000 余人，又雇用民工数千人修筑工事，其全部给养包括粮饷、军械弹药全由蒋翊武主持之经理部全权负责办理，有力地支持和配合了黄兴指挥的汉口和汉阳保卫战④。阳夏之战虽以汉口反攻失利和汉阳失守而告终，但由于黄兴出生入死始终站在斗争最前线实施领导，蒋翊武密切配合，广大民军

---

① 阎幼甫：《辛亥湖南光复的回忆》，载中国人民政治协商会议全国委员会文史资料研究委员会编《辛亥革命回忆录 第 2 集》，文史资料出版社 1981 年版，第 121 页。

② 子虚子（唐乾一）：《湘事记·军事篇》，载同明等编《湖南反正追记》，湖南人民出版社 1981 年版，第 86 页。

③ 蒋漫征主编《蒋翊武研究资料汇编》，岳麓书社 2013 年版，第 175 页。

④ 蒋翊武在阳夏战役中是经理部部长还是副部长，当事人在回忆录中有两种说法：查光佛著《湖北革命知之录·蔡济民传略》和覃振著《辛亥革命起义的回忆》称蒋翊武为经理部长；杨玉如编《辛亥革命先著记》和胡鄂公著《武昌开国实录》称蒋翊武为经理部副部长。此处从查和覃说。

官兵浴血奋战，在敌我力量悬殊的情况下，还是坚持了一个月之久，促成了全国10多个省市宣布独立，为南京临时政府的成立创造了条件。

第五，坚守武昌危城，毅然出任护理总司令。11月27日，汉阳失守。翌日，黄兴离汉赴沪，争取赴鄂援军。民军最高军事统帅付诸阙如，湖北军政府因万廷献系老资格革命党人，原任南京陆军第四中学总办，有较高军事素养，阳夏战役时来到武昌，“参与汉阳军事”，协助黄兴“谋划阳夏战役的攻守策略”①，当此人心浮动之际，遂委任其为护理总司令，蒋翊武为监军。当时，冯国璋据汉阳，以龟山之炮轰击武昌，城中秩序大乱，“万廷献见时局纷乱，无从着手，又疑异者多，亦辞去”。② 28日，万廷献离汉赴宁，仅在27日担任一天护理总司令职。“万受任，筹划城防，稳定大局，一日后离鄂东下，继由蒋翊武任护理战时总司令职。”③ 蒋翊武设护理总司令部于洪山宝通寺。从11月28日至12月5日，蒋翊武在担任护理总司令的8天时间内，为加强武昌危城的防守，发出防守命令52条，几乎每日都发布新的防守命令，其中11月29日午前10时发出命令19条；11月30日午前11时发出命令3条；12月1日午后2时发出命令4条；同日午后12时发出命令4条；12月2日发出命令3条；12月4日午前8时发出命令9条；12月5日午后4时同时分别发出命令各五条。总之，自蒋翊武的命令发出后，民军各部奉命占领阵地，构筑工事，积极备战和应战。加之，各地援军纷纷援鄂，民军势力大增。蒋翊武等人合理安排、适当处置以及通宵达旦率部巡逻，革命秩序井然有序，并派人去葛店说服黎元洪返回武昌。通过肃清内奸等得力举措，武昌城内的混乱局面得以有效控制，形势明显好转，人心渐趋稳定。而且为促成南北双方达成和议，蒋翊武等人做了许多具体工作。从12月2日开始至5日止，民军与清军达成停战三日协议生效，第一次停战三日期满，南北双方决定自12月6日起至8

① 万慕道、万慕慧等口述，杨建文笔录《辛亥革命民军战时总司令万廷献》，湖北人民出版社2011年版，第23页。

② 万慕道、万慕慧等口述，杨建文笔录《辛亥革命民军战时总司令万廷献》，湖北人民出版社2011年版，第42页。

③ 冯天瑜：《〈辛亥革命民军最高战时总司令万廷献〉序》，湖北人民出版社2011年版，第1页。

日止又继续停战3日。自12月9日起，再展期15日。实际上，大的战事已经完全停止，民军一度低迷的士气逐渐好转，又重新振作起来。

蒋翊武从1911年9月24日至10月10日担任武昌起义总指挥，任职17日；从1911年11月28日至12月5日担任护理总司令，任职8日，共担任武昌首义民军最高军事统帅达25日之久，他临危受命，夜以继日，出生入死，不怕牺牲，始终战斗在斗争最前线，为武昌首义立下了赫赫战功，他的英雄事迹和精神将永载辛亥革命史册！

周寿昌与左宗棠交游考

——兼论二者对湘军的影响

王静钰 *

摘　要： 周寿昌与左宗棠同为晚清重要湘籍官员，先后参与了围剿太平军、抗击西方军事入侵等事件，同时在湘军崛起的过程中也发挥着重要作用。周寿昌与左宗棠来往频繁，关系密切，直接往来的书信现存有七封。因此以周寿昌与左宗棠之间的书信史料作为基础，结合其他信札、奏折、诗词等相关史料，分析信中所涉及的私人交往与时事政治，进而对晚清动荡格局下士人思想的发展进行探析。

关键词： 周寿昌；左宗棠；强国；人才观；湘军

周寿昌（1814—1884），字应甫、荇农，晚号自庵，湖南长沙人。“道光二十五年（1845）成进士”①，先后担任翰林院编修、侍读学士、詹事府詹事、户部左侍郎、内阁学士等官职。从周寿昌的诗词、日札以及他的书信往来中可以发现，其一生交友数量众多，其中他与同乡晚清显宦左宗棠的交往尤为密切，且在政治、思想上相互影响。左宗棠（1812—1885），字季高，湖南湘阴人，历任浙江巡抚、闽浙总督、陕甘总督和两江总督，

* 王静钰，湘潭大学马克思主义学院博士研究生。

① 周寿昌：《周寿昌集》，岳麓书社 2011 年版，第 1 页。

并先后两次出任军机大臣。周寿昌与左宗棠同为湖南老乡，先后参与围剿太平军、抗击西方军事入侵等事件。在抗击太平军的过程中，他们都为楚勇的发展建言献策，为湘军的崛起奠定基础。因此本文以周寿昌与左宗棠的书信往来作为史料，探析二者之间的交际往来与政治见解上的异同。

一、周寿昌与左宗棠往来书信概述

目前收集到的周寿昌与左宗棠直接的书信往来共七封。此外，左宗棠写给晚辈、友人的书信中涉及周寿昌的有三封，可作为互补史料。这十封书信的时间跨度从同治八年（1869）至光绪九年（1883），长达十四年，涉及同治、光绪两朝。书信内容除涉及日常生活中的私交往来之外，还有不少关于地方军政、政治事件、政策的商讨。这些书信为研究周寿昌与左宗棠的交游往来提供了丰富、真实、直接的史料。同时，将这些珍贵的书信内容与周寿昌《思益堂诗钞》、日札、左宗棠奏折等相关史料相结合，可以从另一个角度考察晚清政治局势变化。

（一）书信中的私交往来

书信中涉及私人往来的共八封。如同治七年（1868），左宗棠给其子左孝威的家书中提到“周荇农信来为其少君捐官告帮，意欲二百金，可否以百金致之？我忙甚，不能复信，如晤面，可先致意。如实无馀，则俟下次折便送上”①。周寿昌想通过捐纳的方式为其子取得官职，但银两不足遂不得已向左宗棠写信借钱，左宗棠在家书中允诺此事。同治十一年（1872），左宗棠写给夏芝岑的书信中提及“周荇农兄昨以狐白裘见赠”②，周寿昌将裘衣赠与左宗棠。随后“有信复荇翁”③，左宗棠又托付夏芝岑将信转交给周寿昌，这些细节体现出二者往来频繁且关系密切。光绪四年（1878），左宗棠在给周寿昌的书信中写道：“前奉惠书，知因足疾请假，拟归湘养疴，后遂不得消息……始悉道躬康复如常，正拟销假。又读来

① 《左宗棠全集》第13册，岳麓书社2009年版，第117页。
② 《左宗棠全集》第11册，岳麓书社2009年版，第156页。
③ 《左宗棠全集》第11册，岳麓书社2009年版，第156页。

函，得悉其详，良为慰惬。”① 左宗棠一直挂念着周寿昌的足疾，在得知其病情好转后表示欣慰。光绪七年（1881）《答周荇农阁学》中，左宗棠向周寿昌分享其在任职陕甘总督期间对古籍的考证，“兹承以印行旧本见示，当摘录一二以资考证。至古所称玉门阳关，在今敦煌县境内……泑泽即罗布淖尔，为黄河源汇聚处，西师往来经由之道，尤无可疑也”②。此外在该信中，左宗棠感谢周寿昌赠与的“土木人参、高丽苓山参”③，并表示“拳拳厚意，敢不拜嘉。惟过损鹤俸，无可为报，良抱不安耳”④。光绪八年（1882），左宗棠给周寿昌写信，谈及子辈婚配情况。如“金竹圃一病不起，其夫人托人觅婿……为第三孙念恂订婚，将来南归完娶……近又为第五孙念慈订李希庵之孙女”⑤。念恂、念慈是左孝威的儿子，左宗棠的孙子。在光绪八年（1882）左宗棠与周寿昌的往来书信中，他将孙子的婚配情况以及缘由告知周寿昌，可见二者私交甚笃。

书信体现出周寿昌与左宗棠私交密切，除两家人之外还涉及同乡同僚。同治十一年（1872），左宗棠在回复周寿昌的信件中表示不便举荐江幼陶，“干预选政，又非为关陇需才起见，必致人言，于幼陶似多不便”⑥。光绪六年（1880），周寿昌写信给左宗棠讲述江忠源之子江苇生通过捐官任知府，其后，左宗棠劝勉江苇生应“以忠信笃敬为先，勿开罪于州里”⑦。光绪九年（1883），左宗棠在李果仙下狱后，拜托周寿昌“请由尊处转交其家，想阁下不嫌琐渎耳”⑧。

（二）书信中的军国大事

周寿昌与左宗棠的书信中除了探讨子辈、友朋、足疾、书籍等，更重

---

① 《左宗棠全集》第12册，岳麓书社2009年版，第392页。
② 《左宗棠全集》第12册，岳麓书社2009年版，第653页。
③ 《左宗棠全集》第12册，岳麓书社2009年版，第653页。
④ 《左宗棠全集》第12册，岳麓书社2009年版，第653页。
⑤ 《左宗棠全集》第12册，岳麓书社2009年版，第705页。
⑥ 《左宗棠全集》第11册，岳麓书社2009年版，第303页。
⑦ 《左宗棠全集》第12册，岳麓书社2009年版，第556页。
⑧ 《左宗棠全集》第12册，岳麓书社2009年版，第720页。

要的是探讨国家大事。周寿昌和左宗棠年龄相仿，同乡且同朝为官，共同经历了太平军、西方军事入侵等事件，因此在信中有不少涉及对政治局势变化的看法，彼此商议对策交换意见。例如，同治十一年（1872）《答周荇农宫詹》云："西事大致可望澄靖，而波折甚多，诸费区处。一切均详奏牍。想尊处已有所闻。"① 是年，左宗棠任陕甘总督，平定回族起义，同时面临着阿古柏盘踞新疆、沙俄趁机侵占伊犁的边疆危局。左宗棠将陕甘局势上奏朝廷后，想听周寿昌的意见并探听朝廷官员对时政的看法。随后，左宗棠驳斥朝中停造轮船的言论，并在兰州创办甘肃机器制造局。光绪四年（1878），左宗棠虽远在新疆，但通过多次与周寿昌交谈逐渐了解京城群臣的政治意见。"西事具有端绪，前月二十二日复陈一疏，言之颇详，虽奉有'不为无见'之谕，究未审朝论云何耳?"② 任陕甘总督的左宗棠将西事端倪告知周寿昌并询问朝廷对此事的言论。次年，左宗棠得知崇厚与沙俄签订《里瓦几亚条约》，立即向清廷陈奏分析利弊，清廷最终治罪于崇厚。

光绪八年（1882），左宗棠在《与周荇农阁学》一信中问询周寿昌云南报销案的了结情况，其云："云南报销案如何了结？翁、潘人枢垣，当能持正，固中外所望也。"③ 此处的"翁"和"潘"分别指的是翁同龢与潘祖荫，在事件爆发后，二人继任军机大臣并负责处理该案。此前，云南报销案震惊朝廷上下，影响甚广，牵连甚重，正如贾熟村所言：云南报销案中炭敬"这一类的贿赂由来已久，官场习以为常，清政府的腐败已经积重难返，牵涉的人太多，已经查不胜查"④。但从书信中可知，左宗棠对于二人能否妥善处理此案报以极高的信心。光绪八年（1882）的《与荇农阁学》中，左宗棠向周寿昌详细地谈论了海防、水利、行盐的重要性，"莅事已来，以治水、行盐为功课，而精神所注则在海防"⑤。在书信中左宗棠

① 《左宗棠全集》第11册，岳麓书社2009年版，第303页。

② 《左宗棠全集》第12册，岳麓书社2009年版，第393页。

③ 《左宗棠全集》第11册，岳麓书社2009年版，第706页。

④ 贾熟村：《震动晚清政局的云南报销案》，《史学月刊》2005年第39卷第11期，第24页。

⑤ 《左宗棠全集》第11册，岳麓书社2009年版，第699页。

系统地讲述了水利养民强兵利国的经世致用思想；光绪九年（1883）的《与周荇农阁学》中，左宗棠再次与周寿昌提及水利“乘验收水利工程之便，兼察海防，筹办机要”①。此外，周寿昌也写书信称赞左宗棠的水利建设，“询悉河工告成……欢颂遍野，咸谓盛德所贻”②。

综上所述，在书信往来中，周寿昌与左宗棠探讨的内容，除了私事如晚辈仕途、儿女婚事、关照友朋之外，还在边疆政事、水利修建等方面互通朝政看法，尤其是涉及水利修建重要性的探讨在多封书信中都有直接体现。

二、周寿昌、左宗棠的水利强国思想

周寿昌与左宗棠在往来书信中，多次提及水利河工之事，例如，光绪八年（1882）《与周荇农阁学》、光绪九年（1883）《与周荇农阁学》以及《湖南省图书馆藏近现代名人手札》收录的周寿昌致左宗棠的书信。通过这三封书信可知周寿昌、左宗棠对于水利强国思想的趋同。

左宗棠在同治五年至光绪七年（1866—1881）担任陕甘总督。在此期间，左宗棠“清楚地看到，‘西北地多高仰，土性善渗，需水尤殷’——特别是沙漠戈壁地区，‘无水草’‘无民人’无牲畜”③，西北地区屡次遭受水旱灾害，左宗棠意识到兴修水利的重要性。经过数十年的努力，西北部分地区出现了“‘水利大兴、而垦事亦盛’的局面，各地呈现出荒地渐少、生态渐转、民困渐苏、百业肇兴、民气日旺、气象一新的崭新景象”④。

光绪七年至十一年（1881—1885）左宗棠任两江总督时，再次提出和强化了“水利废兴，关系国计民生”⑤ 的强国思想，更是把治水视为有关

① 《左宗棠全集》第11册，岳麓书社2009年版，第720页。

② 湖南图书馆编《湖南图书馆藏近现代名人手札》第3册，岳麓书社2010年版，第1499页。

③ 彭大成：《左宗棠开发西北的战略举措与深远影响》，《湖南师范大学社会科学学报》2001年第30卷第1期，第50页。

④ 马啸：《左宗棠与甘肃水利建设》，《西北民族大学学报（哲学社会科学版）》2003年第25卷第6期，第60页。

⑤ 孙占元：《左宗棠评传》，南京大学出版社1995年版，第234页。

国计民生的要政来对待。光绪八年（1882），左宗棠在《与周荇农阁学》一信中较为系统地论述了水利养民强兵救国的观点。

今岁江湖盛涨，复添蛟水，准扬以下巨浪掀天，堤坝工程危险特甚。幸各堤以兴工修筑最早，疏浚亦尽春水初生之前，而各料购备应手，随时抢护，尚无停待之候，故堤高于水仅止一寸，而究保无虞。其尤异者，堤坝各工，每日均东南、东北风，绝无西风，故未出险，否则不堪设想，而东逻大坝一开，则下河被灾，不特粮米减收，即赈务亦不胜其办也。①

光绪八年（1882）二月左宗棠到扬州、高邮等地视察运河堤工，“今岁江湖盛涨……堤坝工程危险特甚”②。左宗棠观察到各地较早修筑堤坝，且救险措施应对及时，并未形成大规模水灾。左宗棠认为河堤懈怠必会引起“下河被灾，不特粮米减收，即赈务亦不胜其办也”③，所以早在水灾发生之前，督促地方加紧修建水利设施。《与周荇农阁学》接着又称：

莅事已来，以治水、行盐为功课，而精神所注则在海防。盖必治水而后可以保民，能保江淮以北之民不为岛人所驱使，而后两江之兵不可胜用，岛人之势日孤，官军之气日壮。彼圜视皆有戒心，又兼以频年贸易不兴，搅用重而利息少，除鸦片外，无不折阅者，再历岁时，折耗多，即门面亦难敷衍，其不为汉口、九江之自闭洋行停帐歇商者几希，彼时复租界而仍归之我，乃意中事耳。④

左宗棠首先提出水利保民强兵思想。“盖必治水而后可以保民，能保江淮以北之民不为岛人所驱使，而后两江之兵不可胜用，岛人之势日孤，官军之气日壮。”⑤ 左宗棠认为，改善百姓生活水平，百姓就不会迫于生计听从列强的驱使。在保民养民的同时，还为两江军事提供源源不断的兵力。有了充足的兵源，后方粮食供给的支持，清政府军队的战斗力就可以大大增强，收复租界指日可待。“彼时复租界而仍归之我，乃意中事耳”⑥，

① 《左宗棠全集》第12册，岳麓书社2009年版，第699页。
② 《左宗棠全集》第12册，岳麓书社2009年版，第699页。
③ 《左宗棠全集》第12册，岳麓书社2009年版，第699页。
④ 《左宗棠全集》第12册，岳麓书社2009年版，第699页。
⑤ 《左宗棠全集》第12册，岳麓书社2009年版，第699页。
⑥ 《左宗棠全集》第12册，岳麓书社2009年版，第699页。

体现了左宗棠试图通过治水保民强兵最后达到救国的效果。该信接着说：

保民之道，必以养民为先。六府之修，以水利为亟。江淮之间，地广而土沃，若能兴修沟渠，培厚加广，挑淤浚浅，一如陇上、新疆治法，则水有所归，旱潦有备。垦荒成熟外，加以桑棉之利，则民可自赡，又可易洋人银钱以供赋税，彼之末富安能与我之本富争，彼之淫巧安能与我之食货比。操赢以驭其绌，一转手而富强且十百于泰西矣。①

由上可知，左宗棠认为保民要以养民为先，养民要以水利为基。左宗棠任陕甘总督时，就开始在甘肃、新疆地区修建水利。随后任两江总督时，左宗棠仍然十分重视在江淮地区修建水利。水利设施修建完成后，农桑生产率将大幅度提高，百姓实现自给自足。在保证百姓生活的基础上，将剩余的桑棉卖给缺乏原材料的洋人，便可收取桑棉税。通过这一系列操作，水利不仅养民还可以增加国家财政收入。富民才是“本富”，在“本富”的基础上才能抵御外敌，达到“富强”的目的。在他看来，要维护国家利益达到富国强兵，就要重视维持这个国家存在的民众。所以，左宗棠认为切实的措施是着眼于水利，保民以强兵救国。

光绪九年（1883）左右，针对左宗棠在水利方面的措施，周寿昌特意给左宗棠写了一封书信，对他多年水利建设的成就给予高度认可。其云：

朗青方伯到京枉过，询悉河功告成，坚巩完密，畿辅秋稔，欢颂遍野，咸谓盛德所贻。此从来难办之役，公亲勘指授，任使得材，遂致屹然金堤，一旦而贻无穷之乐利，非常之功固待非常之人，实亦天人交协，笃信专任，不牵于群议，不惑于旁挠，用克绩于成而无后虑。②

周寿昌认为左宗棠的水利措施“坚巩完密”“贻无穷之乐利”“用克绩于成而无后虑”。此外，周寿昌还认为左宗棠能将“难办之役”做到“河功告成”实在是“非常之功固待非常之人”。周寿昌之所以如此赞扬左宗棠，是因为在咸丰年间（1851—1861）周寿昌就意识到水利的重要性。

咸丰十一年（1861），曾国藩“出门至河干拜周荇农，并看盐河横濠，

---

① 《左宗棠全集》第12册，岳麓书社2009年版，第699页。

② 湖南图书馆编《湖南图书馆藏近现代名人手札》第3册，岳麓书社2010年版，第1499页。

午正归”①，周寿昌与曾国藩一同实地勘探当地的盐河情况。起初周寿昌只是将水利建设与盐运等经济发展相联系，但晚清局势不断变幻，内有太平军捻军叛乱、外有沙俄等列强入侵，强兵救国迫在眉睫。周寿昌常与边疆大臣左宗棠互通书信，探讨时局，寻求富国强兵之道。周寿昌虽为京官但通过左宗棠的书信对地方民生有更深入的了解，逐渐意识到水利不仅仅是经济问题，更是政治问题，不仅关系到农业民生，更关系到国家安危。在左宗棠的影响下，周寿昌逐渐形成了水利强国的思想，并且十分钦佩左宗棠能将水利强国思想付诸实践并取得“非常之功”。

周寿昌与左宗棠的水利强国之见，是清末官员在社会动荡格局下试图挽救将倾大厦的缩影。晚清士人意识到强国迫在眉睫，他们将以往知识、经验相结合并在实践中加以运用，尝试通过加强水利建设等措施实现救亡图存。

三、周寿昌、左宗棠的人才观

周寿昌与左宗棠往来书信中有颇多关于如何使同乡尽其才的探讨。如同治十一年（1872）周寿昌与左宗棠互通的书信中就提及如何推荐江幼陶为官。江幼陶“劳苦兵间，仅得今资，又无记名题奏名色”②，虽年少从戎，但仕途不顺，周寿昌便将其推荐给左宗棠。左宗棠在选才方面非常谨慎，认为江幼陶虽有抗击太平军的经验，但并非关陇所需之才，如若执意干预，“必致人言，于幼陶似多不便”③。但左宗棠也坚持量才录用的用才标准，认为“培养忠义盛心”④以忠义举荐江幼陶最为合适，并向周寿昌表示“幼陶如急于求进……弟当节缩廉项以成之耳”⑤，左宗棠愿意为江幼陶提供资金帮助。

光绪六年（1880），周寿昌写信向左宗棠讲述江忠源的遗腹子江沛生

① 《曾国藩全集》第17册，岳麓书社2011年版，第240页。
② 《左宗棠全集》第11册，岳麓书社2009年版，第303页。
③ 《左宗棠全集》第11册，岳麓书社2009年版，第303页。
④ 《左宗棠全集》第11册，岳麓书社2009年版，第303页。
⑤ 《左宗棠全集》第11册，岳麓书社2009年版，第303页。

通过捐官任知府之事。其后，左宗棠写《答江芾生》“顷由周荇农阁学处寄到惠函，借悉岘庄制军已为加捐知府，并借便差验看，引见赴都，殊为慰意”①。左宗棠担心江芾生资金不够，特意资助“托吉田廉访于廉项内划提四百金……候侄取用”②。此外，左宗棠还教诲江芾生如何为人为官，例如“侄以忠裔得官，应时以先人志事为念”，建议江芾生在家时“以忠信笃敬为先，勿开罪于州里”，为官时则需要“以忠勤报国为务，勿负疚于神明”，时刻谨记“淡泊艰苦之境，防侈泰因此而生”③。最后，左宗棠嘱托江芾生“若但知作官享福而已，安知世俗所谓荣者不为辱，世俗所谓利者不为害耶?”④ 左宗棠在信中所言皆为肺腑，也体现出左宗棠以忠信、报国为本的育才之道。

光绪九年（1883），左宗棠在李果仙下狱后，拜托周寿昌将银两送至李果仙家并代为看望。李郁华（1837—1902），字果仙，湖南新化人，清代著名诗人、书法家。在李果仙下狱后，左宗棠曾拜托徐筱云送五十金至李果仙家，徐筱云“言果仙现已下狱，似可不送”⑤。但左宗棠并不这样认为，念及“果仙同乡而兼年谊，近况尤极艰难……尤为可怜……既以炭敬相将，则雪里以多为贵”⑥。左宗棠将原来的五十金增为百金，考虑到徐筱云不愿，便转为拜托周寿昌“由尊处转交其家，想阁下不嫌琐渎耳”⑦。李果仙下狱，昔日好友避之不及，但左宗棠慷慨解囊、雪中送炭；周寿昌代为转交、关怀备至，体现了二者的敬才之道。

这几封信从选才、用才、育才、敬才四个方面展现出周寿昌与左宗棠的人才观。可见二者重视人才、培育人才、尊重人才，努力团结湘籍人才，量才录用、用其所长。

周寿昌与左宗棠在书信中多次提及江幼陶以及江芾生，甚至多次解囊

---

① 《左宗棠全集》第 12 册，岳麓书社 2009 年版，第 556 页。
② 《左宗棠全集》第 12 册，岳麓书社 2009 年版，第 556 页。
③ 《左宗棠全集》第 12 册，岳麓书社 2009 年版，第 556 页。
④ 《左宗棠全集》第 12 册，岳麓书社 2009 年版，第 556 页。
⑤ 《左宗棠全集》第 12 册，岳麓书社 2009 年版，第 720 页。
⑥ 《左宗棠全集》第 12 册，岳麓书社 2009 年版，第 721 页。
⑦ 《左宗棠全集》第 12 册，岳麓书社 2009 年版，第 720 页。

相助，探其缘由，不仅仅是因为周寿昌与左宗棠人尽其才的人才强国思想，还是因为周寿昌与左宗棠对亡友江忠源的钦佩。

江忠源（1812—1854），字岷樵，湖南新宁（今属邵阳）人，太平天国起义后，江忠源组建楚勇到广西参战，随后转战湖南、湖北、江西，累升至安徽巡抚。咸丰三年（1853）江忠源在庐州被围，力战后投入古塘自杀，年仅四十二岁，谥忠烈。江忠源牺牲后，其弟江忠濬与江忠济也在围剿太平军战役中牺牲，江氏四兄弟仅剩江忠淑（即江幼陶）一人。周寿昌与左宗棠为江忠源一门忠义所折服，因此，他们格外关照江忠源仅活着的四弟江幼陶，以及江忠源的遗腹子江芾生。

周寿昌作《哭江岷樵中丞忠源》[①]《再哭江忠烈》[②] 等诗文沉痛悼念亡友江忠源，借杨业比喻江忠源“有诏悲杨业”[③]。左宗棠在《答周荇农宫詹》一信中追忆与江忠源协同作战的场景，“岷樵长弟数月，论交最早，重晤于长沙围城中，并得交其弟汝舟”[④]。其后，左宗棠在《答江芾生》中称赞江忠源：“论所成就，固争光日月而超越古今。”[⑤]

不仅周寿昌与左宗棠对江忠源的壮举感到敬佩，世人也皆为江忠源的忠义所折服。“当咸丰初，军事初起，绿营望风溃败，文士书生也都隐伏不肯出任艰难。惟忠源以一书生创募楚勇，转战数省，屡立大功，挫强敌，保名城。当时，楚勇以敢战闻于时，而忠源也积功累擢位至巡抚……湖南书生愈人人争自效。”[⑥] 正是有了江忠源率先以书生身份编练团练的先例，且在抵抗太平军的过程中屡立功勋，才唤醒湖湘士人不断崛起，他们试图通过互通信息、协同行动的方式守护桑梓，保家卫国。例如，周寿昌与左宗棠对江幼陶、江芾生的关照，就体现出二者试图以地缘为纽带，量才录用为标准，保卫桑梓为目的的方式寻求强国之路。周寿昌与左宗棠强国观的形成过程中最为基础也最为重要的动力就是共同建设好湘军。在湘

① 周寿昌：《周寿昌集》，岳麓书社 2011 年版，第 43 页。
② 周寿昌：《周寿昌集》，岳麓书社 2011 年版，第 44 页。
③ 周寿昌：《周寿昌集》，岳麓书社 2011 年版，第 43 页。
④ 《左宗棠全集》第 11 册，岳麓书社 2009 年版，第 303 页。
⑤ 《左宗棠全集》第 12 册，岳麓书社 2009 年版，第 556 页。
⑥ 罗尔纲：《湘军新志》，上海书店出版社 1945 年版，第 68 页。

军的发展、壮大过程中，左宗棠、周寿昌无疑发挥出了相当关键性的作用。

四、周寿昌与左宗棠对湘军建设的影响

在湘军集团发展过程中，除了地缘纽带关系外，更重要的是私谊关系。周寿昌、左宗棠、江忠源、曾国藩都是湘军集团的重要人物，彼此之间也建立了深厚的友谊。周寿昌与江忠源交往密切，左宗棠与江忠源共同抗击太平军，江忠源与曾国藩是师生关系。此外，值得注意的是，湘军最初的创建人并非曾国藩，而是创办楚勇的江忠源，楚勇的壮大则与周寿昌、左宗棠存在密切联系。

（一）周寿昌对湘军建设的影响

周寿昌与江忠源于“壬辰（1832）相识于岳麓书院”①，此时，江忠源二十岁，周寿昌十八岁。对于当时发生在西南地区由少数民族掀起的叛乱，两人初次探讨军事思想，多次交流并交换意见，周寿昌在回忆江忠源的诗词《哭江岷樵中丞忠源》中明确提到：“时瑶匪构逆，与君夜卧谈练勇事，彻夜不倦。”② 二人对于如何构建军队以及训练兵丁镇压叛乱提出了构想，这对江忠源后来毅然投身军旅，抵御太平军的行为造成了深远的影响，且周寿昌与江忠源的思想共鸣有助于楚勇形成独特的军队体系框架。

江忠源建设楚勇时就多次与周寿昌探讨，两人设想通过强化军队内部联系以加强战斗力。“从战多乡里，能兵有弟兄”③，体现了楚勇内部的同乡邻里与血缘纽带关系。“君所率楚勇，其弟忠淑、忠濬、忠济，俱在行间”④，更体现了江忠源兄弟四人共同参军的壮举，成为楚勇军队体系框架的鲜明代表。由此可知，楚勇创建初期就形成了以地缘、血缘为基础的纽带关系，而周寿昌在江忠源建设楚勇的过程中直接参与了同乡官兵模式框

① 周寿昌：《周寿昌集》，岳麓书社2011年版，第43页。
② 周寿昌：《周寿昌集》，岳麓书社2011年版，第43页。
③ 周寿昌：《周寿昌集》，岳麓书社2011年版，第43页。
④ 周寿昌：《周寿昌集》，岳麓书社2011年版，第43页。

架的构建。

在与江忠源共同镇压太平军的过程中，曾国藩意识到楚勇与一直畏战的绿营不同，其战斗力远胜于其他清军部队。曾国藩总结其屡次获胜的原因，最后发现楚勇内部士兵之间有明显的地缘性特征，他们既是同乡更是父子、兄弟。咸丰三年（1853）江忠源前往武昌时，将楚勇留给驻守长沙的曾国藩，曾国藩便以楚勇为基础扩建创办而成湘军。周寿昌与江忠源共创的同乡官兵模式也因此奠定了湘军士兵体系的框架，使得湘军将士彼此之间也有明显的地缘性特征。

（二）左宗棠对湘军建设的影响

江忠源除与周寿昌关系密切，还因镇压浏阳征义堂一事与左宗棠建立友谊。咸丰二年（1852）七月，萧朝贵率领太平军进攻长沙，企图策动征义堂助战，但征义堂“自顾不暇……不可能按照原来的许诺，去帮助太平军攻打长沙了”①。左宗棠认为征义堂“是一个潜在的威胁”②，遂建议湖南巡抚张亮基派江忠源率楚勇赴浏阳镇压征义堂。十一月，左宗棠将用兵策略写成密函交予江忠源用以征讨，仅十二天就平定浏阳征义堂，“郭嵩焘说：‘江忠源征平忠义堂，实授方略于左宗棠，发谋决策，皆宗棠任之’”③。郭嵩焘此处所提及的忠义堂即征义堂。左宗棠在军事方面不仅指导江忠源带领楚勇作战，而且将楚勇与其他练勇相结合，在共同抗击太平军等实践中逐渐提高了军队战斗力和影响力，为曾国藩湘军的建立奠定基础。

是年，太平军围攻长沙，曾国藩受命协助湖南省地方办理团练。曾国藩抵达长沙当日便与“张石卿中丞、江岷樵、左季高三君子感慨深谈，思

① 杨奕青：《浏阳征义堂及其与太平军的关系》，《湘潭大学学报（社会科学版）》1989年第13卷第4期，第67页。

② 杨奕青：《浏阳征义堂及其与太平军的关系》，《湘潭大学学报（社会科学版）》1989年第13卷第4期，第68页。

③ 李志茗：《戎幕坐啸八年———左宗棠幕僚生涯再研究》，《史林》2018年第33卷第4期，第91页。

欲负山驰河，拯吾乡枯瘠于万一”①。在交谈过程中，左宗棠等人提及训练团练，“曾国藩抵达长沙之前两日，张亮基与左宗棠就已决定调集各地练勇至长沙防守，并且要训练这批练勇”②。曾国藩在与左宗棠等人会面后便上书“《敬陈团练查匪大概规模折》，提出要‘于省城立一大团，认真操练，就各县曾经训练之乡民，择其壮健而朴实者招募来省。’这是他第一次提出练兵计划的文件”③。可见曾国藩练兵的主张源于左宗棠，而他建设湘军的过程也离不开左宗棠。左宗棠将楚勇与其他团练集结起来，共同练兵抗击太平军，“组织团练协助守城，除江忠源的‘楚勇’外，还檄调罗泽南、王鑫等所办‘练勇’来长沙帮忙。练勇后来成为曾国藩组建湘军的基本班底”④。

在楚勇建设发展期间，周寿昌和左宗棠分别在理论与实践两个层面上协助江忠源，使江忠源的楚勇得以快速发展，曾国藩同样也在实战中意识到周寿昌这种以地缘、亲属作为纽带的同乡官兵模式在建设军队过程中的重要性。此外，左宗棠对楚勇的军事指导以及政策支持有助于楚勇迅速壮大，也为曾国藩创建湘军奠定基础。周寿昌、左宗棠都参与了湘军的建设，他们为早期湘军的创建提供军事思想基础以及实践基础，湘军也因此成为晚清政局的重要军事力量。

周寿昌与晚清显宦左宗棠同为湖南人且位居高官，由书信记载可知，两人除密切的私交往来之外，还在政治军事等活动中往来频繁，共同参与晚清的政治军事活动，为挽救国家危亡做出重要贡献。在政治思想方面，通过周寿昌与左宗棠的来往书信可知，二者具有相似的人才观、水利强国思想，都是以人尽其才、量才录用、用其所长为选才、用才的基本标准，同时强调培育和尊重人才的重要性。其次，在左宗棠的影响下，周寿昌的

① 《曾国藩全集》，岳麓书社1990年版，第111页。

② 郭汉民、暴宏博：《曾江交谊与湘军的创立》，《第三届“晚清国家与社会”国际学术研讨会》，社会科学文献出版社2009年版，第15页。

③ 郭汉民、暴宏博：《曾江交谊与湘军的创立》，《第三届“晚清国家与社会”国际学术研讨会》，社会科学文献出版社2009年版，第19页。

④ 李志茗：《戎幕坐啸八年———左宗棠幕僚生涯再研究》，《史林》2018年第33卷第4期，第91页。

水利思想逐渐从经济效益层面上升到国家安危的高度，形成水利强国思想，左宗棠这一水利思想及水利建设所取得的成果得到周寿昌的高度认可。在军事方面，周寿昌与左宗棠先后参与围剿太平军、抗击列强侵略，而来往的书信中对江幼陶、江芾生的帮助则可以看出两人与江忠源的友谊。这段同乡之谊形成于他们对湘军早期雏形“楚勇”的建设与实践之中。此后，以湘军为代表的汉族军事集团逐渐打破满蒙贵族在军事领域上的垄断，成为清政府稳定内外、维护统治的重要军事力量。湖湘士绅阶层也因此涌现出了一大批优秀的政治、军事人才，产生了巨大的社会影响，构成了湖南近代史辉煌的一面。

湖湘文化与当代中国发展研究

传承伟大建党精神 助力党建引领脱贫村文化建设

陶庆先[*]

摘　要： 适应巩固拓展脱贫攻坚成果同乡村振兴有效衔接需要，更好发挥文化在其中的积极作用，要传承湖湘精神，明确思路、任务和模式，构建符合脱贫村发展需求的党建引领支撑体系。

关键词： 湖湘精神；党建；脱贫村；文化建设

文化改变的是理念，引领的是行为，“心忧天下”“上下求索”“实事求是”“经世致用”等湖湘精神不断释放着发展动能，成为巩固湖南拓展脱贫攻坚成果同实现乡村振兴有效衔接的重要力量。实践中，在经历了脱贫攻坚这一艰苦战役后，湖南脱贫村经济发展呈现新面貌，但部分群众思想观念尚未完全转变过来，“依赖帮扶”“期待外部输血”等思想仍然存在，导致这一现象的重要原因在于脱贫村文化建设相对滞后，“文化建设内容传承创新少、文化活动组织参与人员少、社会主义核心价值观与党的

＊ 陶庆先，湖南省社会科学院（湖南省人民政府发展研究中心）历史文化研究所副所长，副研究员。

基金项目：本文为2021年度湖南省社会科学成果评审委员会课题新时期党建引领贫困村文化建设研究（XSP21YBC392）阶段性成果。

文化方针政策传播少”等“三少”问题比较突出，这与乡村振兴、农村现代化建设极不适应，迫切地需要为农村农业现代化注入更加强大的动能。作为湖南发展的重要思想理论武装，湖湘文化持续弘扬“敢为人先”的品质，主动打开思想“闸门”，浸润习近平新时代中国特色社会主义思想等最新理论成果，落实习近平总书记关于推进不同文明交流互鉴、取长补短、共同进步的指示精神，形成指导湖南改革发展实践的理论成果，应当而且必须在脱贫村文化建设中发挥积极作用。

湖南有着光荣的革命历史，以党建引领为突破，推进脱贫村文化建设，可以而且应当发挥湖湘文化的积极作用，促进二者的深度耦合，这就需要在认识上厘清党建为何、如何引领？在实践上总结党建引领有哪些成功经验？新时期该如何复制并有效推广这种经验以发挥党建引领作用？同时，还需要结合脱贫村的发展实际，根据党建工作与文化建设的现实、未来需求，推进思路与路径创新。纵观已有的研究，主要从公共物品视角、公民文化权利视角和文化治理视角等不同角度对脱贫村文化建设展开探讨，指出要深化公共文化服务产品供给侧结构性改革，通过研判贫困文化的形成机制、遗传特性并依托“内生性重构”来推进文化建设①。但从一般性的文化扶贫到脱贫村文化“内生性重构”，发挥湖湘精神的作用，助力党建引领脱贫村文化建设，实现从“外源性”扶持到“内源性”发展的转变，最终构建脱贫村文化建设自适应机制及其运行生态还需要深入研究。

一、传承创新湖湘精神助力党建引领脱贫村文化建设的时代意义

习近平总书记指出，“‘十四五’时期，我们要把文化建设放在全局工作的突出位置，切实抓紧抓好。”湖湘大地历来重视文化作用的发挥，周

① 饶蕊，耿达：《文化扶贫的内涵、困境与进路》，《图书馆》2017年第10期，第13—17页；陈建：《文化精准扶贫视阈下的政府公共文化服务堕距问题》，《图书馆论坛》2017年第37卷第七期，第74—80页；杨旸：《乡村人才是乡村振兴的重要力量》，《人民论坛》2021年第16期，第72—74页。

敦颐提倡要认识天下之势，魏源提出“师夷长技以制夷”的主张，更是强调要顺应时代的发展制定发展策略。在新的历史时期，以党建引领脱贫村文化建设，既是文化本身发展的需要，也是脱贫村现代化亟须解决的问题，这一过程中，无疑要传承好、弘扬好湖湘文化。

（一）文化建设有助于激发“人”这一核心要素潜能

文化建设，特别是扎根于湖湘大地的文化建设，传承敢为人先、心忧天下的家国情怀、湖湘精神，将持续深度影响一代又一代的湖南人，在这种文化浸润下，党建引领脱贫村文化建设大有可为。如在涟源等地调研发现，三一重工、58 同城、IDG 资本等企业都注重投资湖南，注重回馈父老乡亲，甚至带动了一批率先富起来的人反哺农村，形成了乡村文化建设的重要力量。脱贫村文化建设，必须把握“人”这一核心要素，要能够有效发挥人的作用。但相比城市大规模、大范围的人才引进举措，脱贫村接受高等教育的人才比例小，总量明显不足；人才分布不平衡，结构不合理，具有新闻传播等专业背景的人才很少甚至没有；人才流失严重等问题明显。此外，文化人才在社会认可度、管理创新、服务体系建设等方面还存在一些不足，党建在文化人才队伍建设中的积极作用还有待强化。

（二）文化建设有助于延伸“文化 +”链条

精神文化的产生归根结底是物质生产不断发展的结果，在脱贫村推进文化建设，有助于文化与实体经济更加紧密地融合，也将有效拓宽文化发展平台，为发挥党建引领作用拓展空间。以“文化 + 农业”推进产业融合发展，“湖南红茶”“安化黑茶”等茶叶品牌、“湘西猕猴桃”“湘南脐橙”等水果品牌、“湘江源蔬菜”“洞庭小龙虾”等品牌都蕴含着丰富的文化元素，成为推进脱贫村发展的重要产业。以“文化 + 制造业”推进产业融合发展，脱贫村中的矿产资源、农副产品加工、旅游产品加工等具有良好的市场，通过与文化的融合，推进工业文化旅游基地打造，鼓励制造业企业传承工业文化遗产，打造一批以工业产品、企业工厂为重点的“文化 + 制造业”发展示范载体。以“文化 + 现代服务业”推进产业融合发展，把文化融入旅游、电子商务等产业中，有效提升产业整体竞争力。

（三）文化建设是脱贫村社会繁荣的重要力量

调研发现，脱贫村部分群众还存在诸多不文明的行为，如邻里不和睦、环境卫生状况堪忧等，党建引领脱贫村文化建设，将以更大力度、从更宽层面倡导和落实社会主义核心价值观，更加有效协调人与人之间的相互关系，更为积极地促进人与自然和谐相处，凸显其在解决现代人的精神困惑，提高人的文化素质，丰富文化生活等方面的作用。如通道县文坡村建立了“国家侗锦非遗传承基地”，开办了一系列的讲座和创意设计培训活动，通过培训与宣讲来增强村民的认知与自我赋能，树立正向积极的意识。再如，如今农村流行的广场舞等团队活动，在相当程度上能够促进人与人的交流，有利于带动形成积极向上的发展氛围。

二、传承创新湖湘精神助力党建引领脱贫村文化建设的实施路径

发达的物质文明蕴含着先进的文化思想，能够更为有效地激发湖湘文化的动能，推进脱贫村文化建设。要更加明确党建引领的思路、重点任务、实现模式等战略内容，加快推进脱贫村文化供给由外源性向内源性转变，文化福利救济—服务经济发展—贫困治理的工具理性向价值理性逻辑转变，党委政府本位向党委政府服务转变，真正让文化成为脱贫村发展的有效动能①。

（一）有效明晰党建引领脱贫村文化建设的基本思路

传承创新湖湘精神，发挥党建引领作用，依托理念创新推进实践创新，全面打开脱贫村文化建设的思路。要更加重视把文化建设纳入脱贫村经济、政治、文化、社会、生态体系中，真正把文化建设视为凝聚人心、

① 陈桐影：《乡村振兴视域下农村群众文化发展现状与对策研究》，《新西部》2020年第12期，第15—16页。

谋划发展的重要力量，从思想上解决就文化论文化的问题。要有效将脱贫村文化建设放到新阶段、新理念、新格局中来谋划，从新阶段脱贫村群众需求出发、从新理念的落实要求出发、从新格局的发展实际出发来谋划文化建设，解决思维上固化的“脱贫村贫困、落后难发展”困局。要更加重视党建在新技术、新环境下，对脱贫村文化建设的引领作用，真正将新技术应用于能够满足群众需求的文化的开发，有效弱化甚至规避各种错误思潮可能带来的冲击。

（二）科学明确党建引领脱贫村文化建设的重点任务

践行湖湘精神，以提高脱贫村群众文化素养，促进文化消费为导向，大力落实各级党委政府推进乡村文化建设的目标任务，确保脱贫村文化建设达标。着力推进文化宣传，以习近平新时代中国特色社会主义思想、社会主义核心价值观、移风易俗以及当地优秀传统文化为重点，依托镇村干部、乡贤等社会力量，全面推进文化宣传工作，帮助群众掌握理论武器，提高自身的文化素养。支持文化基础设施建设，围绕农村“七个一”文化设施，全面推进脱贫村基础设施升级，加强设施维护；持续推进文体设施、网络通讯设施等有利于文化生产、传播以及消费的设施建设与升级。着力推进文化作品创作和人才队伍建设，加大人才培养力度，鼓励有文化、懂互联网的青年人积极依托抖音、快手、微信等平台进行短视频创作，鼓励依托传统习惯、习俗创作一批反映乡村振兴、现代化建设的文艺作品。

（三）创新模式推进党建引领脱贫村文化建设的有效动力

传承创新湖湘精神，根据脱贫村文化建设的时代特征、创新模式，更加有效地实现党建引领，推进脱贫村文化高质量发展。积极构建党员干部推动模式，建立健全党员干部发现需求—谋划项目—指导文化建设的全过程参与模式，充分发挥党员干部的能动性，形成党员干部带头推动建设模式。创新文化活动或者项目带动模式，深入推进文化建设的平台载体、文化作品以及各类文化活动项目化，依托项目建设抓实文化建设。把握事件或主题驱动，根据巩固拓展脱贫攻坚成果同乡村振兴有效衔接、非物质文化遗产开发利用等事件，积极引导推进文化资源挖掘、整理，培育形成推进脱贫村文化建设的有效动力。

（四）合理谋划党建引领脱贫村文化建设的保障措施

脱贫村虽然劣势，但在脱贫攻坚过程中也形成了比较优势，如党建得到全面加强，地方特色优势得到有效挖掘，产业培育迈出重大步伐等，这些优势为脱贫村文化建设奠定了坚实的基础。把握文化建设的现实需求，构建规划—项目—宣传于一体的全方位支持体系，强化党建对文化建设规划的指导。在脱贫村制定相关规划的过程中，要提高党组织、党员的参与度，发挥党员干部了解文化建设实际情况的优势，使规划更加贴近现实需求。强化党建对文化项目开发的指导，依托党员干部服务意识强的优势，建立党员干部跟踪服务项目联络机制，帮助解决项目开发中的各种难题。强化党建文化活动组织策划的领导，鼓励在党建活动中强化文化建设内容，重点支持将本地传统文化加入宣传策划中。

三、传承创新湖湘精神助力党建引领脱贫村文化建设的对策建议

湖湘文化有着敢于坚持自我的强大文化自信，“霸蛮精神”“楚虽三户亡秦必楚”“欲灭华夏，先平湖南”等精神内容将继续在脱贫村文化建设中发挥积极作用。完成脱贫攻坚任务后，脱贫村肩负乡村振兴、现代化建设等任务，多重目标耦合下，要更加坚定地传承湖湘精神，进一步健全领导体系，完善党建引领文化建设机制，注重经验总结，真正形成有利于文化建设的党建引领发展生态。

（一）强化领导充分发挥各级党组织和党员干部的积极作用

让湖湘文化更好地激励人、培养人，依托乡村振兴工作队（第一书记）、乡镇（县）联点领导干部、村支两委等多主体推动，帮扶项目资金、文化建设项目资金等多渠道投入，共同构筑党建引领脱贫村文化建设生态

系统。发挥党的领导优势，选准用好党员，建立有效的激励机制，解决脱贫村文化建设中优秀人才不足、党员作用发挥不够的问题。精准定位村支两委，加强考核监督，严格落实相关奖惩措施，解决脱贫村文化建设中自治组织活力不足的问题。推广应用大数据等信息化手段，建立依托村广播、微信公众号等渠道的立体宣传体系，解决脱贫村文化建设中政策宣讲解读不到位的问题。

（二）构建党建引领脱贫村文化建设的长效机制

积极构建党建引领观念更新行为优化的学习机制，以党建引领脱贫村文化建设，夯实乡村党建薄弱环节，依托党建规范文化建设行为，形成学习先进—更新理念—指导实践的党建引领落实机制。积极构建党员干部示范带动群策群力的资源整合机制，充分发挥党员干部在脱贫村的影响力，积极吸纳村民小组组长、村干部加入中国共产党，增强脱贫村文化建设的人员力量。积极构建党建引领脱贫村文化建设纠偏机制，推进党建活动、走访活动常态化，活化脱贫村文化建设的载体，推进工作方式、工作流程规范化，有效提升以党建促脱贫村文化建设的效能。

（三）注重经验总结与复制推广提高党建引领文化建设效度

把握脱贫村底子薄、创新能力相对不足的发展现状，注重从典型示范中总结经验，并在其他脱贫村中推介宣传。传承坚持党的领导发展经验，把文化建设摆进去，构建落实各级党委政府部署要求、契合脱贫村实际的“上下结合”文化建设理念目标体系。传承主题主线驱动发展经验，积极策划“网红”文化建设项目，构建党建领导下特色鲜明、内容丰富的脱贫村文化建设体系。传承外部支持与自力更生相结合的发展经验，积极引导乡贤、社会热心人士等力量参与文化建设，构建党建领导下多途径投入、多主体参与的发展体系。传承利用当代长远发展经验，科学谋划脱贫村党建引领的各类项目，构建党建引领下脱贫村文化建设引导激励机制①。

（四）关注人才队伍建设有效实现党建引领功能

党建引领文化建设，最终还需要人来落实，魏源指出，“人材者，求之则愈出，置之则愈匮。”人才队伍建设，关键在于以好的政策吸引人、服务人。强化党建人才队伍建设，依托党校、网络教育等方式，全面加强党政干部、驻村工作队等党建工作者党性教育，建立和完善党建水平考核机制，有效调动学习党建知识的积极性，全面提高工作能力。强化文化人才队伍建设，着力完善文化人才工作生活的硬件环节，建立强有力的政策支持体系，构建基于薪酬、补贴等在内的政策高地，有效提升脱贫村对文化人才的吸引力。推进脱贫村新型基础设施建设，鼓励脱贫村建设“网红打卡点”，鼓励有条件的特色村寨推进写生、影视基地等平台载体建设。

① 贺培育、邓子纲：《基于文化建设的脱贫攻坚路径创新研究》，《湘潭大学学报（哲学社会科学版）》2018年第42卷第2期，第33—37页。

论湖南红色文化基因的传承与当代湘商精神的凝练

朱与墨　朱柔羽*

摘　要： 湖南红色文化是湖湘文化的重要组成部分，蕴含着丰富的革命精神和厚重的历史文化内涵，凸显在“唯有牺牲多壮志”敢于牺牲的革命精神和“敢教日月换新天”勇于开创的革命精神两个维度。在当代，湖南红色文化基因自觉滋养湘商精神的凝练，初步锻造了以“敢于科技创造、勇于经营创新”为气质的当代湘商精神。湘商精神服务于湖南经济建设和产业发展，不断涌现了现象级的产业和品牌，满足人民对美好生活的需要。

关键词： 湖南红色文化基因；湘商精神；科技创造；经营创新

回顾党的百年奋斗史，湖南是一方红色沃土，湖南诞生了毛泽东、刘少奇、任弼时、彭德怀、贺龙等老一辈革命家人物群体，其革命经历和革命品质铸造了独特的湖南红色文化基因。文化的发展在于传承和创新，湘商企业家们创造性地对湖南红色文化基因加以传承和创新，在社会主义建设事业中，把红色基因凝聚为湘商精神，在经济社会发展中迸发出强大的

---

* 朱与墨，湖南第一师范学院马克思主义学院副教授；朱柔羽，中国传媒大学电视学院2022级硕士研究生。

基金项目：湖南省社科基金项目“湖南红色基因传承研究”（20JD021）。

生命力。

一、湖南红色文化基因的内涵

红色文化是中国共产党以中国化马克思主义理论为指导，领导人民在革命、建设和改革的不同历史时期锤炼铸成的思想路线、优良作风和传统。① 湖南红色文化基因是湖湘文化的重要组成部分，其最大特点便是凝聚了以屈原爱国精神为肇始的文化因子。这是在党的领导下，众多湖湘子女在为救亡图存、民族复兴而前赴后继的历史进程中形成的，以革命精神、奋斗精神、牺牲精神等红色特色为主旋律的一种特色鲜明的区域性文化特质。

（一）心忧天下、敢为人先的湖湘传统文化底色

湖南红色文化作为湖湘文化的重要组成部分，亦传承了湖湘文化的重要文化因子。尤其是湖湘文化中心忧天下、敢为人先的传统，被后来所产生的湖南红色文化所继承。鸦片战争之后，湖南人走上了历史舞台并为救亡图存、富国强兵做出了重要贡献。南京大学历史系所编的《中国历代名人辞典》近代部分中，记录湖南名人 83 人，居全国第二②。近代以来，湖南涌现出了一批诸如魏源、左宗棠、谭嗣同等杰出代表，其思想主张与行动中回荡着那个时代的最强音，他们胸怀的不是一家之存亡，而是整个中国。湖南隆回人魏源在鸦片战争后，提出“师夷长技以制夷”，他是我国最早接触西方文化的著名人物之一。左宗棠作为湘军将领，身无半亩，心忧天下，抬棺入疆收复新疆，维护了中华民族的领土完整，其壮举使得湘军、湖湘子弟意识到“知有所谓对于天下责任者”，视天下为人人之天下，将天下之大任视作自身之任务。谭嗣同参加轰轰烈烈的维新变法活动，捐身赴难为变法图强留下了荡气回肠的一笔，变法是为了求新，求新是为了扶大厦于将倾，其心忧天下、敢为人先之精神可见一斑。无须赘述，“一

① 刘宏凯：《习近平总书记关于红色基因的重要论述的核心要义与价值意蕴》，《传承》2020 第 3 期。

② 南京大学历史系编《中国历代名人辞典》，江西人民出版社 1982 年版。

群湖南人，半部近代史”。心忧天下、敢为人先的湖湘文化传统为湖南红色文化的形成奠定了坚实的思想基础。

（二）湖南红色文化基因的鲜明特质

20世纪上半叶，革命的红色火种播遍中华大地。在心忧天下、敢为人先的湖湘文化传统的滋养下，勇猛、坚韧的湖南人就是一支坚韧的革命力量。毛泽东、蔡和森等革命家在湖南的求学与革命历程，湖南轰轰烈烈的农民运动，抗战中众多湘籍革命先驱、烈士的流血牺牲，为我们留下了宝贵的革命精神财富。在红色革命斗争历程中，心忧天下与敢为人先的湖湘文化传统被红色革命活动所继承，逐渐形成了勇于牺牲、敢于创造的湖南红色文化，并成为湖湘文化的重要组成部分之一。

1. “唯有牺牲多壮志”的牺牲精神

在红色革命中，湖湘子弟不畏艰险、不惧流血牺牲，形成了敢于牺牲的革命精神，在中国红色革命史上留下了永远无法磨灭的印记。蔡和森、向警予、夏明翰等是湖南革命烈士群体的突出代表，“砍头不要紧，只要主义真”，体现了其面对敌人的轻蔑与对革命信念的无比忠诚。十四年抗战中，日军对湖南大地狂轰滥炸，湖南70%左右的土地和75%左右的人口一度沦陷①。面对日军的进攻，湖南人民在抗日战争中做出了巨大贡献。长沙四次会战，成为日军打通南北大交通线计划中始终无法攻克和有效据守的城市。抗日战争相持阶段，湖南是日军的主要进攻方向，也是中国军队的主要防御地带。在衡阳会战中，衡阳人民和中国守军面对10余万日军，力量对比悬殊，坚守近50天誓死不投降，敢于牺牲，衡阳牺牲的群众就达3000人。湖南涌现出的一批批革命烈士，面对牺牲时的大无畏精神是湖南红色文化基因的生动注脚。湖南全省有40余万人参与工农红军，烈士约20万，已查明英名在册的烈士有15万②。抗美援朝战争中，相继担任

---

① 王义珍：《不能忘却：湖南人民在抗日战争中的牺牲和贡献》，《湖南日报》2020年8月27日第4版。

② 肖湘娜：《重温峥嵘岁月，不忘来时初心——湖南红色历史回顾》，《湘潮》2020年S1期。

或代理过中国人民志愿军司令员的彭德怀、陈赓、邓华、杨得志、杨勇均为三湘子弟，湘籍将领还有甘泗淇、李志民、宋时轮等近 30 人。抗美援朝战争中，湖南大约牺牲 11500 人，包括志愿军的第一个志愿兵毛岸英、罗盛教。湖湘子弟慷慨就义、视死如归、敢于牺牲的革命精神是湖南红色文化基因中最为浓墨重彩的一笔。

2. “敢教日月换新天”的开创精神

近代中国在苦难与奋争中，几度山重水复疑无路。湖南的革命家们创造性地提出了党指挥枪、土地革命、武装割据、农村包围城市和建立敌后根据地等革命策略。事实证明，这些新道路适合中国革命的需要，并在中国大地上迸发了强大的生命力。勇于开创的革命精神是湖南红色文化的突出特质的另一维度。

毛泽东求学期间与蔡和森等人创建新民学会革新学术、砥砺品行，五四运动中创办了《湘江评论》，为新思想的传播开创了阵地。毛泽东曾在《湘江评论》上发表《论民众的大联合》，初步阐释了民众联合、民众如何联合。在没有读到《共产党宣言》前，青年毛泽东的思想与马克思、恩格斯的《共产党宣扬》中“全世界无产阶级联合起来”不谋而合。毛泽东的民众大联合的思想体现了群众路线的发轫，在“民众大联合”号召下，湖南学界和教育界成功进行了“驱张行动”，在实践的层面证明了其真理性①。在早期建党活动中，蔡和森提出了种种开创性的建党主张。在与毛泽东的通信往来中，蔡和森明确提出要“明目张胆正式成立一个中国共产党”，党是无产阶级革命运动的“发动者、领袖者，先锋队、作战部，是无产阶级运动的神经中枢”②，党要坚持唯物史观。井冈山革命根据地的建立则是中国特色革命道路的开端，不同于俄国的“总革命”一次解决问题，中国的实际情况只能是分散的革命，通过武装割据，农村包围城市，最后武装夺取政权。抗战结束后，在国民党背信弃义、组建联合政府破产

① 王文珍：《不能忘却：湖南人民在抗日战争中的牺牲和贡献》，《湖南日报》2020 年 8 月 27 日第 4 版。

② 肖湘娜：《重温峥嵘岁月，不忘来时初心——湖南红色历史回顾》，《湘潮》2020 年 S1 期。

的情况下，以毛泽东、刘少奇等五人为中心的中央政治局果断决定与国民党决裂，勇于打倒军事占绝对优势的国民党反动派，通过民主建国方式建立新中国。

实事求是、勇于开创的精神气质一直凝结在革命运动中，毛泽东、蔡和森、刘少奇、任弼时等人勇于开创革命新局面的精神品质在我国的革命斗争史中闪耀着智慧的光芒，凝聚成了湖南红色文化基因的重要品质。

二、传承湖南红色文化，凝练当代湘商精神

湘商是生于湖南、发展于湖南，具有湖南精神气质的企业家，是经济活动的组织者。产业发展历史已经向我们说明，要使经济充满活力，必然需要成功的企业家①。要使经济能够永远跟上时代的脚步，我们就需要拥有敢于创造、勇于创新的企业家。传承红色文化基因，能坚定为中国人民谋幸福、为中华民族谋复兴的初心和使命②。湖南企业家是具有创造与创新精神的群体，这种创造与创新精神源于湖南红色文化基因中敢于牺牲、勇于开创的革命精神。

（一）把勇于开创的革命精神传承转化为湘商科技创造精神

在湖南红色文化基因的熏陶下，湖南涌现出了如三一重工、株洲南车（现与北车合并为中国中车集团）、中联重科、远大空调等以新技术为代表的企业及企业家。创造能力决定了企业的核心竞争力。在湖南，改革开放后一批优秀的企业将湖南红色文化中勇于开创的精神自觉导入企业文化，形成企业创造精神，赋予企业强大的竞争能力，在研发和制造业方面表现不俗。

中车株洲电力机车研究所是研发引领产业的典型。1984 年，中车株洲电力机车研究所作为全国首批院所改制的试点研究所之一，勇于创造，成功完成了市场化转变。自 1984 年以来，共取得了国家、省部级重大科技成

① 张维迎：《时代需要具有创新精神的企业家》，《读书》1984 年第 9 期。

② 周健：《读〈红色家书〉传承红色基因》，《传承》2020 年第 4 期。

果近400项。仅“十一五”期间，中车株洲电力机车研究所就承担了国家“863”重大专项12项，很快就处于国内同行业的领先地位①。20世纪90年代，中车株洲电力机车研究所研制出的中国第一台LKJ93安全监控系统使机务行车责任事故在“九五”期间比“八五”期间下降了87.2%②，有力保障了我国铁路事业的安全运行。中车株洲电力机车研究所的众多科研成果打破了国外的技术垄断，为我国节省了大量的财政支出，为高铁成为中国名片做出了重要贡献，中车株洲电力机车研究所的成功体现了湖南红色基因中的勇于开创的精神。同时，湖南还涌现了一大批制造业的典型代表。远大空调的所有产品均为自主创新，以非电中央空调主机产品享誉全球，销往60多个国家，在中国及欧美市场占有率第一。三一重工于1994年生产出了中国第一台大排量、高压力混凝土运输泵，打破了国外品牌的垄断。2020年，三一重工的挖掘机销售份额全球第一。中联重科股份有限公司600多个品种的主导产品拥有完全自主知识产权，为全球产品链最齐备的工程机械企业。正是从红色文化中传承而来的创造精神，让湖南企业能够走在时代前列，走在世界科技的前沿，为实现中国智造做出贡献。

（二）把敢于牺牲的革命精神传承转化为湘商经营创新精神

创新面对的是不确定性和变化莫测的市场，求新求变意味着风险，一旦判断失误，所有投入成为沉没成本，化为乌有。湖南的企业家传承湖南红色文化基因中的勇于牺牲精神（不是无谓的牺牲），在苦心经营中，勇于创新，每三到五年就出现现象级的产品和品牌。

1. 全国领先的广电产业

电视湘军无疑是全国影视行业中的一匹黑马，湖南卫视以其制作精良的《快乐大本营》《天天向上》等节目闻名全国，成为家喻户晓的电视媒体。面对网络媒体、视频产业的兴起，很多国有电视媒体还在观望之际，湖南广电的芒果TV于2014年上线，以视听互动为核心，融网络特色与电

---

① 刘丽莉：《南车株洲电力机车研究所科学发展纪实》，《中国高校科技与产业化》2009年第5期。

② 熊友波：《株洲电力机车研究所的创新文化》，《中外企业文化》2015年第11期。

视特色于一体。2017 年，芒果 TV 率先实现中国视频行业盈利（4.89 亿）。目前，芒果 TV 由湖南快乐阳光互动娱乐传媒有限公司负责具体运营，已成为中国互联网视频产业的前三位的企业，也是前三中的唯一国有企业，连续五年获评中国互联网企业百强，连续四年被评为“世界媒体五百强”。广电行业的改革运转、文化城市配套设施的全面设立，让电视湘军誉满天下，2017 年湖南长沙被联合国教科文组织评为“媒体艺术之都”，成为中国首个被授予此荣誉的城市，足见湖南广电企业的创新能力早已走向世界。

2. 逆势飞扬的实体商业零售代表

步步高集团是生长于湖南大地的本土零售产业，在其发展初期面临着来自国外成熟的零售大头如沃尔玛、家乐福的竞争。在零售行业中发展壮大并非易事，特别是在电商行业飞速发展的时期，线下零售业被唱衰，但步步高抓住线下零售业能为消费者带来体验感这点优势，大规模地进行零售业收购，拓展步步高商业服务的深度。目前长沙城内的步步高广场不仅包含传统的生活超市业态，更发展出了集合餐饮、服饰购物、玩乐为一体的购物多元体，步步高从过去看似属于下沉市场的零售超市逐渐发展为能够吸引年轻消费者的引领力量。2013 年步步高入驻柳州，标志着其“大西南计划”正式启动，从湖南起步，挺进江西，再向广西、贵州、重庆等地发展。

3. 爆红的新消费餐饮潮流

餐饮是最古老的行业，湖南长沙在新消费经济领域通过文创与文旅加持餐饮创新，创造出了现象级的餐饮奇葩：茶颜悦色、超级文和友。茶颜悦色从 2015 年至今，一直与长沙深度绑定，几乎每隔 500 米就能看到一家茶颜悦色，目前已经开了 170 多家门店，这个数量差不多相当于喜茶在北上广等一线城市门店的总和。这种“奇葩”的开店策略抓住的是消费者对奶茶无时无刻的需求，高密度地覆盖反而会增加消费者的消费频次和品牌黏性，节约物流、管理、供应链成本。茶颜悦色已打造成长沙的文化名片，并在省外产生重要影响，曾有粉丝夸张到在微博上发“万人血书”，请求它开出长沙城。2021 年 4 月，茶颜悦色在深圳开快闪店，因开业排队的宏大盛况，被网友戏称“清明上河图”。茶颜悦色从门店装修、产品包装到品牌LOGO，引用中国古典名画，释放出浓浓的中式情怀，新鲜喝法的仪式感，俘获了大量年轻人的消费心理。文化属性定位和包装特点，助力茶颜悦色成为文创加茶饮的经典。而名扬全国的超级文和友，深度复制长沙二十世纪八九十年代的怀旧风情，集聚60多家当地街头明星小吃、近150间老长沙民居。据超级文和友介绍，单店年接待顾客约1000万人次，日均翻台约8次。全国各地前来品尝和体验过的人纷纷慨叹：从未步入过这样深度沉浸、文化加持的餐饮消费场景。这家传奇单店目前已成为长沙著名文旅地标。文和友的故事起源于2010年前的长沙的路边摊，其商业逻辑是走一条少有人走的非标准化之路，就是想打造一座座不一样的城市的文和友，把吃喝玩乐结合到一起，为所在城市打造独特文化地标。IDG资本最初就是洞察到文和友商业逻辑的创新性，并高度认可文和友团队讲好中国故事、打造本土文化自信的创新基因。2021年8月，湖南文和友小龙虾有限公司已经完成B轮融资，红杉中国、IDG资本、华平投资、碧桂园创投、GIC、易凯基金等阵容庞大的资本纷纷加持。

4. 三分天下的湘籍互联网企业家群体

在20世纪兴起的网络经济大潮中，作为一种野蛮生长的行业，互联网给了创新创意无限生机。湖南出现了一批互联网企业创始人，如“腾讯五虎”之一的最初创始人曾李青、“微信之父”张小龙、世纪佳缘的创始人龚海燕、58同城姚劲波、陌陌唐岩、华为前副总裁李一男、IBM大中华区董事长周伟焜，以及被称为“湖南视频三杰”的快手联合创始人宿华、映客集团和多米音乐的创始人奉佑生、Musical. ly的创始人阳陆育。据不完全统计，在中国的互联网圈，湖南人占三分之一。还有来自湖南湘潭的熊晓鸽，他给了存亡危机之际的腾讯第一笔风投，帮助腾讯度过了2000年的互联网泡沫，因此也被称为“中国VC第一人”。以前“得湖南者得天下”，在互联网社会，“得湖南者得流量”。湖南人在互联网圈崛起，一些评论认为归功于湖南区域“霸蛮”的文化基因，这种基因符合互联网新生业态“野蛮”生长的需要。

三、结论

在湘商精神的当代发展历程中，湖南涌现出了一批以创造、创新为特色的典型企业。从这些优秀企业发展历程中，我们可以深刻地感受到湖南红色文化基因作为文化软实力助力企业成长的重要作用。湘商精神需要不断到湖南红色文化基因中寻求滋养，不断凝练升华，重践行，知行互发。在建设中国特色社会主义的新时代，湖南红色文化基因将以湘商精神的形式加以传承，助力中国经济高质量发展，实现共同富裕目标。

湘桂走廊历史文化价值与文旅融合前景初探

张华兵*

摘　要：在湖南与广西之间，以“湘江—湘漓古道—漓江”和“潇水—潇贺古道—贺江”两条线路为主干，历史上形成了一个跨越南岭山区的湘桂走廊。作为中国南方重要的历史文化线路，湘桂走廊在国家统一、民族迁徙、文化融合、区域发展等方面都发挥了积极的作用。在当今文旅融合发展的大背景下，湘桂走廊沿线地方如何携手联合打造文化旅游品牌，是一个值得深入探索的课题。本文分析湘桂走廊的历史文化价值，提炼区域文化资源特色亮点，提出通过文旅融合让湘桂文化走廊成为旅游黄金走廊的初步发展思路。

关键词：湘桂走廊；文化线路；永州地域文化；文旅融合

前人专家学者研究文化遗产时，往往以“景点”或“景区”为研究对象。这样的研究方式，有以小见大的研究优点。然而从2008年起，文化线路作为一种新的大型遗产类型，“反映了交互式的、动态的以及演变的人类文化间联系的过程，展示了不同的人群对于人类文化遗产多样性的贡献”，被正式纳入了《世界遗产名录》的范畴。① 文化线路以点连线、以

* 张华兵，永州日报社记者，永州市地方志学会副会长。

① 联合国教科文组织国际古迹遗址理事会：《关于文化线路的国际古迹遗址理事会宪章》，国际古迹遗址理事会第十六届大会2008年10月4日通过。

线带面，能够更全面更真实地反映出地域文化的内在特征及外部影响。2013 年，国务院公布第七批全国重点文物保护单位，文化线路首次纳入文物保护范畴。湘桂古道永州段和广东的梅关驿道、西南的茶马古道等重要文化线路入列“国宝”。①

一、湘桂走廊是中国南方重要的文化线路

湘桂走廊的范围，主要指湖南省西南部与广西壮族自治区东北部之间连接四条河流的两条陆路的覆盖区域：其一是连接湖南湘江流域和广西漓江流域的湘漓古道；其二是连接湖南潇水流域和广西贺江流域的潇贺古道。此次被列为全国重点文物保护单位的湘桂古道，即潇贺古道，是湘桂走廊的一部分，是历史上沟通内地与岭南诸道中最重要的通道之一。列入保护范围的包括永州市道县、江华瑶族自治县、江永县 3 个县境内共 30 处文物点，有古道、古桥、古亭、古寺庙、古遗址，分别形成于战国至民国期间，时间跨度持续 2000 多年。② 据 2009 年第三次文物普查统计资料，在保护范围外，潇贺古道沿途还分布着更多珍贵的历史文物，其中永州段重要的历史遗存目前可明确的有 48 处。③ 单独来看，每个点之于文化旅游的价值有限，但连点成线，作为一条文化线路，却反映了这一区域在国家历史版图上的重要地位。湘桂走廊的历史文化价值，可以从以下三个方面去把握：

（一）国家统一之路

南岭横亘中国南方，自古是“天地所以隔内外”的地理屏障，岭南之地在秦以前与中原文明殊途。秦灭六国之后，秦始皇修筑五岭峤道，开辟“新道”，变楚粤屏障为楚粤门户，把岭南、岭北紧密地连接成一个整体。

① 国务院：《关于核定并公布第七批全国重点文物保护单位的通知》，2013 年 3 月，第 71 页。

② 永州市文物处编《湘桂古道永州段文物档案》，2013 年。

③ 张华兵：《穿越潇贺古道：寻找南岭走廊上的地域文化印记》，团结出版社 2016 年版，第 149 页。

其中以灵渠沟通湘漓水路保障粮草供应，沿萌渚岭谷地开辟潇贺古道便于兵马调动，秦军才得以大规模征伐百越，始将岭南纳入中央政权管辖。秦灭后南越割据近百年，汉武帝派兵沿湘桂走廊“出零陵，或下漓水，或抵苍梧”，把岭南正式归入中国大一统的版图。可以说中国南方的统一，湘桂走廊至少在秦汉两朝形成大一统国家的重要历史时期起到了关键作用。

（二）民族迁徙之路

费孝通曾提过著名的“中华民族多元一体格局”理论体系。其中，他认为中华民族“六大板块”聚居地区通过西北走廊、藏彝走廊、南岭走廊“三大走廊”连为一体。通过三大走廊的连接，许许多多民族单位经过接触、混杂、联合和融合，形成一个你来我去、我来你去，我中有你、你中有我，而又各具个性的多元统一体。① 周大鸣就认为：“南岭走廊沟通了中国的海路与陆路，河西民族走廊沟通了中亚和西亚地区，藏彝走廊沟通了南亚地区，勾勒出一个‘互联互通’的亚洲体系，推动了民族迁徙、经济融通、人文交流，记录着亚洲各国交往交流、互通有无的文明对话。”② 南岭走廊区域现有人口约7000万，其中少数民族人口约1750万，占当地总人口的四分之一左右，是我国少数民族人口分布最多、资源比较丰富、环境比较优越的地区。湘桂走廊是南岭民族迁徙走廊的主体，是中国瑶族文化的大本营、中转站和发祥地，也是汉族中的重要民系——客家人的主要聚居区之一，具有开发山地民族文化旅游线路的丰厚资源。③

（三）文化融合之路

南岭不仅是长江与珠江水系的分界线，还是中国重要的人文分界线。长江和珠江两大流域，在上古时代即孕育出楚越两大不同的文明。而这两

---

① 费孝通：《中华民族多元一体格局》，中央民族大学版社1999年版。

② 周大鸣：《交融古今，通达天下：潇贺古道的历史与人文价值》，《光明日报》2022年4月20日第11版。

③ 张华兵：《穿越潇贺古道：寻找南岭走廊上的地域文化印记》，团结出版社2016年版，第4—5页。

大文明，在湘桂走廊、湘粤古道等通道的作用下，在漫长的历史长河中，不断相互渗透、融合和衍变，最终成为灿烂的中华文明的一部分。从比较文化的视角来分析湘南桂北的文化基因构成，研究其中的异同和流变，可以发现无论是瑶族文化还是客家文化，都是历史上在各民族生态共存与融合互动中形成的，具有鲜明的地域文化特质和民族共同体特征。在国家“一带一路”倡议的大背景下，湘桂走廊还有更深一层的文化融合意义：广西贺州市把潇贺古道文化线路作为贺州的主打文化品牌进行打造，定位为“最早海陆丝路的对接点”，凸显其在国家战略中的重要性。①

二、湘桂走廊与南岭地域文化特征

把湘桂走廊与南岭地域文化放在文旅融合发展的大时代背景下考量，可以梳理出这一区域文化资源有如下特色亮点：

（一）独特的瑶族民俗资源

湘桂走廊沿线，湖南江华瑶族长鼓舞、盘王大歌，广西贺州盘王节、富川蝴蝶歌、龙胜瑶族服饰均为国家级非物质文化遗产。截至2019年，永州市有市级以上非遗保护项目118项，其中瑶族项目40项，涵盖歌舞节庆、瑶族医药、生活技艺等方方面面。② 其中，盘王大歌、长鼓舞代表着瑶族祭祀信仰，奏铛、度戒仪式体现出巫道融合的梅山文化，瑶族舞龙、瑶锦瑶绣、银饰等折射出汉瑶文化的相融相生，瑶歌、坐歌堂、瑶医瑶药反映出南方山居文化。这些瑶汉各族人民千百年来共存共生的传统习俗，具有独特的审美情趣和较高的文化价值。

（二）丰富的自然生态资源

区域内以桂林山水为代表的中国南方喀斯特地貌，于2014年入选世界

① 李宏庆：《打造潇贺古道文化品牌，融入国家“一带一路”建设》，《当代广西》2015年第13期。

② 资料来源：历次国务院、湖南省人民政府、永州市人民政府公布的国家级、省级、市级非遗保护名录。

自然遗产，是世界级的自然景观。走廊穿越的南岭山地拥有我国南方保存最完整、最大面积的连片森林，仅永州就有 95 个森林旅游地，26 个国家级森林公园、湿地公园、自然保护区、森林康养基地。① 2010 年，南岭以重要的水源涵养区身份列入国家 25 个重点生态功能区名单；2014 年，南岭山地森林及生物多样性生态功能区列入国家主体功能区建设试点。

（三）厚重的历史人文资源

在中国历史上，上古舜帝南巡感化三苗，战国楚王南巡建苍梧郡，秦朝收服百越，南越归附汉朝，三国诸葛亮、张飞战零陵，南宋岳飞南定潇湘，红军长征血战湘江，都在湘桂走廊留下历史印记。② 张京华教授认为，湘漓一线水石清秀，流寓文人墨客多，湘南永州与桂北桂林是全国现存古代摩崖石刻最密集的地区。③ 潘琦也认为，以湘桂走廊为核心，漓湘文化圈融山地文化与水域文化、汉文化与少数民族文化、自然生态文化与历史人文文化、本土文化与外来文化于一体，具有很强的地域性和包容性。其原住民的共同祖先是越人，共同接受了舜帝道德文化的哺育，多样性和同根性并存。研究湘桂走廊，要着力透过山水之美挖掘其厚重的历史文化底蕴。④

三、湘桂走廊文旅融合发展思路浅析

文化线路能全面呈现组成线路的文化和文明之间的互动与交流，在时空上促进涉及的所有文化间的交流互惠，是社会和经济可持续发展的资源。湘桂走廊作为湘南桂北的一条重要文化线路，在区域发展中应该发挥更大的作用。当前，开发利用好这条文化线路，使其绽放异彩，建议做到如下三点：

---

① 永州市人民政府编《全国森林旅游示范市申报书》，2017 年 6 月。

② 张华兵：《穿越潇贺古道：寻找南岭走廊上的地域文化印记》，团结出版社 2016 年版，第 12—13 页。

③ 张京华：《湖南的摩崖石刻》，《中华读书报》2015 年 9 月 9 日，第 13 版。

④ 潘琦：《漓湘文化的生长力量——桂北、湘南考察之旅纪行》，《广西日报》2014 年 6 月 3 日。

（一）连点成线，点石成金

湘南桂北联手，主打三张牌：一是民俗牌。把江华“神州瑶都”、江永千家峒寻根、贺州“南岭族群博物馆”等民俗风情亮点聚集起来发光，增进各民族文化之间的交往交流交融，形成凸显中华民族多元一体格局和铸牢中华民族共同体意识的新热点。二是生态牌。在南岭地区，仅永州就有20多个国家级的自然保护区、森林公园、湿地公园、水利风景区，结合列入国家主体功能区建设的南岭山地森林及生物多样性生态功能区，营销推广“华南绿肺”“南岭天然氧吧”等旅游品牌。三是文化牌。岭南百粤、客家、瑶家，其先祖大多是沿着这条民族大迁徙之路走过来的。可以深入挖掘岭南岭北文化的历史渊源和现实联系，面向岭南粤港澳大湾区客源市场设计各族群的文化寻根旅游线路。

（二）同频共振，开放共建

2014年，广东“南岭瑶族文化资源多媒体资源库”被文旅部批准立项建设；2015年，广东连南、乳源两个瑶族文化生态保护实验区被列入广东省级文化生态保护实验区；2020年，《设立南岭瑶区文化生态保护区，促进瑶族聚居区经济协同可持续发展》作为民盟中央参政议政课题，由民盟湖南省委牵头开展；2020年，广西贺州市人民政府设立市级南岭瑶族文化（贺州）生态保护区；2021年，湖南永州市人民政府设立市级南岭瑶族（永州）文化生态保护区。由此可见，湘桂走廊是湘南桂北地区共同拥有的历史文化旅游资源。建议湖南、广东、广西三省区联合建设“南岭走廊文化生态保护区”，湖南永州联合广西桂林、广西贺州、广东清远共同对这一文化线路进行梳理，加大对内整合、对外宣传的力度，把它打造成湘粤桂新的旅游黄金点。如广西富川把“千年古马道，百年慢生活”作为旅游主题品牌推广，贺州打造“千年文化古邑，海陆丝路通衢”文化品牌，等等。永州也可以放人全国文保单位湘桂古道永州段的品牌效应，把湘桂走廊作为一个发力点，与周边形成一个竞合效应，共同做大这一文化旅游品牌。

（三）文创“吸睛”，商旅“吸金”

充分利用区域内外现有的中国南岭瑶族盘王节、湘漓文化研讨会、南岭走廊论坛、湘粤桂旅游联盟等具有一定规模和影响力的民俗节庆、学术研究和旅游推广活动平台，跨区域整合资源，共建南岭民族走廊，旅游产业相关企业联手进行整体策划规划，找准切入点，每年制造一两个现象级的爆点话题，促使区域旅游市场不断升温。立足乡村振兴、发展全域旅游、助推南岭瑶族文化保护传承与创新发展，通过“文化 + 创意”“文化 + 旅游”“文化 + 产业”提升地域文化对区域经济的参与度和变现能力，用“软实力”讲“硬道理”，让湘桂文化走廊成为旅游黄金走廊。

论益阳竹艺文化的历史传承及其生态价值理性

郭　策[*]

摘　要： 益阳竹艺历史悠久，主要包括竹编艺术和竹刻艺术，其是湖湘竹艺的重要组成部分。竹编艺术又主要以水竹凉席和小郁竹艺为典型代表。这些竹艺文化展现了天人合一的生态价值理性以及益阳竹艺文化所蕴之道，即因地制宜取材，顺受大自然的馈赠；惜材适用，材尽其用；可持续发展，促进人与自然和谐发展；以日常生活传递生态价值的理念。这些竹艺文化及其价值是今天我们设计竹乡家居、家具的极好借鉴。

关键词： 竹艺文化；历史传承；生态价值

竹是“岁寒三友”之一，也是“花中四君子”之一。为何有此称？是由竹自身独有的审美特性所决定的。竹四季常青，清幽拔俗；中空直节，虚心傲骨；不畏严寒，与松柏同傲，正因为竹被赋予了这些文化意义，故而自古以来，人们爱竹，也爱竹艺。在湖南益阳，竹文化不仅历史悠远，而且蕴含着丰富的生态价值理性。

一、从器到艺：竹艺文化的历史传承

益阳竹艺包括竹编艺术和竹刻艺术，它们是湖湘竹艺的重要组成部

---

* 郭策，中南林业科技大学家具与艺术学院硕士研究生。

分。湖湘竹艺“大体经历了‘以竹为器’，经由‘器艺结合”，再到‘以竹为艺’的漫漫历史进程。”① 简言之，人们首先是制竹器以用，因此，此时产品的工具化特征最为鲜明，随之注重其用也更多注意其美；而到了现代，可替代的现代制品越来越多，竹产品向“艺术化”发展更为明显，其作为物质文化遗产的属性也更为突出。益阳竹艺的历史大致如此。

依据1999年益阳南县涂家台考古发现的竹编痕迹，推测至少在距今七千年的新石器时期，益阳地区就有竹编出现。② 几千年来，益阳竹艺记载寥寥，大致到明清才有一些记载。同治《益阳县志》“物产”篇记载益阳地区所产竹品类：“竹之属：楠竹、水竹、黄楠竹、苦竹、班竹、麻竹、方竹（其杆方）、紫竹、烟竹、箭竹、慈竹（丛生，四时有笋）、凤尾竹、潇湘竹。”③ 竹子品种众多，自然为生产竹器提供了各种材料。该志又载竹产品有“竹簟、竹器”④，并说“《万历志》，益土圹而硗瘠，厥产无良，惟竹木鱼米，旧称饶足”。⑤竹簟，即精编竹席。《诗经·小雅·斯干》有“下莞上簟，乃安斯寝”⑥ 诗句，莞是蒲席，簟是竹席。

益阳竹簟起于何时，无从考证。据传，益阳水竹凉席至少在明朝洪武初年（1368）即有上市。⑦ 其后，水竹凉席生产工艺技术不断改进，加上竹资源丰富，利于生产，产量逐渐增加，益阳渐渐成为水竹凉席之乡。益阳所产凉席，“一般每市寸（33.3毫米）排水竹篾14至16片，最细的30至32片，席面平整，织有多种图案花纹，如‘S’字格、凤尾图、梅花景，或人物山水、花鸟虫鱼”⑧，可谓美观又凉爽。

---

① 胡彬彬：《湖湘竹艺》，湖南美术出版社2012年版，第8—9页。

② 马延炜、袁志成主编《益阳：半成山色半成湖》，社会科学文献出版社2020年版，第195页。

③ 姚念杨等修，赵裴哲纂《同治益阳县志》卷2《物产》，《中国地方志集成》第83册，江苏古籍出版社2002年版，第106页。

④ 姚念杨等修，赵裴哲纂《同治益阳县志》卷2《物产》，《中国地方志集成》第83册，江苏古籍出版社2002年版，第107页。

⑤ 姚念杨等修，赵裴哲纂《同治益阳县志》卷2《物产》，《中国地方志集成》第83册，江苏古籍出版社2002年版，第107页。

⑥ 周振甫译注《诗经译注》，中华书局2002年版，第265—266页。

⑦ 益阳地区地方志编纂委员会编《益阳地区志》，新华出版社1996年版，第1198页。

⑧ 益阳地区地方志编纂委员会编《益阳地区志》，新华出版社1996年版，第1198页。

益阳竹器则以小郁竹艺最为有名。据《益阳地区志》记载，明嘉靖年间（1522—1566），益阳地区便有小郁竹器的生产，据传是融合四川和浙江的竹器工艺而自成一格的。① "郁"是湖南益阳一带的方言，有"弯曲"之意，指称一种竹器制作技艺。简言之，是一种将竹材构件加热成型的方式。胡彬彬总结认为："一是就结构方式而言。竹制器物的立柱竹，由横向的梁式竹围箍结构而成，在纵横交接处，需将横向竹子挖出大半个圆弧，形成'郁口'，再经火烤加温，使其软化，然后迅速用梁式横竹将立柱竹围郁而成。二是指将竹材的某一部位置于火上烧烤，使该部位的钱维软化。再在外力作用下，使其弯曲变形，从而达到制作要求所需的弯弧形状。"② 益阳小郁竹艺于2010年被列为国家非物质文化遗产保护名录。

经过历代的发展创新，到民国初年，益阳竹艺产品已驰名海内外。1915年，益阳水竹凉席参加巴拿马万国博览会，荣获银质奖。1931年，王连升制作的一张可坐可卧的竹椅，获德国莱比锡国际博览会银质奖。③ 新中国成立后，益阳竹艺得到了进一步发展，不断有国际国内大奖作为明证。1955年，谌少冬和肖雨梅共同编织的有"世界和平"图案的水竹凉席，获得德国莱比锡国际博览会银质奖。④ 1979年，"益阳"牌水竹凉席获国家部优产品称号。⑤ 1981年，"熊猫"牌水竹凉席获国家经济委员会颁发的银杯奖。⑥ 1982年，竹艺师刘宗凡在长沙蓉园宾馆主持、设计和制作了一座全部用料为竹器的大型装饰厅，1983年，在中国工艺品百花奖评比中，该作品获"希望杯"优秀创作设计一等奖。⑦ 2010年，上海世博会湖南馆的"魔比思环"造型来自益阳桃江，是用竹板材加工制作而成，由此可见益阳桃江竹制品加工艺术之高超。⑧

---

① 益阳地区地方志编纂委员会编《益阳地区志》，新华出版社1996年版，第1198页。
② 胡彬彬：《湖湘竹艺》，湖南美术出版社2012年版，第21页。
③ 胡彬彬：《湖湘竹艺》，湖南美术出版社2012年版，第22页
④ 益阳地区地方志编纂委员会编《益阳地区志》，新华出版社1996年版，第1198页。
⑤ 益阳地区地方志编纂委员会编《益阳地区志》，新华出版社1996年版，第1198页。
⑥ 益阳地区地方志编纂委员会编《益阳地区志》，新华出版社1996年版，第1198页。
⑦ 益阳地区地方志编纂委员会编《益阳地区志》，新华出版社1996年版，第1199页。
⑧ 徐丽华主编《桃江历史文化丛书》，《山水风物卷》，湖南人民出版社2016年版，第170页。

无论是水竹凉席，还是小郁竹艺产品，经过历代的创新和发展，不仅其“器”种类众多，其“艺”愈发娴熟，其审美价值、观赏价值以及人文含义更加明显。其中竹雕以及竹工艺品是典型代表。这些竹艺产品一部分是纯粹的工艺品，一部分是日常生活用品。明清时期益阳地区的一些生活用品，如竹编女红篮、什物盒、什物篓盘、竹篮，造型巧，美观实用，犹如艺术品。还有一些竹编日常生活品中加上雕刻，则是将竹雕与生活用品相结合，如益阳竹编提梁浮雕食篋等。而今天，随着现代装饰出现，益阳一些竹器厂专门生产了郁竹灯具、现代郁竹屏风等，这些作品则是古今结合、书画结合工艺型家庭用品。至于以竹雕为主的艺术，《桃江历史文化丛书·山水风物卷》中记载了几个竹雕艺术的著名人物和作品，如卢望之所作竹骨折扇①，一面刻着《岳阳楼记》，一面刻着《洞庭秋月图》，是扇子，更是艺术品。

二、器艺蕴道：竹艺活动的生态价值理性

竹为人所好，竹艺也为人所好，是因为无论是竹文化还是竹艺文化都蕴藏着关于天人关系的价值理性，这是一种生态美学的价值理性。关于天人关系，古代哲学中有一个核心思想是“天人合一”，引入生态中，则是一种生态哲学观。汉代董仲舒对先秦以来天人合一的哲学有明确的总结性论述，他在《春秋繁露·深察名号》中明确提出“天人之际，合而为一。同而通理，动而相益，顺而相受，谓之德道”② 的观点，这是指人与天（自然）是一个统一的整体，并指出天人之间要形成一个道德，这个道德就是人与自然的和谐关系。故而，天人合一，即尊重天，也尊重人，这是平等的关系；天有天道，人有人道，人作为天地一员，故而人道也是天道的一部分，所以人的活动也要遵循万物之道，才会互益。在制器活动中，这些内容就是指导艺者的价值理性。据此观察益阳竹艺文化，其生动地体

① 徐丽华主编《桃江历史文化丛书》，《山水风物卷》，湖南人民出版社2016年版，第181—182页。

② 苏舆撰，钟哲点校《春秋繁露义证》（新编诸子集成12），中华书局2018年版，第281页。

现了生态价值理性。

因地制宜取材，顺受大自然的馈赠。益阳竹子多产于“上乡”“中乡”，民国时期曾对益阳各地竹材进行调研，结果是“上乡山多田少，产竹、木……中乡田山各半……产稻及竹、木”，又载“今益阳分上中下三乡，上乡连安化，俗尚质朴，饶竹木之利。”① 以今日地名而言，上乡大致是桃江县，中乡大致是益阳市区一带，而益阳竹艺产品历来确是以这些地区为多，这是依据自然地理顺受大自然馈赠的结果。在这里，不仅因地取材，而且因时取材，用之有度，反哺自然。益阳民俗对于竹的生长取材都有规矩，“要得树驰活，莫等春晓得”②，指栽竹选择腊月立春前；所栽竹成林后，严格遵循“春不砍竹，夏不砍木”的古训，立夏以后才伐竹，且砍老留嫩，伐密留稀，伐次留好，这叫“洗山”。③ 当然，竹山全老化，则全部伐光，重新栽新竹，这叫“拼青山”。④ 这实际上是遵循了竹的生长规律，利竹利人。

惜材适用，材尽其用。天人合一引入生态哲学中的一个重要价值体现就是仁民爱物，这是尊重自然、尊重人的体现。惜材适用是尊重物，材尽其用是充分发挥物的功能。益阳竹艺文化充分体现了这些价值，如水竹凉席就是充分利用了竹的功能特性，利用水竹的表皮平滑、纤维柔软等特点，加上艺术加工，制作出光亮平滑、色泽素雅的凉席。所谓“凉席”不同于草席，是利用了竹子的生物特性，即竹子的舒适凉爽，能消汗散热的特性。而且人的汗与竹席相互作用，席子不仅逐渐变色，而且越来越舒服，可以静心安眠，是夏日消暑佳品，可谓物我一体，天人合一。再如益阳“郁”的工艺，充分利用了竹子加热易弯曲的特性，“大郁”能制作竹

① 曾继梧：《湖南各县调查笔记》下册，长沙和键印刷公司 1931 年铅印本，第 124、166 页。

② 胡统安主编《桃江历史文化丛书》，《民俗风情卷》，湖南人民出版社 2016 年版，第 90 页。

③ 胡统安主编《桃江历史文化丛书》，《民俗风情卷》，湖南人民出版社 2016 年版，第 90 页。

④ 胡统安主编《桃江历史文化丛书》，《民俗风情卷》，湖南人民出版社 2016 年版，第 90 页。

板、竹床、竹睡椅等大型物件；“小郁”通过拼、嵌、榫能制作小型竹器，如桌、椅、凳、床、灯等，这是在设计上发挥材料特性使得材尽其用的典型。① 正是竹的这些特性，加上工匠的匠心，使得竹产品非常繁多，有一楹联云：“作笙箫茄笛箜篌霽篥籍笈符筹简策笔笺，跻身文苑声名远；制篓箦箩筛箔笠笱筌箱篮筐笼箦箪筲箸，造福人民贡献多。”②

可持续发展，促进人与自然和谐发展。天人合一以达天人和谐，成就天人之德，促进人与自然和谐共生，这就是可持续发展理念。前文所述的2010年上海世博会湖南馆的“魔比思环”造型，是由桃江竹板材加工制作而成，其造型来源于数学无限符号“∞”，这是湖南借此表达可持续发展理念的追求。③ 而用竹材制作本身就是可持续发展理念的产物。我们知道，竹是易生草本植物，消耗后易补充，故而竹材料在一定程度上比生长周期长的木材更易持续更新。同时，几千年来，益阳是江南竹乡，就地取材，就地制器，减少了资源消耗，也减少了浪费，可谓环保又健康。2010年，益阳桃江所送“中国水竹席”获世博会“优秀环保产品奖”，④ 这是益阳竹产品可持续发展的明证。

日常生活与生态价值的传递。益阳民俗中，竹艺民俗甚多。依今人总结，有放河灯、挂花灯、摇竹娘、骑竹马等，这些民俗大多是日常生活的一部分。河灯是用竹做成小船样，内置烛火，在溪、河等水上放送。据说谁家的灯漂亮，谁家的灯飘得远，谁家就走好运。花灯也是用竹做成，也是内置烛火，一般是年轻的母亲带小孩到社庙挂灯，祈求小孩平安，祈福人丁兴旺。摇竹娘是父母亲带小孩对着健壮的青竹焚香作揖，许愿小孩像竹子一样快快成长。骑竹马是小孩胯里夹竹，以竹为马的一种健身运动，

① 马延炜、袁志成主编《益阳：半成山色半成湖》，社会科学文献出版社2020年版，第196—197页。

② 徐丽华主编《桃江历史文化丛书》，《山水风物卷》，湖南人民出版社2016年版，第174页。

③ 徐丽华主编《桃江历史文化丛书》，《山水风物卷》，湖南人民出版社2016年版，第170页。

④ 徐丽华主编《桃江历史文化丛书》，《山水风物卷》，湖南人民出版社2016年版，第173页。

小孩们一起玩，很有情趣。① 显然这些民俗以竹艺文化寄托着人生的美好愿望，民俗文化价值尽显。至于自古以来竹乡人家的生活图景，更体现了一种令现代人憧憬的田园生活。竹乡人家，房前屋后竹林摇曳，郁郁葱葱。屋场上堆放着刚刚伐来的新竹，旁边还有正在编制的竹器。房子的门是竹的，窗是竹的，桌子、椅子是小郁竹器，一把扇子也是竹做的。桌上竹笋为菜，竹做的小碟盛着乡间干食，竹酒小酌，竹饭飘香。屋内量米的竹升子（竹筒）刻着“岁月升平”之字，墙壁上挂着延年益寿的老头竹雕，远处竹笛声声……②这是一种典型的生态生活方式，在当今社会愈来愈显示其理性价值，同时，这也是一种天人合一的生活美景。所以说，竹艺蕴道，体现着自然天成与物尽其用的生态美学，彰显着天道与人道合一，是人与自然和谐的美丽场景。这种生态场景对于竹乡民宿设计、家居设计以及家具设计，有着极好的借鉴意义。人们置身于这种场景，自然睹物而回忆，产生愉悦的体验，从而不断反思，进而将生态价值传递下去。

① 胡统安主编《桃江历史文化丛书》，《民俗风情卷》，湖南人民出版社 2016 年版，第 93—94 页。

② 徐丽华主编《桃江历史文化丛书》，《山水风物卷》，湖南人民出版社 2016 年版，第 175—183 页。此卷中《南篾匠家的竹工艺》《竹郁艺人黄敬宾》《竹雕艺人卢望之》真实地展现了这种竹韵人家的天人合一的生活意蕴。

湘学文献研究与书评

湘籍作家佚文辑补

——以王文清、严如熤、周寿昌、瞿鸿禨为中心

陈开林　杨素婷[*]

摘　要：《湖湘文库》作为整理传承地方文化的大型丛书，为保存、弘扬、研究湘学提供了重要的平台，意义重大。然而，限于时间、闻见、编校等诸方面因素的制约，该丛书也存在一些不足。作品失收即为一例。就《湖湘文库》中所收王文清、严如熤、周寿昌、瞿鸿禨四人别集失收的佚文，略作补充，以备参考。

关键词：《湖湘文库》；王文清；严如熤；周寿昌；瞿鸿禨；辑佚

湖湘文化源远流长，博大精深，是宝贵的中华文化财富。作为整理传承地方文化的大型丛书，《湖湘文库》的出版为保存、弘扬、研究湘学提供了重要的平台，意义重大。然而，限于时间、闻见、编校等诸方面因素的制约，该丛书也存在一些不足，这也是毋庸讳言的事实。对此，学界已

* 陈开林，盐城师范学院文学院副教授，文学博士；杨素婷，江南大学人文学院2020级中国古代文学硕士研究生。

有相关论说①。本文拟就《湖湘文库》中所收王文清、严如熤、周寿昌、瞿鸿禨四人别集失收的佚文，略作补充，以备参考。

一、王文清四篇

王文清（1688—1779），字廷鉴，号九溪，湖南宁乡县（今属长沙市）人，文学家、教育家。曾先后两次出任岳麓书院山长，多有建树，是岳麓书院最具声望的山长之一。生平著述甚丰，然多有散佚。《湖湘文库》本有黄守红校点《王文清集》，收录《锄经馀草》十六卷、《锄经续草》四卷、《考古略》八卷，未载其文。今辑录其文四篇。

（一）欧阳玄集序

文章有传之而不可敝，敝矣而终亦必传者，惟其关系乎世教而已矣。世教者，常有五，纲有三，纪有六，如日月经天，江河行地，此不敝者也。而薄蚀溃决之忧，往往不免，则立言者扶持之力，可不壮哉？且士君子担荷世教，一出言而人蓍蔡之，尚屑屑焉为风云月露之辞，与靡靡文士同争尺寸之光？亦必不然矣。吾郡圭斋先生者，先今四百余年而生，文采勋望，彪炳奕世。文集凡百有余册，递传递毁，遗编仅十有六卷，藏其家残簏中。乃裔孙启远者，慨然念手泽之遥，重梓行世，持一册属予订其亥豕，因请序之。予读先生之文，叹先生一搦管而辄有世道之防、人心之惧。上之岩廊，下之族党，大之君父，小之一介技艺者流，无一非名教中人，即无一不与谈名教事。不锦绣而布帛，不珍错而菽粟，不牲牷而太羹玄酒，千蹊万径，俱引而归之于道；离奇变化，而总不外乎其宗。昔人惟少陵之诗、文山之文，庶为似之。吁，其言立矣，纵兵火劫之，风霜剥之，而世教岂能一日少此哉？予尝考历代艺文志矣，《汉志》所载，至唐

① 如：尤慎：《［明］蒋鐄〈九嶷山志〉校点批评》，《广东技术师范学院学报》2011年第5期，第42—45页；毛健：《〈李肖聃集〉外诗文四篇》，载朱有志主编《湘学研究》2013年第2辑（总第2辑），中国社会科学出版社2013年版，第192—197页；田范芬：《〈湖湘文库〉所收〈陶汝鼐集〉整理中的若干问题》，载华南师范大学文学院编《珠江学术》，暨南大学出版社2015年版，第201—207页。

而亡其六七，《宋志》之于唐也亦然，岂其辞不足哉？文不羽翼乎世教，斯无可传之理，有必敝之道也。先生之文有是乎？抑予读集中《忠史序》一篇，见其言广大精微，先儒多未之及，扶植宇宙，此文有焉。先生文有曰："论人文字，举一以蔽之者，其美为不可胜数也。"予于是集亦云。时乾隆戊辰岁季夏月上澣，赐进士出身承德郎、宗人府主事、加一级、纪录六次、兼内阁三礼馆、律吕正义馆纂修官、经史馆校勘官同郡后学宁乡王文清。

按：文载《欧阳玄集》附录四《序跋著录》①。作于乾隆戊辰，即乾隆十三年（1748）。欧阳玄（1283—1358），字元功，号圭斋，湖南浏阳人。元代著名文学家。本文主张文章"关系乎世教"，是了解王文清文学思想的重要文献。

（二）乾隆宁乡县志序

吾邑志自明正德以前不可考。已正德己巳，县令刘侯与邑人袁犀潭先生实创之。嗣是再修于嘉靖壬子，三修于万历壬寅，四修于顺治戊戌，五修于康熙癸丑，最后则王侯与吴、陶、周、廖诸先生于康熙壬戌修焉。

自壬戌迄今又六十七年，其间政事之因革，制置之迁移，官府之更代，忠孝节义之树立，文章诗赋之传流，与凡一切兵农礼乐之事迹，参差变易、光怪奇特者，邑乘皆未之一载。倘一旦有诵训氏来探方志，将何以对之？且阅世递久，文献渐凋，时无束皙，何由访蝌斗之书？时无王通，何自问竹简之字？且刘杳一去，谁与记《论衡》之短、张扶南之长颈也哉？此邑志之修迁延数十年，而于今有不容再缓之势也。清先世为长沙卫人，康熙间卫裁归县，今祖父子孙毛土吾宁者五世矣。父老所传，窃闻其略。顾以薄宦京国，珥笔校雠，而同时士大夫亦皆以驱驰王路，未暇从事。丙寅秋，清以亲老得告归养。甫解装，而郡伯吕南村先生以郡乘见属，事竣而邑父母李侯复属以是役。清时席岳麓书院，以不能兼理固辞。

① 欧阳玄：《欧阳玄集》，魏崇武、刘建立点校，吉林文史出版社2009年版，第415—416页。

侯乃亲至书院，固请之，乃移局岳麓讲堂之东斋。凡司采访，核虚实，综时务，搜成案者，有同学诸君子开局邑门，清特执笔而直书其事，不敢立异，不敢苟同，不敢强所不知，不敢阿其所好。凡五阅月而稿成，诸君子共相校订，而六十七年中所为参差变易光怪奇特者始末毕举，巨细不遗。侯于是以授梓人，清为之瞿然，曰：迁史之浩博也，谯周犹作古史以驳之；古史之辨也，司马彪犹指百二十二事以摘之；国语之典以奥也，而子厚且非之，又有非非者一再非之。况浅缪如清者哉？清之为是役也，岂无亳人之请？拒之而已。岂无蜀人之名？却之而已。盖以治郡乘者治邑乘，即以报郡伯者报邑侯焉。区区之意，但求昭典型于既往，垂明鉴于将来，风化扶于闺门，民瘼绘于土俗。前列弁言，后附总论，殆较之灵鬼异物诸志或有间焉。如谓学华阳，步桂海，效颦于会稽江表也，则清岂敢。

时乾隆十三年戊辰岁季秋月上澣之吉，赐进士出身承德郎宗人府主事加一级纪录五次例授奉直大夫兼三礼律吕正义两馆纂修官经史馆校勘官前内阁中书科中书邑人王文清久溪甫沐手谨撰。

按：文载周震鳞修，刘宗向纂《民国宁乡县志》卷首①。作于乾隆十三年（1748）。本文梳理了历代《宁乡县志》的修纂过程，并详细记载了《乾隆宁乡县志》的修纂情况，为了解《宁乡县志》提供了有用的材料。

（三）考古原始序

案天下事莫不有始，予向者亟欲为此书，不意赵君先获我心而为之。予于武林旧肆中得其本阅之，甚喜，但以自天皇至阴康氏荒渺无文字可考，赵本所载颇难据。今依圣经，断自伏羲始，阙疑所以从信也。至三代以后缺略甚多，汉以下事愈多而文愈缺读者惜之，今悉为遍采增入，又加补遗以成完书。而其中传闻异辞者，又略为辨正之，庶令好学穷源者得考其全事云。王文清九溪氏自识。

按：文载《考古原始》卷首②。王文清著有《考古源流》六百二十八

---

① 周震鳞修，刘宗向纂《民国宁乡县志》，湖南人民出版社2009年版，第577—578页。

② 王文清：《考古原始》，《四库全书存目丛书》子部第236册，齐鲁书社1996年版，第199页。

卷，未曾刊行，原书已佚。《考古略》八卷、《考古原始》六卷均为《考古源流》的节本。《考古原始》原为《四库全书总目》著录，今收入《四库全书存目丛书》。

（四）读礼说序

昔人苦《仪礼》难读，难读者莫如丧服，以其头绪繁多，而正义加降之间，若不可为典要也。予以为究非难也。先王之制丧服，称情而已矣……著《读礼说》一书，胪列服制，为之图，图皆有说，于古经传外，参之《通典》《通解》《家礼》、邱氏、王氏，迄本朝会典、律令、《读礼通考》诸书，经之纬之，错之综之，而总准之于人情。有古今所同而独别之者，其情差也；有古今所异而独合之者，其情均也；有昔人所减而独加之者，其情挚也；有昔人所加而独减之者，其情杀也；有同一等伦而于此乎加、于彼乎减者，地因情而易也……至其辨逆降之非，驳叔嫂之嫌，申为庶与为后者之法，揭昔人未发之旨，伸鲜民罔极之恩，而情于是乎竭矣。

按：严佐之《〈四库总目〉〈续目〉未收清人经籍的经学书意义探微——以美国哈佛大学哈佛燕京图书馆藏本为例》① 一文中称“吕氏《读礼说》折衷古今丧仪服制，亦‘准之于人情’”，并附载“乾隆十二年王文清序”。《读礼说》的作者为吕宣曾。哈佛燕京图书馆藏有清乾隆刻本。此文所引王文清序似为节文，然而无从查核，只能暂备一鳞半爪。序作于1747年。

二、严如熤二篇

严如熤（1759—1826），字炳文，自号乐园，湖南溆浦人。《湖湘文库》有黄守红标点《严如熤集》，收录《乐园文钞》八卷、《乐园诗钞》六卷、《苗防备览》二十二卷、《三省边防备览》十四卷。今辑录其集外文二篇。

---

① 严佐之：《〈四库总目〉〈续目〉未收清人经籍的经学史意义探微——以美国哈佛大学哈佛燕京图书馆藏本为例》，载朱政惠主编《海外中国学评论》第1辑，上海古籍出版社2006年版，第218页。

（一）陶山文录序

言者，心之声也。立言之则曰有序有物。物有通蔽，心之存不存系焉。心有存不存，言之浅深醇驳区焉。陶山先生以文章名海内数十年，自服官以后，事功日隆隆起，其求民瘼熙庶绩，区划经纬，早作夜维，一心营职业，卒卒无须臾闲，岂复得如少壮时键户耑着作哉？而文章事功乃俱日新而月盛。壬千秋，晤先生于青门，亲德辉者两月，肃乎其度，盎乎其容，对之者傲慢鄙吝之气不知何以顿消，信乎诚能动物也。已而出其所存陶山文·十卷相示，熤敬受而卒读也，忔然曰：其斯为陶山子之文乎？其斯为陶山子之心乎？陶山子之心，无日不在家国天下。家国天下芸芸相酬，对其忧喜苦乐，无一不系乎陶山之心。而陶山子之心，不第有芸芸相酬，对忧喜苦乐之情况也与之同忧喜共苦乐，必为之袪其忧苦，生其喜乐，勤勤焉，恳恳焉，以为吾所当然竭吾才而犹未已。而陶山子之心，洋洋乎莫非物理之流动，充周矣。夫物理之涵于吾心，则岂弗以轩豁呈露，溹然外着为贵哉？经者，天地之心，圣人之心。陶山子之说经，不剿说，不立异，时或旁见侧出，而必有协乎天地圣人之心。尚论古人，则为之设身处地，准情度势，而有以彰乎其微指；陈时务，则为之深思远虑，通德类情，而有以当乎其宜。昆弟宗亲交游，偶尔之投赠，寻常之交际，莫不有至性至情流露于句里行间。小之，一山水之游玩、一器物之品题，莫不若有寄托者，岂故为是斤斤者自矜异也哉？心之中既皆物理之充周流动，有所感而不觉，引而伸，触类而长也。言者，心之声，岂偶然耶？陶山集风骨近两汉，神理类八家，而要非班马之文，非韩柳欧苏之文，自成其为陶山子之文也。夫天下后世，人同此心，人心同则物理虽有通蔽，而莫不同。有此物，得理足情至才真之言，牖之撼之，忧喜苦乐不禁歌泣从之矣。熤知天下后世读陶山子之文，必有同于熤也，则熤所为读陶山子之文也。愚姪溆江严如熤顿首谨识。

按：文载唐仲冕《陶山文录》卷首①。唐仲冕（1753—1827），字云枳，号陶山居士。善化（今湖南长沙）人。乾隆五十八年（1793）进士。著有《陶山文录》十卷。本文对唐仲冕之文学成就多有抉发。此外，段玉裁《经韵楼集》有《唐仲冕陶山文录跋》，《湖湘文库》本《黄本骥集》有《陶山文录跋》。

（二）洋防辑要序

自昔谈海防，以御外洋、堵海口为要策，我国家于崇明、舟山、玉环、海坛、金门、澎湖、南澳、硇洲岛屿深阻之处，皆特设镇将，而台湾在澎湖外，距海岸水程千里，鸡笼凤山，隶我版图，设官莅长，人物繁昌，屹然为海外巨镇，声威雄壮，杜岛夷之窥伺矣。口岸则直隶之天津，山东之登莱，江南之狼山，浙江之黄岩、温州，福建之福宁、厦门、漳州，广东之潮州、碣石、虎门、高廉、琼州，各安（《文编》作“设”）专阃，分布重兵。而天津以畿辅要地，旧制已设陆营，近又增以水师。松江当刘河、吴淞、川沙要口，宁波当杭、绍、定海象山要口，泉州当金门、厦门要口，惠州密迩碣石、虎门，特驼军门，就近统领防御。营城汛堡、砲（《文编》作“礮”）台、烟墩，星罗棋布，口岸之绸缪密矣。至于择将弁，练兵卒，整备船只器械，断接济，严透漏，禁奸徒出入，哨巡岸稽，著为令甲，罔不严密整齐。沿海人民农桑弦诵，二百年来晏然无七（《文编》作“匕”）鬯警。夫不知前代之失，无由知国家之所以为得也。明自嘉靖以来（《文编》作“降”），陵夷不可言矣。当信国公沿海设立卫所之防（《文编》作“初”），弃昌国、浯屿、澎湖、南澳各要不守，论者已有撤我藩篱，贻寇巢窟之憾。迨后纪纲日弛，卫所虚存，内地奸民勾结倭夷，乘间发难，东南滨海数千里生灵涂炭。一时名臣宿将，群策群力，经营十数年，会倭饱思归，直海受饵，吴越烽烟浸熄。而闽广洋患旋扑旋生，蔓延而不已。失要则乱，讵不信欤？嘉靖用兵时，唐顺（《文编》下

① 唐仲冕：《陶山文录》，《清代诗文集汇编》第437册，上海古籍出版社2010年版，第385—386页。

有“之”）、茅坤、谭纶、胡世宁诸名人，身在行间，目击失事之端委，屡条防堵之机宜。其他吴越先哲，就所见闻，存之记载，皆得失之林也。（《文编》有“顾”）宁人、景范两顾（《文编》无。衍）先生，当胜国未造，视洋患为切肤灾，蒿目时艰，忧深虑远，而生长吴越文献之邦，野史家集，郡邑志乘，足以供其采择考订。景范之学，长于舆地，宁人之识，兼通方略，其忾叹而发之议论，往往一篇之中三致意焉，较之诸家尤精而切。《语》曰：“虽有丝麻，无弃管蒯。”苏子瞻曰：“药用良手，方传古人。”夫言苟当于苍赤利害边腹防维，虽巷谣里议，皆当存而不削，矧其为精切之书邪。惜无善本，钞稿错落杂复，观者病焉。兹幸山南谧宁，郡阁少事，乃取景范读史方舆纪要，摘其沿海山川险要，辑直隶、山东、浙江、福建、广东海疆舆地；取宁人郡国利病书，次其兵防、军政、兵事，辑江南、浙江、福建、广东海防略，胡谭唐茅诸君子暨时贤策略，亦搜而辑之。至戚南塘之练兵，得节制遗意，辑纪效书之操练书师者。（自“《语》曰”至此，《文编》作“予往佐那制军，筹办广东洋匪，于海防形势略悉一二，守郡无事，乃取缘海山川险要，辑直隶、山东、浙江、福建、广东海疆舆地，并次其兵防军政兵事。”）他如水战之临机决胜、出洋之风信潮侯船筏帆橹、临敌之火器弓弩，皆洋防之要，以次辑焉。元明之卫所、运道、盐政，外夷市贡。虽得失参半，亦莫非当年要务，辑之以备参稽，共成书二十四卷，名曰《洋防辑要》。览乎（《文编》无“乎”）此者，知胜国疏于防制，因以启衅召侮。诸君子（《文编》无“子”）所太息，为未能举行者，至圣朝而措置周遗（《文编》后有“也”）。憬然于绥靖海疆，鲸潜鳄，伏海不扬彼者，罔非庙谟之周详也。（此句，《文编》无）《书》曰：“鉴于成宪，其罔有愆。”沿海士民恪循经制，无敢废坠，则亿万斯年乂安之福也已。（自“沿海”至此，《文编》作“有封疆之责者，尚留意哉。”）

按：文载《光绪湖南通志》卷248《艺文志四》，今据以录文①。另载

① 李瀚章、裕禄等编纂《光绪湖南通志》第7册，岳麓书社2009年版，第4987页。

贺长龄《清经世文编》卷八十三《兵政》十四①，取以参校。《洋防辑要》二十四卷，系严如熤所辑，为经世之作。

三、周寿昌九篇

周寿昌（1814—1884），字应甫，一字荇农，晚号自庵，湖南长沙人。传见《清史稿》卷四百九十一、《清史列传》卷七十三、《续碑传集》卷八十。《湖湘文库》有王建、田吉点校《周寿昌集》，含《思益堂诗钞》六卷、《思益堂古文》两卷、《思益堂词钞》一卷、《思益堂日札》十卷。周寿昌另有《思益堂骈体文钞》一卷，收入王先谦辑《国朝十家四六文钞》。今辑录其集外文九篇。

（一）渐西村人初集序

寿昌偏耆考订，少而学诗，托体不尊，老尤浅率，自喜以其便于懒漫也。今观尊集，虚处得事外致，而无枝游曼衍之谈；实处含元气入无间，而无晦涩艰深之病。壬申以前之作，遣词闳丽而趣犹显入。丁丑戊寅后诗，则脱去橅拟之迹，动与古会，渐入简淡而指殊深矣。此功候年力之异，不可强为也。世士强为之，故伪体百出矣。宋郭若虚论画有“意在笔先，笔周意内”，又曰“内自足然后神闲意定，神闲意定则思不竭而笔不困也”。是说也，可以喻作者之诗。然此中消息存乎缮性养气，渐至出其余事，充实不可以已，诗又恶足以尽之哉？癸未三月既望老友七十退叟长沙周寿昌识。

按：文载袁昶《渐西村人初集》卷首②，写于癸未年，即光绪九年（1883）。袁昶（1846—1900），原名振蟾，字爽秋，一字重黎，号浙西村人，浙江桐庐人。著有《渐西村人初集》13卷。本文对袁昶之诗学成就多有品鉴，既为解读袁昶诗学提供了新的视角，也为了解周寿昌的诗学见解提供了材料。

---

① 贺长龄、魏源：《清经世文编》，中华书局1992年版，第2040页。

② 袁昶：《渐西村人初集》，《近代中国史料丛刊》第606册，台湾文海出版社1966年版，第535—536页。

（二）椒生随笔序

语言富则文章杂，议论逞则事实失。往往沉雄博丽，光怪陆离，而语涉新奇，义鲜惩劝，有识者弗尚也。夫鸿章巨制，自具体裁。至于兴到笔随，以志心得。偶有睹记，借备遗忘。如《七襄机》斑斓异色，如《记事珠》璀璨肴陈。或谐或庄，因小喻大，岂尽矜心作意哉？然胸中有竹，弦外馀音，作者随所至而形诸楮墨，读者随所解而观其会通，有未可以稗官野乘例视者，清泉爵棠子庶乎近之。爵棠以不羁之才，纵横南北，少事诗书，壮年独留心经济。公卿间耳其名，多心折焉。故交游最广，阅历最深。其所以自策励，复勤且敏。以文人亲武事，笔墨不离左右。凡入耳寓目可以资观鉴者，莫不手录一通，及汇辑成编，固皆可传而可诵。盖以见闻所周，广学识，闲性情，维世道人心于不敝。噫！其文显，其旨微，已且吾窃见世之为笔录者矣。书生好名，动辄著作，于时事则无关痛痒，于古人则袭取皮毛。辟如借山鸡之羽，舞镜何堪；断孔雀之尾，张屏不足。即有一二资采择，而支离渺茫，令人读不终篇，殊无谓也。《椒生随笔》分八卷，讲学则具有渊源，考典则直探原本，论诗则力宗风雅，序事则务归切近。类皆爽人心目，耐人咀嚼，虽不欲存，其可得乎？因书简端，以质之阅者，当不哂余之阿好也。丁丑七月，愚兄周寿昌序于都门小对竹轩。

按：文载王之春《椒生随笔》卷首①。《椒生随笔》八卷，系王之春早年所作的读书笔记。序写于丁丑年，即光绪三年（1877）。

（三）跋梁武帝《异趣帖》三则

其一

梁武帝异趣帖十四字，真迹向入内府，刻之三希堂帖中。道光朝以赐某制府，比年寇乱，制府家遭荡毁，其子孙以所余书籍字画辗转出售，予以重值购得此种。昔人得萧子云一字，颜以居曰："萧斋"。予今得此，视

① 王之春：《王之春集》，岳麓书社2010年版，第946页。

古人尤为厚幸，或者宝唐一阁有进而愈上之意乎？姑志此以待。同治二年岁次癸亥重九日书于鄂城之借山居，长沙周寿昌荇农氏谨识。

其二

初来售时，尚有题记一段，书赐出年月并制府结衔名讳，后其子孙截去此跋，且固嘱不必言其姓字。吁！云烟过眼，变灭何常。天上人间，转徙无定。今日之幸落我手者，他日知更谁得之？但求至宝流传，不致失所，则于彼于此皆可作平等观，此君亦何不达之甚也。寿昌再识。

其三

张青父《清河书画舫》引《悦生别录》所载书画名品，内有梁武帝《异趣帖》，则题名梁武，自宋已然，至思翁乃益显。又案帖上有御府两字，半印，似宋以前曾入内府，后始为葛岭所收。当日流传必有据依，惜辗转失传，致郁冈复有大令之疑耳。张氏释文末二字作“君示”，二字草法不类。谨遵御定，作“君不为是”。同治三年甲子仲冬书于京邸之宣南寓庐。寿昌。

按：三文载陆心源《穰梨馆过眼录》卷一①。梁武帝《异趣帖》为周寿昌所藏，三跋均为此帖而作。其中，第一跋作于同治二年（1863），第三跋作于同治三年（1864）。

（四）跋僧怀素《论书帖》卷四则

其一

此即《宣和书画谱》所载怀素真迹内《奉二谢帖》，项氏跋谓为论书，及予题签皆误也。卷首双龙团印，实宣和小玺，所藏张旭秋深帖亦用之。其宣和政和俱用双印，此帖亦然。宋高南渡后，访求法书名画不遗余力，故四方争以奉上，又于榷场购北方遗失之物。故宣政所藏仍归内府，后用绍兴双印，即所谓蛟篆印，曾用诸兰亭真本者也。此卷入宋内府，故题跋特少。明时入项墨林家，故子京有跋。项氏前后印记凡二十余方。本朝入

① 陆心源：《穰梨馆过眼录》，《续修四库全书》第1087册，上海古籍出版社1996年版，第14页。

笪江上家，笪氏父子俱有印识。此外如王俨斋、司马高、江邨宗伯俱有赏鉴章，而真定梁蕉林相国印记亦多（梁在俨斋江邨之前）①，殆又曾归梁氏，此外尚有鉴定章数家，未考。即松陵沈氏，亦未定何人。其纸系唐人硬黄纸，用北纸染成。盖南纸用竖簾，故纹竖。北纸用横簾造纸，纹必横，又其质松而厚，谓之侧理纸。桓温问右军求侧理纸，即此。唐人用此纸染以黄蘖，取其辟蠹，以其纸加浆，泽莹而滑，故名硬黄。唐以后不能造也。引首用西藏护经纸，亦非民间易得之物。除损二字外，计存八十六字，首尾完整。素师，予乡人。其书之妙，历代有赞。予何敢赞一言，特敬识缘起于此。咸丰十有一年辛酉仲夏日，长沙周寿昌灯下并识。

其二

予装潢此卷讫，即跋其始末于后。适熊小峰秀才借予《江村销夏录》，甫阅第三卷，则此卷在焉。所载纸本、印识、释文中缺两字，及墨林跋一首，与此吻合。是此卷当日曾归高氏。惟"足可深诫"文作"戒"，则刊本偶缺笔。项跋"皆有狂称之"，《江村》正作"皆以狂称之"，极是。其仍称《论书帖》，则《江村》仍项氏之旧，或《宣和书画谱》中另有《奉二谢帖》，而此为《论书帖》，亦未可知。卷前御书印，即所称宣和御书瓢印也。爰录《江村销夏录》全文，附识于此。咸丰辛酉季夏月之四日，晓窗尚凉，辄书于后，寿昌时寓江西之吉羊邸舍。

其三

《宣和书谱》载怀素真迹凡一百有一种，此亦在其中，名山水帖。至素师《论书帖》，明时曾存韩太史家，今此卷无韩氏印志，则此不得题为《论书》，益可知《江村销夏录》亦误题，名当仍称《山水帖》为是。同治二年上巳前一日，灯下闷极，阅此自遣，荇翁偶识。

其四

内府《三希堂汇帖》亦刻师此书，后有赵文敏一跋。师当日写此，或不止一本。惟彼本用笔锋利，颇近时赏，似不及此之厚劲。蕉林江村诸老取此而不取彼，殆亦此意。许滇生师谓予云：直南斋时曾见彼刻墨本，纸

① 按：括号内文字原为小字注文，今加括号以作区分。

墨殊不及，且文敏跋细玩似是集公书缀成之。师极爱此本，命为制跋。述此一段，以免疑误后人，未敢轻于下笔，因循不果。未几，而吾师遂归道山矣，特为补书此意。山颓木坏，能无泫然。同治六年丁卯新秋下旬一日，寿昌再识于京寓之退思室。

按：文载陆心源《穰梨馆过眼录》卷一①。此四跋为僧怀素《论书帖》而作。第一跋作于咸丰十一年（1861），第二跋作于咸丰辛酉（1861），第三跋作于同治二年（1863），第四跋作于同治六年（1867）。

另外，周寿昌还有一些集外之作。如《穰梨馆过眼录》卷二十四著录董文敏小楷卷，称“周寿昌跋四首。不录”；《湖南氏族迁徙源流》著录“湘阴福家湾刘氏”，称“清同治初元纂修家谱，有周寿昌序，宣统二年（1910）续修，有王先谦序”②；柯愈春《清人诗文集总目提要》卷44著录贺祥麟《有真意斋诗稿》六卷，称“有周寿昌序，同治六年桐荫山房刻，中国科学院图书馆、湖南省图书馆藏”③；《长沙市志》第17卷亦著录贺祥麟书，称“卷首有清同治元年（1862）正月人日周寿昌序”④，可知其具体写作时间。囿于见闻，这些典籍尚未得见，有待日后寻访。

四、瞿鸿禨二篇

瞿鸿禨（1850—1918），字子玖，号止庵，晚号西岩老人。湖南善化人。晚清军机大臣。《湖湘文库》本有谌东飚校点《瞿鸿禨集》，收录《瞿文慎公诗选》《清宫旧事纪略》《瞿文慎公文存》《使豫使闽日记》。此

① 陆心源：《穰梨馆过眼录》，《续修四库全书》第1087册，上海古籍出版社1996年版，第19—20页。

② 湖南图书馆编《湖南氏族迁徙源流》，岳麓书社2010年版，第521页。

③ 柯愈春：《清人诗文集总目提要》，北京古籍出版社2001年版，第1430页。

④ 长沙市地方志编纂委员会编《长沙市志》，湖南人民出版社2004年版，第102页。

前，周育民先生曾据稿本《瞿文慎公遗稿》整理为《瞿鸿禨奏稿选录》①，《瞿鸿禨集》晚出，然未加收录。今辑录其信札两通。

（一）致荣禄

仲华中堂钧鉴：

奉华州贻书，敬悉一一。尊恙实因凄恸之余，触发肝气，至深系念。忧能伤人，务望善自宽解。天下以公为安危，请以"旷怀作达，鞠躬尽瘁"两言奉祷而已。本日入对，遵已代陈，慈圣垂注之至。慈躬亦小有感冒，微觉鼻塞声重。谕云："日来因荣某事时为恻然，又感凉伏热，遂觉胸中不畅。"圣恩若此，感人深矣。昨至潼关，适值阴雨，传旨驻跸三日。公或可按辔徐行，少节劳累，不必兼程前进如何！专复，伏惟珍摄。不宣。

文韶、鸿禨、传霖同启

命复各电，已遵照代办发行，原件并稿附呈。鸿禨谨又肃。

按：文载杜春和、耿来金、张秀清编《义和团资料丛编——荣禄存札》，题为《王文韶、瞿鸿禨、鹿传霖札》②。编者有注③，称"此札约作于光绪二十六年闰八月"，即1900年。

（二）致康侯

康侯仁兄大人阁下：

---

① 周育民整理《瞿鸿禨奏稿选录》，刊于《近代史资料（总83号）》，称："本资料系采自新发现的稿本《瞿文慎公遗稿》。该稿本共两册，由瞿鸿禨之子瞿宣颖（兑之）先生搜集，未整拜编定，于1949年3月赠上海图书馆收藏。上册有奏稿、立宪谕旨拟稿及家传，下册有文稿、札记、汉书识语等。除文稿已刊外，其他内容大部分系首次面世。本资料集中了《遗稿》中瞿鸿禨从戊戌变法到官制改革时期的重要奏折，并附瞿鸿禨家传，供研究者参考。"（见《近代史资料（总83号）》，中国社会科学出版社1993年版，第27页。）

② 杜春和、耿来金、张秀清编《义和团资料丛编——荣禄存札》，齐鲁书社1986年版，第3页。

③ 编者注：王文韶，字夔石，浙江仁和（今浙江杭州）人，咸丰二年进士。此札约作于光绪二十六年（1900）闰八月，时任户部尚书、军机大臣；瞿鸿禨，字子玖，号止庵，湖南善化（今湖南长沙）人，同治十年（1871）进士，时任工部尚书；鹿传霖，字芝（滋）轩，直隶定兴（今河北保定）人，同治元年（1862）进士，时任礼部尚书，军机大臣。

前奉惠书，尚稽肃畣。顷领赴函，惊悉夫人西归之戚。安仁之哀永逝，元相之遣悲怀，惟望以礼抑情，达观自解。附呈诔幛，伏乞鉴存。台端回局宣劳，一仍旧贯。苏文忠公诗云：“云散月明谁点缀，天容海色本澄清。”似为公今日咏矣。云秋在苏，想常通问。专此布唁。敬请勋安，不宣。

弟鸿禨顿首

按：文载赵一生、王翼奇编《香书轩秘藏名人书翰》①。康侯，其人不详，有待查证。

通过爬梳载籍，辑录了《湖湘文库》中四位作家的17篇佚文，可补诸人别集之阙。另外，近代湖南益阳学者陈天倪，其集《尊闻室剩稿》由中华书局刊行，亦不无可补之处。顾国华编《文坛杂忆续编》载有彭鹤濂撰“陈天倪挽朱叔子”条，称：

吾师太仓朱叔子（文熊）先生，为太仓十子之一。著有《庄子新义》等书，所谓蓄道德而能文章也。在无锡国专教学时，评改作文，手不停披，虽多百余卷，越宿即宣示诸生。无有逾两日者，同学咸尊敬之。遽于戌夏（1934）病中风卒，享年六十有七。校长唐文治（蔚芝）夫子撰有《朱君叔子墓志铭》，见《茹经堂文集》，文长不录。兹录陈师天倪（忠鼎）挽联云：“德如羊祜②（字叔子），文似魏禧（字叔子），落落古今三叔子；居近桴亭（陆世仪，太仓人），氏承元晦（朱熹），超超浊世一纯儒。”将师之姓氏、籍贯以及道德学问于三十字概括无遗，故当时颇为传诵云。③

此挽联可以补《尊闻室剩稿》之失载。

① 赵一生、王翼奇编《香书轩秘藏名人书翰》，浙江古籍出版社2005年版，第490—491页。

② 羊祜（221—278），字叔子，泰山南城（今山东费县）人。西晋政治家。传见房玄龄撰《晋书》卷34《列传第四·羊祜传》，清乾隆武英殿刻本，第462页。《文坛杂忆续编》作“祐”，误。

③ 顾国华编《文坛杂忆续编》，上海书店出版社1999年版，第25页。

黄兴佚文四则辑考

周 洋*

摘 要：黄兴尚有佚文四则未入专集，亦不见于其年谱与年谱长编。此四则佚文，两则为题词墨迹，一则为致石醉六书函中之论说，一则为挽联。兹辑录其辞，并略考相关史实，冀能助益于相关研究。

关键词：黄兴；佚文四则；辑考

20世纪60年代以来，黄兴文集相继由台湾中央文物供应社、湖南人民出版社、中华书局等出版发行，为推动黄兴研究的开展发挥了重要作用①。目前，湖南人民出版社2008年出版发行的《黄兴集》，在各版本黄兴文集中最为完备，然仍有遗珠之憾。笔者目览所及，发现尚有四则黄兴著作未入以上各集及毛注青所著《黄兴年谱》（中华书局，1980年）与《黄兴年谱长编》（中华书局，1991年）。伟人手笔不可多得，吉光片羽既得以寓目，便当及时刊布，以供学界参考。兹录此四则佚文，并将相关问题交代如下。

---

* 周洋，中国矿业大学中文系讲师，文学博士。

① 黄兴文集的编纂出版简况如下：1968年，罗家伦主编《黄克强先生全集》，由台湾中央文物供应社发行。1973年，杜元载为之增订重版。1981年，湖南省社会科学院主编《黄兴集》，由中华书局出版，并于2011年再版。1983年，薛君度、毛注青合编《黄兴未刊电稿》，由湖南人民出版社出版。2002年，刘泱泱等主编《黄兴集外集》，由湖南人民出版社出版。2008年，刘泱泱主编《黄兴集》，由湖南人民出版社出版，是迄今为止内容最为完备的黄兴著作集。

一、《云南》杂志再版题词

福国利民

按：录自《云南》杂志1913年第1期，为书法墨迹。

《云南》杂志于1906年10月15日由李根源、赵伸等创刊于日本东京，张耀曾、席上珍、孙志曾先后担任总编辑，孙中山题写刊名，并题词“振我民气”。该刊以宣传民主革命，反对外国侵略为宗旨。至1911年武昌起义后停刊。后于1913年4月再版，由王人文任总理，秦忠廷、明增材任协理，职员有杨大铸、吴汉魂、唐允义、李德亮等十人。民国后再版的《云南》杂志，由黄兴题写刊名，目前仅见1期，末页标明“中华民国二年四月出版”。另，此期“中外大事纪·本国之部”栏目载有“瑜妃意在继隆裕之位，昨日（廿三日）竟擅颁谕旨八道，闻系清室某某及某某太监所怂恿”的新闻一则，据此可知此期《云南》杂志发行于1913年4月24日，亦即黄兴此次题词“福国利民”的发表时间。其具体的书写时间，不详。

二、论中日交涉书

（前略）论中日事卓见极佩。日人之欲吞并我国，蓄之已久，今得欧乱之机，故悻悻不能自抑，急于施展其强横之手腕，此殆岛国人根性使然，抑吾国本具有弱昧乱亡之实，欲人之不兼攻取侮，得乎？惟观察时局，欧战虽剧，均势之局尚未即破，来函所谓予我以须臾求生之机者即在此。“矮人”虽豪，亦不过逞螳螂一时贪得之欢，岂虞黄雀之直随其后？欧战告终，马首东向，不免同归于尽。“矮人”亦愚不可及矣！明日在哥伦比亚大学参与我国学生所开会，会即研究此问题也。但学生伎俩，只在一纸电报，本不足数。（愚公按：今之学生闻此语不识作何感想）况临以天威神武之袁恶，国人亦谁听之？此事观日本《朝日新闻》前发表与袁氏之密约，即可得其梗概。将来除德奥所已获得之权利应归日本外，如东三省、蒙古、山东、福建，必更扩充其既得权。现在交涉之状况，不过手续上之经过，袁恶所藉以敷衍遮饰各国与我国国民之眼目者，绝无所谓交涉险恶、破裂之可言。

至论救国方法，充实民力为不易之经，而充实民力在大规模的振兴教育，尤与弟所怀一致。弟尝妄想所及，以为人之生存，赖“衣”“食”“住”，此三者只有程度高下之可言，决无并此三者无之而得生活之理。本此原理，苟能均平其财力之所至，则人人皆可纳之于学校之中，由小学至中学，皆须有寄宿舍，人人须中学卒业，即国民教育延长至中学之期，大约年十七八岁为止。今后人类非全民一一具有中学之程度，无以自立于世。

我国农业之发达，特为重要，故农民智识更急切于其他，此可断言者。本论甚长，不日归寓，更当订论之。“党”之一义，敬如来教，以弟前于同盟会，于国民党，颇有所觉悟，盖党以道义相结合。前同盟会有少数人能持此，则始终不渝，一涉权利，弊斯甚矣。政治本与权利为缘，然“政治”固非“权利”。“欧事研究会”想亦不过暂时交通机关，恐未必有正式成立政党之日。有之，弟亦不望蹈现今中国政党之辙。

呜呼！五浊世界，何处是清净地？况吾人既投此浊流，自拔正未必遽得者乎！（下略）

按：此文录自《醒狮》周报 1924 年第 6 期“先烈遗稿”栏，题为《论中日交涉书》，题下标明“黄克强先生遗稿”，按文意分段并断句。黄兴在此文中指出日本欲借“二十一条”以实现其独霸中国的野心，提出以振兴教育来充实民力的救国方略，对研究其教育救国思想有重要参考价值。

《醒狮》周报由曾琦①等人在 1924 年 10 月 10 日创办于上海，为“中国国家主义青年团”的机关刊物，宣扬国家主义，在青年中有一定影响。编辑在黄兴此文之前，撰有说明文字一段，如下：

黄克强先生为创造共和之元勋，昔在清末从事革命，河口之役、广州之役、镇南关之役，无不躬与其事，亲冒石矢。民国成立以后，不得行其志而死，国人至今痛之。顷从友人石醉六君处得其遗书一封，先生之精神

---

① 曾琦（1892—1951），四川隆昌人，字慕韩，别号愚公。曾任重庆《民国新报》《群报》《醒狮》周报主笔。1916 年赴日本留学，修宪法与行政法。1918 年留日学生罢学归国，与王光祈、李大钊等发起少年中国学会。1919 年赴法留学。1951 年病逝于美国华盛顿。其生平事迹可参见马洪武等主编《中国近现代史名人辞典》，档案出版社 1993 年版，第 662 页。

如见。亟录之以为世诵焉。愚公谨识。

愚公，即曾琦之别号。石醉六，即石陶钧（1880—1948），原号玉峰，后改号醉六，湖南邵阳人，同盟会员。戊戌变法时入时务学堂，1903 年留学日本，1909 年回国，任广西讲武堂教员，入陆军部。1914 年任黄兴秘书，随行出游美国。回国后参加护国运动①。中华书局版与湖南人民出版社版《黄兴集》均收录有黄兴 1915 年 10 月 18 日《致石陶钧书》。石醉六在《论中日交涉书》后，有跋语一段，说明黄兴此文之来历，其文如下：

此民国四年二月十九日，黄克强先生在纽约朋达旅馆（Bonta Hotel）致鄙人函之一节，所谓中日问题即二十一条之发端时期事。袁恶贯盈，为护国军讨灭，先生幸及见之，收回胶澳，鞠为茂草，先生又幸不及见之也。论教育特为深远伟大。全谕复本于袁恶之友国香港政府捕予投狱时检没，今更不可得见，存此数语，知所揭橥而已。愚公远学巴黎，久别新聚，索观克强手迹，抄摘数事，予因跋尾。石醉六。十三、十一，九。

于此可知，黄兴此文作于 1915 年 2 月 19 日，系其致石醉六书函中一节。仅存此节之因，据石醉六所言，在于其被香港政府（今香港特别行政区）逮捕时缴没。1915 年 2 月之后，石醉六在香港被捕入狱事，不详。1915 年 11 月，石醉六与张孝准受黄兴委派，掩护蔡锷从日本绕道香港、安南，以入云南。疑其所言在港入狱及检没黄兴书函之事，即发生于此间。

三、挽童有时母苏太夫人联

有子多才虽死不死

慈心自在无生亦生

按：此联录自《民国日报》1917 年 4 月 12 日“杂录”栏，署名“黄兴”。此栏载伍廷芳、冈本恒诚、黄兴、朱寿基等人挽联，并有编者按语如下：

---

① 参阅湖南省地方志编纂委员会编《湖南省志 第 30 卷 人物志 上》，湖南出版社 1992 版，第 756—758 页。

童有时孝廉回，游历各国，著作等身，入民国曾为某军参谋长。敝屣富贵，孑然高隐。其母苏太夫人于民国五年二月一号辞世，教子有方，名流挽者甚多。兹录数联如下。

童有时，浙江绍兴人，清末秀才，同盟会员。1912 年 3 月同盟会开全体大会时与余冠洁一同被选为绍兴支部代表①。据此编者按语可知，童有时的母亲苏太夫人在 1916 年 2 月 1 日辞世，黄兴此时虽在美国，但与国内友人频有书函电文往来。此联的写作时间暂可系于 1916 年 2 月初。

四、题词

明耻教战

按：录自《建国月刊》（上海）1935 年第 12 卷第 4 期，题为“黄克强先生遗墨”。题词对象及时间，不详。

① 《民立报》1912 年 3 月 6 日，第 7 页；上海社会科学院历史研究所编《辛亥革命在上海史料选辑 增订版》，上海人民出版社 2011 年版本，第 633 页。

一部湘籍辛亥风云人物传记的力作

——《南社诗雄宁调元传》读后感

严昌洪 [*]

摘　要：邓江祁著《南社诗雄宁调元传》全面、客观、真实地再现了宁调元短暂而伟大的一生，具有“全”“深”“准”“新”四个方面的特点，堪称《湘籍辛亥风云人物传记丛书》中的一部力作，对推进宁调元研究和湖南省辛亥革命研究的拓展和深化作出了积极贡献。

关键词：《南社诗雄宁调元传》；《湘籍辛亥风云人物传记丛书》；南社；辛亥革命

饶怀民教授主编的《湘籍辛亥风云人物传记丛书》，最近又有一部新作问世，那就是邓江祁教授的《南社诗雄宁调元传》（岳麓书社，2021 年 8 月）。

初翻此书，脑子里出现一个疑惑，作者在“前言”中自信地说：“本书较好地解决了长期以来影响宁调元研究深入的瓶颈”，本书真的具有作者所说的“全”“深”“准”“新”四个方面的特点吗？待认真阅读了全书后，这疑惑就全然冰释了。笔者也认为本书确实具有“全”“深”“准”“新”四个方面的特点。

* 严昌洪，华中师范大学中国近代史研究所教授，博士生导师。

本书的全面性，除了作者所说，对宁调元家世源流做了全面的介绍和述论，对宁调元在任《帝国日报》总编和三佛铁路湘省总办期内的事功分别进行了较为详细的介绍和述论，弥补了以往研究的缺失外，其前言中罗列了宁调元的遗著、介绍和研究宁调元生平事迹及其思想道德的论著、收录或介绍宁调元作品的著作、记载有宁调元生平介绍的工具书等，数量之多，令人目不暇接，可见作者在文献检索方面所下功夫，有关宁调元的资料搜集殆尽，不仅为传记的写作奠定了扎实的基础，也为读者提供了了解和研读宁调元的丰富线索，功莫大焉。宁调元作为南社的发起人和创作活动的参与者，作为南社的诗雄，撰写了大量的诗词，作者在传记中，根据每首诗词的写作年代、背景和内容，将其置于相应的事件中，不仅起到以诗证史的作用，还增加了传记的可读性。诗词著录之多，几乎囊括了宁调元的全部诗作。

本书的深刻性，除了作者所说，对宁调元的名、字、号的厘定，对宁调元在狱中的学习、生活、创作和斗争的深入研究，对宁调元加入同盟会的时间和介绍人的纠错，都显示了其研究的深入外，作者还根据胡元倓创办明德学堂的史实，纠正了某些著作中关于宁调元到明德学堂就读第一次速成师范班的时间上的错误。他对宁调元在狱中所读书、所著书（《碧血痕》）均有详解，深刻揭示了宁调元革命思想的渊源；对宁调元就读明德，留学扶桑，加入同盟会，奔走革命的经历的详细论述，使宁调元革命家的形象跃然纸上。作者对宁调元的诗文作品不是简单地著录，而是通过这些作品深刻剖析其思想的发展与升华。书中还指出了宁调元排满言论的缺陷和暗杀主张的不足，说明作者对研究对象不苛求也不溢美，坚持了实事求是的严谨学风。

本书的准确性，诚如作者所说，他注重史实的考证，如，对宁调元部分诗文的写作时间进行了重新考订和勘误，使之更趋精准；对以往学术界有争论的问题，根据相关史料进行缜密的考证，力求得出准确的结论。类似对宁调元出狱时间，宁调元与禹之谟公祭陈天华、姚宏业的日期，宁调元在武昌就义的地点等的考证，在书中俯拾即是。作者为准确地写好宁调元的传记，在史料的考证上早做准备，而且有“副产品”发表，如在《湖南工业大学学报》《云梦学刊》《特立学刊》《文史拾遗》等刊物上发表了《宁调元家世源流考》《宁调元的名、字、号及笔名考论》《〈宁调元集〉勘误》《〈宁调元年谱〉考误》《宁调元加入同盟会时间考》等文章，利用第一手资料，通过缜密的考证，纠正了不少以讹传讹的问题。功夫不负有心人，前期准备工作做得好，所以一年辛苦就“熬成新著七八章”（邓江祁《题〈南社诗雄 宁调元传〉完稿七绝二首，并索和》其一曰：“一年辛苦没白忙，熬成新著七八章。待到秋风送爽时，天涯万里共书香。”其二曰：“精卫填海气飞扬，壮志未酬身先亡。告慰英烈九泉下，国已富强民已康。”）而且是一部基本准确的信史。

本书的创新性，主要体现在对新史料的运用、新领域的开拓、新视角的开辟。关于新史料，作者从大量清末民初珍稀报刊上发现不少宁调元的佚文和有关宁调元生平的资料，还搜集到《楚攸宁氏六修族谱》等民间文书，不仅使以往学术界没有弄清楚的一些问题得以澄清，而且还开拓了一些宁调元研究的新领域和新视角。如宁调元家世源流，过去由于史料缺乏，杞宋无征，学术界的研究相对薄弱，本书中对宁调元的家世源流做了全面的介绍和述论，并揭示了家族特征、幼年读书对宁调元思想、性格和文学创作风格的影响，填补了宁调元研究中的空白。宁调元任《帝国日报》总编和三佛铁路湘省总办的时间都不长，以往研究宁调元生平事功的论著对此关注较少，本书作者认为宁调元任《帝国日报》总编虽然为时仅一年多，但这一时期正是武昌首义爆发的前夕，也是革命派与清政府斗争最为激烈的时期，更是宁调元作为革命宣传家最为辉煌、最有影响的一段时光，于是在书中对宁调元总编《帝国日报》期间的经历进行了深入的挖掘，并专辟《京师办报》一章，对宁调元的这段经历做了较为详细、深入的介绍和研究，尤其是宁调元旁听和报道资政院会议与中央教育会议，并撰写大量讥评时政的文章，表现出对立宪和教育的关注，对清政府虚假改革的抨击，这部分内容填补了宁调元研究中的又一空白，使人们对宁调元的这段经历有一个全面的、全新的认识。再如，宁调元任广东三佛铁路湘省总办时间更短，但作者认为这段时间也是宁调元参加民国建设的重要经历，也专辟一章，做了较为详尽的介绍和研究，填补了宁调元研究的这一空白。细品本书，可以发现时时透发出新意。

全面性、深刻性、准确性、创新性是一部著作生命力的体现，作者在这四个方面下了大功夫，做出了佳绩，故《南社诗雄宁调元传》堪称《湘籍辛亥风云人物传记丛书》中的一部力作，对推进宁调元研究和湖南省辛亥革命研究的拓展和深化作出了积极贡献。

《湘学研究》格式要求

千年湘学，源远流长，博大精深，是中华传统文化的重要组成部分，湖南以其厚重的文化底蕴和独特的文化张力，孕育了一大批经邦济世的杰出人才，为推动中国社会变革和发展做出了重要贡献。研究湘学、弘扬湘学乃发展湖南和当代中国、繁荣中华文明之要务。《湘学研究》系湖南省湘学研究院主持的学术丛书，拟收录湘学研究的高水准成果。本书由湘潭大学出版社出版，每年出版两辑。

《湘学研究》主要设置以下栏目：中华优秀传统文化研究；湘学理论研究；湘学与国学的关系研究；湖南区域历史与文化研究；国内各地域文化与湘学的比较研究；湘学传统与湖南现代化研究；湘学与当代湖南发展研究；湘学与当代中国发展研究；湘学文献整理与研究等。

本书不收版面费，出版后奉致稿酬并样书两本。

本书来稿要求如下：

一、硕士研究生或初级职称为第一作者的文章，原则上须有副高（含）以上职称作为第二作者。

二、本书只接受与湖南地区相关的历史与文化研究论文，或与中国传统文化相关的研究论文。

三、来稿须是未经发表的学术论文，一般以不超过 1.2 万字为宜，要求政治导向正确，学术观点新颖，论据充足，论证严密，文字通达。

四、来稿须提供中文摘要 200—300 字，关键词 3—5 个。

五、作者简介务必简洁，所任职务、职称不超过 2 个，并在文末附以联系电话与电子邮件地址。

六、所有来稿，编辑部有权做适当修改，如不同意者请予以注明。

七、文献整理来稿请同时提供原文献影印附件。

八、正文采用5号字体；注释采用小5号字体，一倍行距，A4纸页面。文内章节序次语采用如下顺序："一、""（一）""1.""（1）"。

九、注释格式：

（一）总要求

1. 来稿需仔细核对引文。注释及引用文献标注采用页下注形式。注释序号用①，②，③……标识，每页单独排序。卷数、册数、页码均使用阿拉伯数字。多页码之间使用一字线连接。

2. 责任方式为著时，"著"可省略，著者后接"："；其他责任方式不可省略，不接"："。

3. 中国作者无须标明所属朝代；国外作者须加国别，例如：［美］。

（二）出版物主要引用格式

1. 专著

（1）标注顺序

责任者与责任方式：文献题名，出版者出版年版，页码。

（2）示例

赵景深：《文坛忆旧》，北新书局1948年版，第43页。

谢兴尧整理《荣庆日记》，西北大学出版社1986年版，第175页。

［日］实藤惠秀：《中国人留学日本史》，谭汝谦、林启彦译，生活·读书·新知三联书店1983年版，第11—12页。

2. 析出文献

（1）标注顺序

责任者：析出文献题名，"载"文集责任者与责任方式：文集题名，出版者出版年版，页码。

文集责任者与析出文献责任者相同时，可省去文集责任者。

（2）示例

杜威·佛克马：《走向新世界主义》，载王宁，薛晓源编《全球化与后殖民批评》，中央编译出版社1998年版，第247——266页。

鲁迅：《中国小说的历史的变迁》，载《鲁迅全集》第9册，人民文学出版社 1981 年版，第 325 页。

3. 古籍

（1）标注顺序

责任者：析出文献题名，文集责任者与责任方式：文集题名卷册次数，丛书项，卷册次数，版本或出版信息，页码。

（2）示例

管志道：《答屠仪部赤水丈书》，《续问辨牍》第 2 卷，《四库全书存目丛书》第 88 册，齐鲁书社 1997 年版，第 73 页。

4. 期刊

（1）标注顺序

责任者：文章题名，期刊名年期。

（2）示例

何龄修：《读顾城〈南明史〉》，《中国史研究》1998 年第 3 期。

5. 网络

若存在相同内容的纸质出版物，应采用纸质出版文献。若唯有网络来源，则标注顺序为：

责任者：电子文献题名，网站名，文献标注日期，访问途径。

6. 其他文献类型请参考本书往例。

十、原则上只接收“知网投稿系统”的电子稿件，不再接收邮箱投稿，也不再接收纸质稿件。

十一、文责自负，谢绝抄袭等学术不端行为，若发现有任何学术不端行为，将不再进行审稿，已刊录论文将被撤回。

如有其它问题请联系：xiangxueyj@ 163. com

通信地址：湖南省长沙市德雅村湖南省社会科学院（湖南省人民政府发展研究中心）《湘学研究》编辑部，410003。

图书在版编目（CIP）数据

湘学研究．第20辑 / 钟君主编．-- 湘潭 ：湘潭大学出版社，2022.12
ISBN 978-7-5687-0928-6

Ⅰ．①湘… Ⅱ．①钟… Ⅲ．①学术思想－思想史－研究－湖南 Ⅳ．①B2

中国版本图书馆 CIP 数据核字（2022）第 218027 号

湘学研究（第20辑）

XIANGXUE YANJIU（DI 20 JI）

钟君 主编

责任编辑：渠珊珊 谭 慧
封面设计：李 平
出版发行：湘潭大学出版社
社 址：湖南省湘潭大学工程训练大楼
电 话：0731-58298960 0731-58298966（传真）
邮 编：411105
网 址：http://press.xtu.edu.cn/
印 刷：长沙创峰印务有限公司
经 销：湖南省新华书店
开 本：710 mm×1000 mm 1/16
印 张：15.25
字 数：244 千字
版 次：2022 年 12 月第 1 版
印 次：2022 年 12 月第 1 次印刷
书 号：ISBN 978-7-5687-0928-6
定 价：88.00 元